权威·前沿·原创

皮书系列为
"十二五""十三五"国家重点图书出版规划项目

G

GREEN BOOK

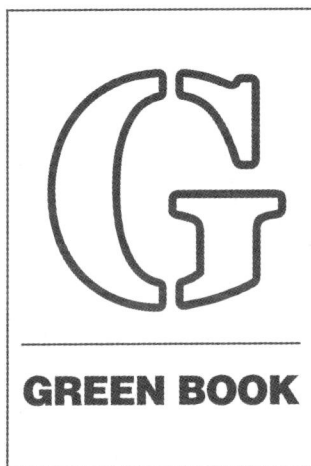

智库成果出版与传播平台

甘肃农业科技绿皮书

GREEN BOOK OF
AGRICULTURAL SCIENCE
AND TECHNOLOGY IN
GANSU

甘肃农业改革开放研究报告（2021）

REPORT ON AGRICULTURAL REFORM AND OPENING UP IN GANSU
(2021)

主　编 / 魏胜文　乔德华　张东伟

社会科学文献出版社
SOCIAL SCIENCES ACADEMIC PRESS (CHINA)

图书在版编目（CIP）数据

甘肃农业改革开放研究报告 . 2021/魏胜文，乔德
华，张东伟主编 . -- 北京：社会科学文献出版社，
2021.4
（甘肃农业科技绿皮书）
ISBN 978 - 7 - 5201 - 8016 - 0

Ⅰ.①甘… Ⅱ.①魏… ②乔… ③张… Ⅲ.①农业改
革 - 研究报告 - 甘肃 - 2021 Ⅳ.①F327.42

中国版本图书馆 CIP 数据核字（2021）第 038612 号

甘肃农业科技绿皮书
甘肃农业改革开放研究报告（2021）

主　　编 / 魏胜文　乔德华　张东伟

出 版 人 / 王利民
责任编辑 / 陈　颖　薛铭洁

出　　版 / 社会科学文献出版社·皮书出版分社（010）59367127
　　　　　　地址：北京市北三环中路甲 29 号院华龙大厦　邮编：100029
　　　　　　网址：www. ssap. com. cn
发　　行 / 市场营销中心（010）59367081　59367083
印　　装 / 三河市东方印刷有限公司

规　　格 / 开　本：787mm × 1092mm　1/16
　　　　　　印　张：19.75　字　数：296 千字
版　　次 / 2021 年 4 月第 1 版　2021 年 4 月第 1 次印刷
书　　号 / ISBN 978 - 7 - 5201 - 8016 - 0
定　　价 / 158.00 元

甘肃农业科技绿皮书
编　委　会

主编简介

魏胜文 农学博士，研究员。现任甘肃省农业科学院党委书记。兼任甘肃省科协副主席、甘肃省农学会副会长、甘肃省财政学会副会长、甘肃省科学社会主义学会副会长、甘肃省金融学会常务理事、全国党建研究会非公经济组织党建研究专委会特邀研究员，甘肃省宣传文化系统"四个一批"人才。先后主持完成国家社科基金项目、甘肃省社科规划项目、科技厅软科学项目等各类课题30项；出版专（编）著20余部（其中专著15部）；发表论文40余篇（C刊以上13篇）；完成研究报告16篇。获甘肃省社会科学优秀成果一等奖3项、二等奖1项、三等奖1项，其中：主持完成的国家社科基金成果专著《反贫困之路》，荣获第十二届甘肃省社会科学优秀成果一等奖；主持修编的《甘肃省志·社会科学志》荣获第十一届甘肃省社会科学优秀成果二等奖，甘肃省地方史志编纂委员会、甘肃省地方史志学会"优秀成果一等奖"。2006~2013年，连续8年主持编研"甘肃蓝皮书"，主编经济、舆情和县域蓝皮书。其中，担任执行主编的《2006~2007年甘肃舆情分析与预测》为全国首部地方舆情类蓝皮书，获甘肃省第十一次哲学社会科学优秀成果一等奖。2016年起主持编研"甘肃农业科技绿皮书"，主编的《甘肃农业科技发展研究报告（2011~2015）》为全国首部省级农业科技绿皮书，获甘肃省第十五次哲学社会科学优秀成果一等奖。

乔德华 研究员，国家注册咨询工程师。现任甘肃省农业科学院农业经济与信息研究所所长，兼任甘肃省政协智库专家、甘肃省供销社联合社智库成员。1985 年参加工作，先后参加和主持小麦、糜谷等粮食作物育种栽培研究，百合、玫瑰等花卉研究开发，西瓜、辣椒等瓜菜作物育种及种业开发，并从事《甘肃农业科技》期刊编辑以及科研管理工作多年。参加完成"陇东旱地复种糜子良种栽培技术示范推广""西瓜新杂交种选育"等课题 8 项，主持完成国家"十五"科技攻关项目"重要技术标准研究专项"、甘肃省软科学专项"科技扶贫关键问题研究"、甘肃省"十三五"期间扶贫攻坚重大课题"特色产业在扶贫开发中的应用研究"等课题 9 项；获甘肃省哲学社会科学优秀成果一等奖 1 项，甘肃省科技进步二等奖 2 项、三等奖 3 项；在各类学术期刊发表论文 73 篇，其中核心期刊 18 篇；主编出版专著 6 部。

张东伟 理学博士，研究员。现任甘肃省农业科学院农业经济与信息研究所副所长，兼任甘肃省人民政府参事室特约研究员。长期从事农业经济管理、生态经济学、地理信息系统应用等方面的研究工作。先后承担国家科技攻关项目、国家科技支撑项目、世界银行贷款扶贫项目、英国政府赠款流域管理项目、澳大利亚发展奖学金项目、国家外专局农业引智成果推广项目、农业部行业科技专项以及地方政府资助项目等 20 余项，获得各类科技成果奖励 17 项。在各类学术刊物及国内外学术会议发表论文 30 余篇。出版专著 1 部，参编学术专著 6 部。曾先后赴加拿大、新西兰、澳大利亚等国家的相关大学和科研机构开展专业研修和合作研究。

前　言

改革开放 40 多年来，中国从稳定解决温饱问题到全面建成小康社会，"三农"发展取得了举世瞩目的伟大成就，实现了历史性的转变。随着中国特色社会主义制度体系的不断完善，"三农"领域的改革持续深化，从农村土地承包制度改革到土地确权登记、流转方式的不断完善，从农村集体经济组织制度改革到新型农业经营主体的培育壮大及其与现代农业产业体系的有机衔接，从粮食购销体制改革到全面提升粮食综合生产能力和安全保障水平，从一系列强农惠农政策措施的制定实施到全方位的农业支持与保护体系建设，从农业集约化、产业化发展到农业可持续、高质量发展，从扶贫开发、精准扶贫、打赢脱贫攻坚战到持续提高农民收入水平和生活水平，从强化农产品需求侧综合管理到大力推进农业供给侧结构性改革和推动农业发展方式转变，从城乡融合发展体制机制创新到乡村治理体系建设和全面实施乡村振兴战略，我国长期坚持把"三农"工作作为各项工作的重中之重，强劲推动了"三农"发展进程和发展质量，显著提升了"三农"发展水平和发展能力，促使我国"三农"发展不断迈上新台阶。

随着全球经济一体化进程的不断加快，我国农产品进出口贸易逐步增长、国际科技合作交流日益活跃。"一带一路"倡议和国内国际双循环发展新格局的形成，为进一步加强农业开放与合作提供了良好的发展机遇，但是，目前我国工业化、信息化、城镇化快速推进，农业农村现代化成为明显短板，城乡发展不平衡、农业农村发展不充分仍是我国社会的主要矛盾，"三农"问题依然是当前和今后一段时期亟待解决的重要问题。党的十九大及十九届二中、三中、四中、五中全会对新时代"三农"工作做出了全面部署，明确提出了"坚持农业农村优先发展""加快推进农业农村现代化"的目标要求，发出了"进一步提升乡村治理水平""建立解决相对贫困长效机制""全面实施乡村振兴战略"的动员令，为新时代"三农"工作规划了蓝图、指明了方向。

甘肃省坚持生态产业化与产业生态化有机结合的原则，坚持把特色优势产业和丝路寒旱农业作为农业现代化发展的主攻目标，在促进农村一二三产业融合、城乡一体化发展、乡村经济振兴以及深度贫困地区脱贫攻坚等方面做出了不懈努力，有力地促进了全省农业经济和农村社会的持续发展。尤其是"十三五"期间将脱贫攻坚作为全省"一号工程"，使58个集中连片特困县和17个插花型贫困县陆续摘帽脱贫，与全国同步实现小康社会，为进一步实现高质量发展奠定了坚实基础。新时期甘肃省明确提出以国内大循环为主、省内及国际大循环为辅助和拓展，将推动全省经济社会高质量发展作为新目标和新状态；努力抓好"一带一路"发展机遇，充分利用好"甘肃黄金段"区位优势，集聚发展要素，打造以兰州为中心，辐射西北、沟通西南、连接中西亚、连通东南亚的西北陆海联动枢纽，补齐甘肃省外向型经济发展短板；以国家"十四五"规划和2035年远景目标为重点，持续拓展脱贫攻坚成果，全面实施乡村振兴战略，全力推动城乡深度融合发展，逐步解决甘肃省城乡发展不平衡、农村发展不充分的矛盾。

为了系统分析甘肃农业改革开放发展情况，进一步研究探索全省农业农村现代化发展的全局性、关键性重大问题，甘肃省农科院联合省内农业行政管理、科研教学机构，依托本院倾力打造的农业经济与农村发展创新工程学科团队和"甘肃农业科技智库"平台，秉承"坚持原创、追踪前沿、打造权威"的皮书编研宗旨，研究和编写《甘肃农业改革开放研究报告（2021）》，发布事实充分、分析透彻、结论可靠、对策具体的权威性研究成果。

《甘肃农业改革开放研究报告（2021）》编研工作以甘肃省农科院及相关专业研究所科技人员为基本研究团队，联合省内行业管理及教学等机构的研究力量组建了一支由 9 家单位、60 多人组成的编研工作团队。甘肃农业科技绿皮书各研究报告均由相关学科的学术带头人或科研技术骨干承担具体编研任务。坚持专家立场、学术视角，体现科学性、客观性、前瞻性、应用性及可读性。遵循理论方法与实地调研紧密联系、宏观研究与微观研究有机结合的原则，以科学、权威、翔实的指标数据为基础，以评估现状、分析原因、预测走势、提出对策为基本框架，形成完整的研究报告。在研究内容上，以甘肃农业改革开放发展进程中的重点、热点、难点问题为出发点，以向决策部门提供咨询建议为落脚点，力争成为各级党政机构、人大代表、政协委员、专家学者和社会各界进行民主决策、参政议政、科学研究的重要参考书。

为顺利开展绿皮书的研究与编纂，协调推进工作，特成立编辑委员会，其成员由各参编单位的主管领导、部门负责人和相关领域的专家组成。编委会主任是项目的总设计师，把握研究方向，进行全面协调指导和动态管理；编委会副主任负责协调各专篇参研机构及本人所在单位的工作，并参与项目的全过程管理。编委会为强化项目责任和过程管理，将本项目纳入甘肃省农科院院列专项研究计划，并采用项目制管理；编委会不定期对课题研究内容及重点、难点问题进行分析，采取针对性措施予以解决，保证计划任务目标的落实。编委会下设办公室，承担绿皮书编研工作的协调统筹及日常管理。办公室设在甘肃省农科院农业经济与信息研究所，依托其创新团队平台开展工作。

绿皮书的编研工作得到了甘肃省农科院和甘肃省农业农村厅领导的高度重视，甘肃省农科院将其作为年度重点工作任务，设立专项予以重点支持，党政“一把手”亲自抓总，并明确提出“举全院之力，创智库精品”的工作目标。绿皮书编研得到了甘肃省农业农村厅、甘肃省社会科学界联合会、甘肃农业大学、甘肃省统计局、甘肃省绿色食品办公室、兰州海关等单位，以及社会科学文献出版社领导和相关部门的大力支持，在此表示衷心感谢！

本报告是“甘肃农业科技绿皮书”系列丛书的年度成果。据了解，国内在省级层面上以农业改革开放发展研究为主题的皮书目前尚未见到。可以说，《甘肃农业改革开放研究报告（2021）》是国内首部由专业研究机构编创完成的省级农业改革开放发展绿皮书。

由于绿皮书编研是一项创新性工作，尽管我们力图在基础理论、研究方法和评价实践上进行探索和创新，为提升甘肃农业改革开放发展水平提供更多有价值的理论指导和实践对策，但由于数据资料获取方面的局限，加之受到研创时间紧、编研能力及水平不足的制约，研究内容仍然不够全面，研究深度仍然不够理想，在许多方面还不尽如人意，纰漏之处在所难免，敬请各位读者批评指正。

编　者

二〇二〇年十二月

摘　要

自 1978 年起，我国开始实行对内改革、对外开放政策，拉开了中国复兴的大幕，极大地改变了中国的面貌，使中华民族实现了从站起来、富起来到强起来的历史性跨越；中国人民迎来了从温饱不足到小康有余的伟大飞跃。改革开放四十多年来，我国农业生产、农村面貌、农民生活都发生了翻天覆地的变化，"三农"发展取得了可喜成绩。

四十多年来，甘肃农村也走过了波澜壮阔的发展历程。经过农户家庭经营地位确立、农业资源市场化配置、城乡统筹发展和扩大对外开放等阶段，甘肃省甩掉了"苦甲天下"的帽子，实现了"一方水土养活一方人"的历史夙愿；初步完成了由传统农业向特色农业转型，农业现代化快速发展。农业农村改革极大地激发了陇原乡村的活力，全省农业走出了自给自足主导的相对封闭状态，开放程度大幅提升，农业改革成果逐渐扩散到社会、文化、政治、经济等各个领域。与此同时，甘肃农业的对外开放格局逐步形成，全省农业生产要素的配置突破了地域限制，特色农产品逐步进入全国乃至全球市场体系，市场影响力也从小到大、从弱到强，呈现方兴未艾的良好发展势头。

在国际形势错综复杂、国内发展面临着百年未有之大变局的特殊形势下，甘肃农业也面临着诸多机遇与挑战。一方面，甘肃独特的自然条件、良好的产业基础和广阔的市场前景为全省农业发展孕育了巨大的潜力；另一方面，水土资源不匹配的基础性约束、农业科技进步与扩散等社会化服务体系发育滞后的技术性约束以及二元经济和农业要素优化配置不畅等制度性约束成为阻碍全省农业持续健康发展的重大挑战。

　　甘肃农业未来发展应当从完善粮食保障机制、加快农业供给侧结构性改革、巩固扩展脱贫攻坚成果、扩大对外开放、加强乡村公共服务和健全乡村振兴制度体系等方面持续发力，进一步深化改革，突破发展瓶颈，推动甘肃省农业农村现代化进程。

Abstract

Ever since the execution of the policy of reform and opening up in 1978, which marked the beginning of Chinese national rejuvenation, China has changed dramatically from liberation to self-sufficient. Chinese people have come to embrace the tremendous transformation from lacking of basic living necessities to decent lives. Dramatic changes have taken place in China in regard to agricultural production, rural environment and rural residents' lives, and gratifying achievements have been made in the development of agriculture, rural areas, and rural people in more than 40 years' reform and opening up.

Gansu agriculture has also gone through 40 years of magnificent process of reform and development. Agricultural and rural reform has greatly stimulated the vitality in rural Gansu. Agriculture here has stepped out of the relatively closed state dominated by self-sufficiency and the degree of opening up has been greatly improved. The achievements of agricultural reform have been gradually extended to social, cultural, political, and economic fields. Meanwhile, the pattern of agricultural opening up in Gansu has been progressively formed, the allocation of agricultural production factors in Gansu has broken through the geographical restrictions and featured agricultural products have gradually marketed domestically and internationally. The market influence has also grown significantly, showing a good development momentum.

This book reviews the progress of agricultural and rural reform and opening up and comprehensively analyzes current status of agricultural reform and opening up in Gansu. This book, containing a total number of 18 research reports, is divided into four parts, namely, generally report, and 3 featured topics.

From the point view of open development, the general report objectively analyzes the achievements and issues in agricultural reform and opening up in Gansu, forecasts the prospects of deepening reform in all aspects of agriculture and rural area and continue expanding agricultural opening up, and also presents strategies and advices for promoting the high-quality development in Gansu agriculture.

In the topics of reform, supply-side structural reform in Gansu agriculture, small-scale rural households and agricultural modernization in the context of rural vitalization strategy, integrated urban-rural development in Gansu, grain industry and grain security, and the development of agricultural insurance in Gansu are selected as the main research contents. Based on the strategic goal of rural vitalization in the new era, the development strategies of deepening reform in issues relating to agriculture, rural areas, and rural people of Gansu are discussed.

In the topics of opening up, export-oriented development of Gansu agriculture-related enterprises in the context of the Belt and Road Initiative, the construction of southerly transport corridor and agricultural development in Gansu, international cooperation and exchange in Gansu agricultural science and technologies, agricultural exhibition in Gansu, export situation analysis of Gansu agricultural products are selected as the main research contents. The current situation, development trends, constrains and development direction of agricultural opening up are analyzed. In addition, the status of agricultural industry competitiveness at the municipal and prefectural levels are investigated and analyzed, the agricultural industry competitiveness evaluation report at the municipal and prefectural levels are constructed.

The topics of featured agriculture cover the range of modernized agriculture in the cold and arid regions of Gansu, featured agriculture development in ethnic regions, recreational agriculture, grass-based livestock industry, herbal medicine industry, and the development of rural e-commerce. Key issues and principal influence factors affecting the high-quality development of Gansu featured agriculture are analyzed and strategies are presented.

The purpose of this book is to provide a full account of the facts, and in-depth analysis, a credible conclusion and a concrete authoritative study to make it an overall picture of agricultural reform and opening up in Gansu Province. The intended use of this book is to facilitate government agencies in their decision-making process. Meanwhile, it is also an important reference for scientific researchers and scholars at different levels to understand agricultural reform and opening up in Gansu Province.

（译文：刘海波，王统勋）

目 录 ⬔⬚

Ⅰ 总报告

Ⅱ 改革篇

Ⅲ　开放篇

Ⅳ　特色篇

皮书数据库阅读**使用指南**

CONTENTS ⟩⦂⦂⦂

I General Report

II Topics of Reform

III Topics of Opening up

Ⅳ Topics of Featured Agriculture

总 报 告

General Report

G.1

甘肃农业改革开放回顾与展望[*]

魏胜文　张东伟　乔德华^{**}

摘　要： 改革开放40多年来，甘肃省农村改革开放大致经历了家庭经济地位确立、资源配置市场化、城乡统筹发展和全面深化改革等阶段，农业农村发展取得巨大成就。未来改革关键在于以问题意识为导向，在完善粮食保障机制、加快农业供给侧改革、巩固扩展脱贫攻坚成果、扩大农业对外开放、加强乡村公共服务和健全乡村振兴制度体系等方面进一步深化改革，突破发展瓶颈，推动甘肃省农村农业现代化进程。本报告从开放发展的视角，对甘肃农业改革开放方面的成就与问

---

* 基金项目：甘肃省科技计划软科学专项（20CX9ZA093）。

** 魏胜文，博士，研究员，甘肃省农业科学院党委书记，主要研究方向为宏观农业政策及区域社会经济发展；张东伟（执笔人，通讯作者），博士，研究员，甘肃省农业科学院农业经济与信息研究所副所长，主要研究方向为农业经济管理和生态经济学；乔德华，研究员，国家注册咨询工程师，甘肃省农业科学院农业经济与信息研究所所长，主要研究方向为农业产业化、区域农业经济及贫困问题。

题进行客观分析梳理，展望全面深化甘肃农业农村改革和继续扩大农业开放的前景，提出推动全省农业高质量发展的对策和建议。

关键词： 改革开放 农业现代化 乡村振兴 甘肃省

近年来，甘肃省以脱贫攻坚为主攻方向，以实施乡村振兴战略为抓手，落实赶超战略，促进了全省农业和农村经济快速发展，"三农"领域呈现崭新局面。当前，在全面建成小康社会的关键时期，中央明确提出全面深化农村改革，扩大对外开放，为全省农业农村发展擘画了新蓝图，开启了陇原乡村振兴的新征程。回望甘肃农业和农村改革的历程与成就，客观分析当前农业发展面临的机遇与形势，厘清新时期全省农业发展思路，对推进新一轮西部大开发背景下改革开放、加快陇原乡村全面振兴、促进甘肃农业农村现代化具有重要意义。

一 甘肃省农业改革开放的历程回顾

1949 年中华人民共和国成立之初，甘肃省农业生产力十分低下，陇原乡村破落凋敝、大部分农民穷困潦倒，特别是中东部旱区更有"苦瘠甲天下"之名。新中国成立后，主要是通过土地改革废除了封建土地所有制，让农民"耕者有其田"，紧接着组织农民进行合作生产，尽快改善农业农村的面貌，为以后的一系列建设奠定了基础。随后又进行了公社化运动，在这个过程中，存在着要求过急、变化过快、形式过于单一的现象，束缚了农民的生产积极性，制约了农业生产的发展。当然，在这个时期国家也采取措施加大农业技术推广和应用的力度，特别是组织农民兴修水利和改善农业生产条件，很多工程设施至今仍在发挥作用。改革开放前 30 年，国家在推动农业发展的同时，通过"剪刀差"方式让农业为国家工业化的发展积累了资金，甘肃省农业对工业体系的形成也做出了巨大贡献。

我国改革开放已走过了 40 多年的历程，甘肃农业农村的改革开放与全国同步推进，从转变农业经营方式入手，逐步扩展到农村社会、文化和生态等各个领域。从时代背景、改革目标和内容等多个方面综合考虑，甘肃省农村改革发展历程大致可分为三个阶段。

（一）从1978年至20世纪末，实现"一方水土养活一方人"的历史夙愿

1978 年召开的党的十一届三中全会拉开了我国农村改革的序幕。甘肃农业农村改革也是从变革农业经营方式开始的。在安徽小岗村农民冒险签订包产到户协议一个月后，甘肃陇南地区宕昌县的哈达铺公社率先实行包产到户，揭开了全省打破"大锅饭"的序幕。随后，"包产到户"和"包干到户"等生产责任制形式逐步在全省推行，"交够国家的、留足集体的，剩下都是自己的"，以家庭联产承包责任制为主、统分结合的双层经营体制逐步建立，"三级所有，队为基础"的人民公社体制被废除，农村家庭经营主体地位得以确立。打破"平均主义"和"大锅饭"禁锢，僵化的体制限制被逐步放开，农民群众的生产积极性被极大激发。随着农民经营自主权的确立，陇原儿女开始在全新的体制机制下向"告别饥饿，解决温饱"进军。针对甘肃省干旱少雨、水资源严重匮乏的现状，全省上下解放思想、开动脑筋，提出"有水路走水路、没有水路走旱路，水旱不通另找出路"的总体思路，苦干、巧干加实干，在贫瘠的"黄土地"上走出了一条极富甘肃特色的旱作农业之路，到 20 世纪末，全省基本实现了解决温饱问题的目标，彻底结束了"一方水土养活不了一方人"的历史。

一方面，大力改善农业生产条件。为了从根本上改善生存条件，彻底摆脱贫困状况，从 20 世纪 80 年代开始，围绕解决吃饭问题，甘肃开展了以兴修梯田为主要内容的农田基本建设，先后启动了"三西"开发建设项目、景泰川电力提灌工程等一大批涉农基建项目和水利工程，实施了河西商品粮基地建设和中东部干旱地区小流域综合治理。从 1978 年到 2000 年，全省梯

田面积从 53.9 万公顷增加到 148.7 万公顷，增长 1.76 倍；全省有效灌溉面积从 84.9 万公顷增加到 98.2 万公顷，增长 15.7%；全省农业生产条件得到极大改善，为粮食增产打下了坚实基础，为农业发展积累了永续的宝贵资源。

另一方面，努力探索旱作农业之路。为了彻底解决群众温饱问题，全省干部群众一起动脑筋、想办法，提出了以"修水窖、造梯田、覆地膜、调结构"为主要内容的旱作农业技术模式，探索创造出梯田建设、集水节灌、覆盖栽培、小流域系统治理等系列旱作农业技术体系。特别是大面积推广应用地膜覆盖技术，改写了旱作农业产量低而不稳的历史，谱写了甘肃旱作农业发展的新篇章。经过全省上下的艰苦努力，在世纪之交，甘肃彻底解决了长期困扰甘肃人民的吃饭问题，总体上实现了粮食基本自给、丰年有余的历史性跨越。2000 年与 1978 年相比，全省粮食总产量由 510 万吨增加到 713 万吨，增长近 40%；粮食单产由 1710 公斤/公顷增长到 2550 公斤/公顷，增长 49.1%。

（二）从21世纪初到2010年前后，初步完成由传统农业向特色农业转型

进入 21 世纪以来，我国发展的内外部环境持续优化。一方面，随着中国加入 WTO，对外开放新格局加速形成；另一方面，国内经济体制改革深入推进，经济实力和综合国力显著增强。甘肃省紧紧抓住国家实施西部大开发、退耕还林还草等支持西部发展的政策机遇，在"三农"工作中落实"多予少取放活"的方针，深入开展农村税费改革、完善农民户籍管理制度和农业支持保护制度，在全面取消农业税和"三提五统"的基础上，出台了粮食种植、良种与农机购置补贴等一系列强农惠农政策，极大地调动了农民生产积极性。同时，甘肃省积极推进以城带乡、以工哺农的新农村建设举措，加快农村社会事业和公共服务均等化改革，不断促进城乡统筹发展和城乡关系一体化建设。加之农业科技广泛应用，发展农民专业合作经济组织，解放了农村生产力，农业生产率快速提高，随着温饱问题的基本解决，让农

民能"有钱花",成为当时的突出任务。为此,全省上下进一步解放思想,从改革和创新中寻出路、谋发展。一方面,用新思维谋划特色农业发展之路。甘肃生态类型复杂多样,物种和气候资源丰富,发展特色农业得天独厚。为此,甘肃省提出走发挥比较优势、做大做强特色农业产业的路子,按照"顺应天时、遵循自然规律,顺应市场、遵循经济规律,顺应时代、遵循科学发展规律"的原则,转变以前单纯追求粮食产量的做法,向特色化生产、差异化竞争、错位发展的方向转型,按照农业产业化发展的思路,提出了"战略性主导产业、区域性优势产业和地方性特色产品"三个层次的总体部署,开创了甘肃农业农村工作新气象。另一方面,变自然资源禀赋为农业发展优势,借助国家实施西部大开发战略的重要机遇,甘肃深入开展了促农增收"六大行动",大力发展"四个1000万亩工程"和"牛羊大县"建设,积极推进社会主义新农村建设和新型城镇化建设,以做大做强特色优势农业为目标,发展形成了"牛、羊、果、菜、薯、药"六大特色优势产业,凸显了甘肃在全国农业格局中重要且独特的地位,优质特色农产品不仅极大地丰富了城乡居民的"果盘子""菜篮子""肉案子",还鼓起了农民群众的"钱袋子"。2010年,甘肃农村居民人均可支配收入达到3424.7元,比21世纪初的1428.7元增长1.4倍。

(三)2010年前后至今,深化改革扩大开放促进农业现代化快速发展

党的十八大以来,我国农业发展内外部环境发生了一系列重大而深刻的变化,新一轮农业科技革命迅猛推进,农村改革持续不断深化,突出了全局性和系统性。这一时期,全省农村改革主要集中在狠抓精准扶贫精准脱贫、攻克贫困最后堡垒;以农业供给侧结构性改革为主线,实施循环农业等十大生态产业工程;以"三变改革"为突破口,持续推进农村集体产权制度改革;抓住"一带一路"重大机遇,加大农业对外开放力度;以祁连山生态环境问题为镜鉴,深化生态文明体制改革,促进农业绿色转型和可持续发展。特别是2013年习近平总书记视察甘肃时,做出了"八个着力"的重要

指示，明确要求甘肃要"着力发展现代农业，增强农产品供给保障能力""着力推进扶贫开发，尽快改变贫困地区面貌""着力加强生态环境保护，提高生态文明水平"，为全省农业农村工作指明了方向、提供了遵循。由此，甘肃农业开始驶入提质增效、加速发展的快车道。全省坚持绿色兴农、科技兴农、质量兴农的总方向，按照打造全产业链的思路，在良种繁育、冷链物流、标准化生产、品牌打造、风险防控等关键环节统筹支持，朝着构建现代农业产业体系、生产体系、经营体系的目标持续发力，推动三产融合、城乡协同发展，壮大县域经济，并且提出要大力培育龙头企业，建设现代农业产业示范园，实现农业产业化经营，走农业高质量发展道路。这一时期，全省中药材产业、玉米制种业、马铃薯产业、苹果产业及草食畜牧业快速发展，产品产量及竞争力迅速跃升，在全国的排名持续领先或上升，为打赢脱贫攻坚战、保障全省与全国同步迈入小康社会提供了有力支撑。

党的十九大提出实施乡村振兴战略重大决策后，甘肃省按照农业农村优先发展，生产、生活、生态一体谋划，农业增效、农民增收、农村增绿一体部署，一二三产业一体推进的总要求，积极谋划，细化了落实举措，制订了相关规划，绘就了宏伟蓝图。特别是在总结发展节水农业、旱作农业、循环农业、戈壁农业的基础上，结合甘肃省情农情的特征与趋势，提出了发展"现代丝路寒旱农业"的总构想，通过深入挖掘高寒干旱特色农业所蕴藏的"绿色有机"特质，培育"甘味"农产品，将发展"独一份""特别特""好中优""错峰头"等差异化特色农产品作为全省落实乡村振兴战略、促进农业产业振兴、扩大甘肃农产品在"一带一路"沿线地区认知度、提升甘肃区域农业品牌在全国知名度的重要举措。由此，甘肃"三农"工作进入全新阶段，走进了全新时代。

二 甘肃省农业改革开放取得的成就

改革开放以来，甘肃省各级党委、政府始终把"三农"工作列在优先位置，制定了一系列强农惠农富农政策，坚持不懈改善农业生产条件，充分利用农业特色优势，加快由传统农业向现代特色农业转变，大力推进农村各项改革，农业农村发展取得了历史性的成就；加速社会主义新农村建设，陇原乡村发生翻天覆地的变化。

（一）农民生活大幅度改善

农业改革开放有效推动了全省特色农业的发展，促进了农民收入持续增长。全省农民人均收入由1978年的101元增长到2019年的9629元，增长了94倍（见图1）。改革开放以来，全省特色种植、畜牧养殖、劳务输出、转移性收入成为农民增收的重要来源和突出亮点，增收渠道呈现多元化趋势，农民的居住条件明显改善，手机、电视机、洗衣机、农用拖拉机基本普及，耐用消费品拥有量持续增长，小汽车和电脑网络也逐步进入寻常农家，村村通车，户户通电、通自来水已经基本成为现实，宽带光缆、广播电视、电商物流和超市百货加快向农村延伸，农村居民的恩格尔系数显著降低，陇原农村和牧区从缺衣少食到丰衣足食，生活品质逐步改善，乡村面貌发生了翻天覆地的变化。

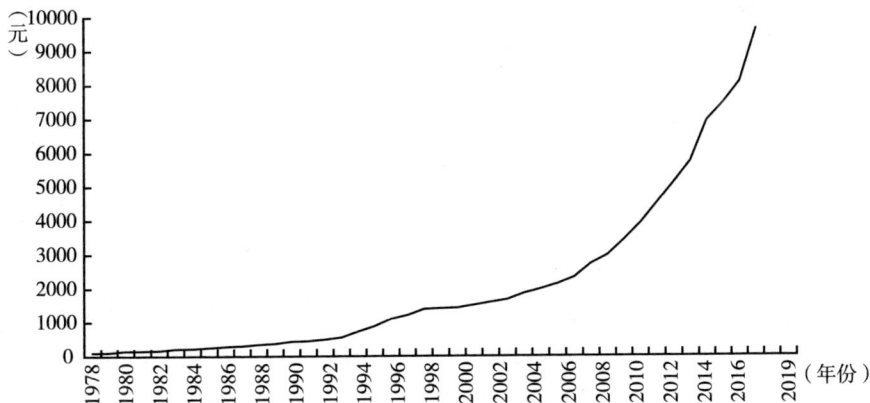

图1 1978～2019年甘肃省农村居民人均可支配收入变化情况

资料来源：甘肃省统计局、国家统计局甘肃调查总队编《2020甘肃发展年鉴》，中国统计出版社，2020。

（二）农业生产力显著提升

为夯实农业发展基础，促进生产力水平提升，甘肃先后获批启动国家"三西"建设项目、国家级商品粮基地建设项目、引大入秦大型水利工程等一大批涉及国计民生和经济社会发展的农业基础设施建设项目和水利工程，使得农业基础设施和生产条件得到极大改善，大幅提升了农业生产力水平。全省农田有效灌溉面积由 1949 年的 31.3 万公顷增长至 2019 年的 126.6 万公顷，保灌面积由 16.7 万公顷增长至 2019 年的 101.4 万公顷，带动全省农产品供给水平显著提升，粮食总产量由 1978 年的 510 万吨增加到 2020 年的 1202 万吨，增长了 1.4 倍（见图 2）。

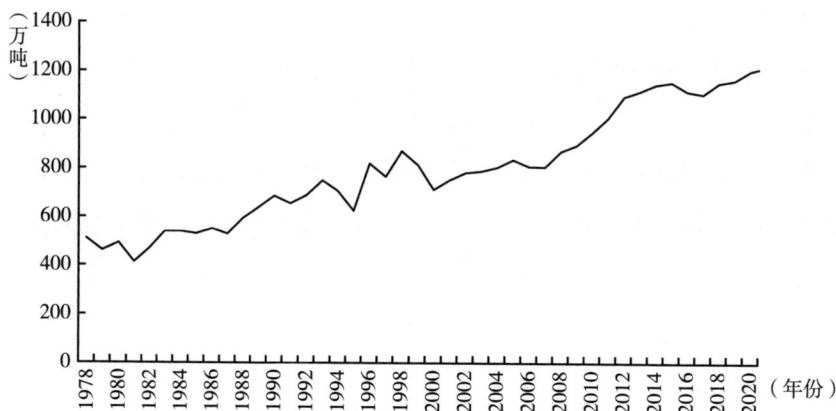

图 2　1978～2020 年甘肃省粮食总产量变化情况

资料来源：甘肃省统计局、国家统计局甘肃调查总队编《2020 甘肃发展年鉴》，中国统计出版社，2020。

与此同时，全省农业特色产业区域布局加速形成。以高原夏菜、都市农业为特色的沿黄产业带，以制种业、种养一体循环农业、戈壁现代生态农业为特色的河西节灌农区，以优质苹果、肉用牛羊养殖为特色的陇东雨养农区，以马铃薯、中药材为特色的中部半旱作农区，以蔬菜、林果、集约畜牧业为特色的天水及陇南山地农区，以牦牛、藏羊、藏药等为特色的甘南及祁连山高寒草地农牧交错区，形成了独具特色的"一带五区"农业生产布局，产业基础得以夯实，产业体系逐步完善，生产主体逐步变强。全省农业总产值从 1978 年 16.36 亿元增加到 2019 年的 1306.41 亿元，增长了 78.9 倍（见图 3）。全省在稳定解决 2600 万人吃饭问题的基础上，实现了农产品生产能力全面大幅度提升。

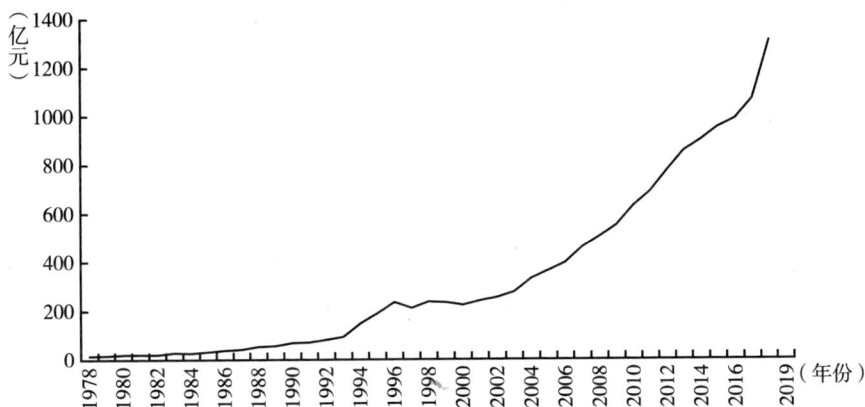

图 3　1978~2019 年甘肃省农业总产值变化情况

资料来源：甘肃省统计局、国家统计局甘肃调查总队编《2020 甘肃发展年鉴》，中国统计出版社，2020。

（三）城镇化发展持续推进

伴随着农业生产力的大幅提升和农外就业渠道的拓展，全省农业转移人口逐年递增，新型城镇化稳步推进，基本形成了以兰州为中心，以地州市政府所在的区域城市为次中心，县级城市为骨干，星罗棋布的小城镇为基础的四级城镇网。截至 2019 年末，甘肃省农村户籍人口从 1978 年的 1600.6 万人降低到 1363.7 万人（见图 4）。与此同时，城镇化率稳步提高，全省城镇常住人口从 2000 年末的 603.93 万人增加到 2019 年末的 1283.74 万人，净增 679.81 万人，常住人口城镇化率从 2000 年末的 24.01% 上升到 2019 年末的 48.49%，年均增加 1.29 个百分点；城镇就业总量和城镇就业比重持续上升，城镇就业人员由 2000 年末的 320.19 万人增加到 2019 年末的 656. 66 万人，净增 336. 47 万人；城镇化的快速推进为稳定总需求做出了重要贡献，城镇居民消费支出占城乡居民总消费的比重从 2000 年的 53.93% 上升至 2019 年的 70.37%，为稳定全省经济增长和就业发挥了重要作用。

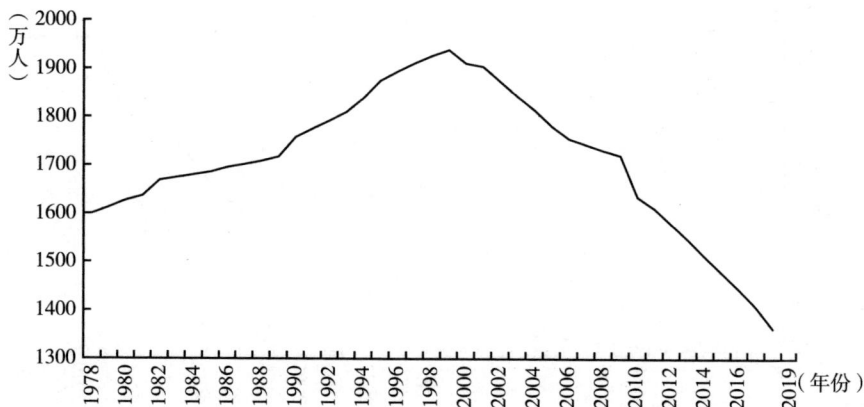

图 4　1978～2019 年甘肃省农村户籍人口变化情况

资料来源：甘肃省统计局、国家统计局甘肃调查总队编《2020 甘肃发展年鉴》，中国统计出版社，2020。

全省城镇化发展呈现四个特点。一是城乡基础设施建设和综合服务能力显著提升。全省高速公路通车里程持续增加，到 2019 年底达到 4452 公里，通高速县区数量达到 60 个，各市州实现高速公路全连接；高速铁路贯通东西，运营里程达 1215 公里，在全国排名第 13 位；支线机场建设与运营良好。二是城乡人居环境明显改善。截至 2018 年，全省人均城市道路面积达到 17. 91 平方米，城市供水和燃气普及率分别达到 97. 90% 和 90.91%，城市生活垃圾无害化处理率达到 99.76%，人均公园绿地面积达到 13. 65 平方米，城镇基础设施日趋完善，公共服务设施水平和覆盖率明显提高。如临泽县实施的煤改电供暖项目利用峰谷电价的优惠政策，维持居民取暖成本，大幅削减温室气体排放。甘南州推进的全域无垃圾旅游，极大地提升了当地农牧民和城镇各族居民的幸福感和对外美誉度。三是区域多元特色产业体系初步形成。全省十大生态产业区域布局全面铺开，已成为转方式、调结构的主要抓手；河西新能源基地建设初具规模，以兰州、天水、酒嘉、金昌为重点的装备制造业基地的作用逐步增强，兰州新区及兰州片区生物产业、新型化工基地建设、物流业、金融业发展成效初显，陇南电商、甘南及张掖文化旅游等现代服务业加快发展，成为甘肃发展的"新名片"。四是推动城镇化和区域协调发展的体制机制进一步完善。制定出台建立更加有效的区域协调发展新机制实施方案，城乡统一的一元化户籍管理制度改革蹄疾步稳，户籍、教育、社会保障等制度改革成效明显，城镇居民医保、新农合医保大面积覆盖，农村集体土地确权登记等基础性工作为推进城镇化提供了有力支撑。兰州新区出台了一系列招商引才的宽松优惠政策，持续加大户籍制度改革力度，城镇化水平快速提升。全省初步形成了城市支持乡村、工业反哺农业的发展框架，农村居民生活、公共服务、基础设施、要素市场、治理能力等方面都有所提高，城乡差距总体呈缩小趋势。

（四）农业现代化成效显著

长期以来，甘肃省农业生产的主体是小农户，农业生产以小规模经营为主，到目前为止，小农户仍占到总农户80%左右，土地适度规模经营比重约为25%。改革开放以来，甘肃省农户的兼业化程度逐步提高且呈现波动上升趋势。专业种养大户、合作社、家庭农场等新型农业经营明显增多，为小农户提供产前技术指导、产中质量管理以及产后贮销运等社会化服务的经营主体层出不穷，为农户提供了生产资料供应、农机租赁、产品运输等服务。在农业机械化方面，全省以农业机械为主的农业物质技术装备加快普及推广应用，大力实施以机代牛推进计划和农业机械装备提升工程，集中推广了全膜双垄沟播、畜禽规模化养殖、节水灌溉等技术，加快推进农业设施发展，农业生产方式发生了历史性巨变。新中国成立初期，全省农业机械只有5台，到2018年底，全省拖拉机保有量为82.38万台，配套机具184.82台（套）。农作物耕种收综合机械化率由1952年的0.03%提高到2019年的近60%，农业种植户中有67.8%的农户实现了半机械化。甘肃农业生产方式由传统人畜力为主转向机械化主导生产新阶段，农业生产方式实现重大转变，农业现代化水平大幅提升。

（五）制度改革取得新突破

1978 年改革开放率先从农村起步，全省推行联产承包责任制，实施第一轮土地承包，1996 年又开始了二轮土地延包，极大调动了农民生产积极性。从 2015 年试点开始，土地制度改革全面深入推进，农村土地承包经营权确权登记颁证工作基本完成，促进了农村土地所有权、承包权和经营权"三权"分置。随后农村"三变"改革全面铺开，与之相应的农业经营制度、支持保护制度、农业科技体制、农村金融制度等改革不断深化，创新举措陆续出台，有效激活了农业发展的内生动力。

以农业保险为例，全省已初步形成"以政策性农业保险为主体、以商业性农业保险为辅助"的农业保险运行机制，其实施效果远优于一般商业性农业保险。同时也已基本形成了政府主导下的政策推动与商业保险公司具体办理承保业务的"混合经营"模式，对促进全省"牛、羊、果、菜、薯、药"六大农业特色优势产业的健康发展和分散农业生产经营风险起到"稳定器"和"保护伞"的作用。2019 年，甘肃省实施 56 个农业保险品种，投保农户 73.3 万户，切实为农户发展产业起到了保驾护航的作用。

（六）对外开放形成新格局

2015 年国家发布的《推动共建丝绸之路经济带和 21 世纪海上丝绸之路的愿景与行动》，明确了甘肃在"一带一路"倡议中的定位，提供了全省开放发展的最大机遇。文件界定甘肃为"向西开放的重要门户和次区域合作战略基地，丝绸之路经济带重要组成部分，面向中亚、西亚国家的通道、商贸物流枢纽、重要产业和人文交流基地"。甘肃按照"巩固东连、向西为主、深耕南向、促进北拓"的思路，用活用足各类平台载体，谋划争取更多政策支持，抢占文化、枢纽、信息、技术、生态"五大制高点"，培育发展清洁生产、节能环保、清洁能源、先进制造、文化旅游、通道物流、循环农业、中医中药、数据信息、军民融合"十大生态产业",更好地利用国际国内两个市场、两种资源,发展通道、枢纽、流量、门户、口岸"五个经济",拓展未来发展的新空间和新优势,提高生产要素的集聚、辐射和整合能力,重构具有甘肃特色的现代化经济体系,形成高质量发展、绿色崛起的强劲动力和全新引擎。

全省农业领域双向开放的不断加深,为农业企业外向发展增添了新动力。甘肃涉农企业借势而为,以牛、羊、菜、果、薯、药及现代种业等地方特色农产品为依托,有效释放国际贸易合作潜力,促进了与相关国家和地区经济的紧密联系。涉外农业投资方面主要体现在以产业化龙头企业为主体、非农业企业转型参与农业投资为新趋势,以"一带一路"沿线的亚洲和欧洲国家为投资的重点区域,投资主营业务以生产为主,并逐步向储藏、加工及物流等多业务类别发展。农产品贸易在全省对外贸易活动中的地位明显提升,2013~2019年,甘肃省农产品进出口贸易额在全省进出口贸易总额中的占比由3.69%提升至6.88%,增长了86.45%;农产品出口额占全省出口贸易总额的比重也由7.27%提升至16.05%,增长了120.77%。2019年,甘肃省农产品出口已涵盖全球6大洲共计85个国家和地区,"兰州百合""定西马铃薯""平凉金果"等陇货精品已源源不断地迈出国门、享誉世界,有效带动了"一带一路"沿线国家出口贸易的增速发展。

南向通道建设战略布局为甘肃农业外向化发展带来了前所未有的契机。信息网络技术建设有效促进了甘肃与南向通道沿线各省区及国家间的互联互通和经济合作,物流网络体系的形成通过控制农产品运输和仓储成本有效降低物流成本,交通基础设施建设及运输联动机制为甘肃农业外向型发展搭建良好的国际合作开放平台。

随着现代农业的发展,甘肃农业展会经济也获得了长足发展,农展会在改善软硬件环境、提升展会质量和品牌建设方面都取得了较好的成绩,甘肃农业会展总体上由快速增长向平稳增长、质量提升和规范发展转型。成功举办了12次甘肃农业博览会、25次兰洽会等大型展会,甘肃农业展会"百花齐放"的格局正在形成。"甘味"特色农产品获得了众多国内外客商及消费者的青睐，农业会展经济成为新的经济活动形式，为城乡产业发展注入了新的活力。

全省农业科技领域国际合作交流成效明显。党的十八大以来，甘肃省农业科技对外合作交流日益频繁，合作日益加深，质量大幅度提高。特别是通过实施联合国世界粮食计划署（WFP）项目、国际农业发展基金（IFAD）项目、全球环境基金（GEF）保护生物多样性项目、世界银行（WB）贷款甘肃牧业发展项目等，在种质资源引进、农业技术成果转移转化、农业产业发展合作等方面取得良好进展，促进了全省农业科研水平和农业发展能力的提升，为贯彻落实国家"一带一路"倡议和打造新"丝绸之路"甘肃黄金段战略部署做出了贡献。

三 甘肃省农业改革开放的条件和机遇

（一）独特的自然条件

甘肃深处西北内陆，自然生态环境独特，气候类型多样、生物种类丰富，光照时间长、昼夜温差大，农业资源禀赋的区域特征鲜明。土地资源丰富且水土洁净、病虫害发生少等自然资源禀赋优势突出，农作物生长周期相对较长，营养积累多，品质优良。同时，甘肃省是全国五大牧区之一，饲草料资源丰富，广袤的草原、沙漠、戈壁和崇山峻岭，又为动植物疫病防控提供了天然隔离屏障，为草食畜牧业发展提供了良好条件。如河西地区是发展戈壁设施农业、节水商品农业、制种基地的优势区；黄河流域是发展城郊农业和高附加值农业的理想区域；中东部黄土高原区适宜发展优质马铃薯、特色林果业和中药材；陇南和天水南部地区具有发展山地农业的潜力；甘南青藏高原地区水、土、气相对清洁，为现代高原农牧业发展提供了良好的条件。这些重要资源禀赋决定了甘肃省非常适合发展现代特色农业，奠定了其发展高质量农业的优势，有利于全面提升甘肃特色农业市场竞争力，加快实现甘肃由特色农业大省向特色农业强省转变。

（二）巨大的发展潜力

从政策机遇看，中央推动形成以国内大循环为主体、国内国际双循环相互促进的新发展格局，"一带一路"建设深入推进，国家启动实施新一轮西部大开发，出台了《黄河流域生态保护和高质量发展规划纲要》，正在加速推动资金、人才和技术等各类生产要素向西部地区转移聚集，甘肃省的区位优势、资源优势将进一步释放，越来越多的大型农业龙头企业正加速在甘肃省落地布局。同时，落实"四个不摘"、巩固拓展脱贫成果，推进脱贫攻坚与乡村振兴有效衔接，无论是国家还是省级层面，都必将出台一系列产业利好政策。从规模产量看，"三变"改革有序开展，农业结构深度调整，农村新型经营主体蓬勃发展，农业产业集约化规模化程度大幅提升，必将进一步扩大甘肃省农业优势适生区覆盖面、拓宽特色产业种养规模。从技术创新看，生物技术、人工智能在特色产业中广泛应用，5G、云计算、物联网、区块链等与特色产业交互联动，水肥一体化、高效节水、全程机械化等现代农业新技术、新品种、新材料和新装备的全面推广，为优势特色产业增产增效提供了强有力的技术支撑，农产品单位产能将得到较大提升。

（三）良好的产业基础

近年来，甘肃省委、省政府坚持把发展产业作为脱贫攻坚和"三农"工作的重中之重，下大气力推进农业特色产业发展，初步形成较为坚实的产业基础。一是探索发展现代丝路寒旱农业，打造"甘味"品牌标识的新发展道路。二是大力发展节水农业、旱作农业、设施农业、戈壁生态农业，形成"牛羊菜果薯药"六大优势产业，培育出陇原特色农产品，农业结构正在深刻调整，种养结构逐步优化，全省种养比例达到7:3，为发展绿色、高效的循环农业奠定了基础。三是大力构建农业体系，已经形成生产组织、投入保障、产销对接、风险防范"四大体系"，全省农业特色产业呈现了区域分工明显优布局、基地集中连片成规模、合作社龙头紧密联结强带动、技术装备集成升效率、市场品牌共建保销售的良好发展态势，实现了从零散状、碎片化到成链条、成体系的巨大变化。全省 200 多万农户嵌入产业大链条，带动人均增收 4000 元。2019 年，全省优势特色产业面积达到 283 万公顷，牛羊及生猪存栏达到 3234 万头（只），出栏达到 2631 万头（只）。

作为我国重要的优质饲草生产基地和草食畜牧业大省，甘肃每年输出 500 万吨优质饲草，饲草企业数量占全国 1/3，全省首蓿面积多年居全国首位；改革开放以来，甘肃草食畜饲养规模及水平迅速提升，2019 年全省牛肉产量居全国第 11 位，肉羊存栏量居全国第 3 位；全省饲料工业生产格局基本形成，饲料供应稳定，产能充足。近年来，甘肃省饲草种植更加多元，作物秸秆饲用化水平显著提高，秸秆饲用量占生产量的63.3%。全省草牧业以饲草料生产加工、肉羊、肉牛、奶牛养殖为主导的产业格局和全产业链快速发展，成为甘肃农业现代化转型发展的重要组成部分。

作为我国重要的中药材产区和中药材资源大省，甘肃拥有中药材资源1527 种，形成了特色鲜明的四大中药材优势区域，建成了一批优质中药材生产基地和种子种苗繁育基地，全省中药材种植总面积多年保持在 30.7 万公顷左右，种植面积和产量连续数年居全国前列；甘肃省以"十大陇药"为代表的特色优质中药材品种驰名中外，在我国中药材出口贸易中占有重要地位，当归、黄芪等道地中药材出口量占全国总量的 90% 以上。近年来，依托中药材生产基地，甘肃中药材加工业发展较快（年药材加工总量约 20万吨，加工产值约 30 亿元），并逐步由药材初加工向精深化加工领域拓展；建成了 6 个中医药产业创新研发孵化园区，新建、改扩建了中药材专业化交易市场 6 个，积极探索并初步形成了"互联网 + 中药产业 + 金融服务 + 现代物流"的现代化商业服务模式；形成了以岷县和陇西县为代表，集药材规模化加工、交易、物流、仓储于一体的产业中心。

甘肃省的休闲农业发展态势强劲，规模效益不断增加。2019 年甘肃省农家乐、休闲农庄、农业示范园区等各类休闲农业经营主体 8087 家、营业收入 29.31 亿元、接待人数 9317 万人次，分别较 2018 年增长 8.2%、11.1% 和 19.4%；全省休闲农业从业人员 26 万人，较 2018 年增长 20.9%，甘肃省共创建全国休闲农业与乡村旅游示范县 9 个、示范点 12 个，中国休闲农业与乡村旅游十佳精品线路 1 条，中国美丽田园 7 项，甘肃省休闲农业示范县 10 个、示范点 85 个。一些具有资源和区位优势的地区，以合作社为纽带，发展农家乐、乡村民宿、采摘园等休闲农业项目；农业产业园大力发展日光温室果蔬种植，并适度发展农业观光、创意农业、采摘体验、教育培训、展示展览等业态，培育新的农业经济增长点。目前，甘肃省经认定的国家级现代农业产业园 4 个、省级现代农业产业园 18 个、国家农业科技园区 9 个、省级农业科技园区 19 个；以休闲观光农业为主题，传统农业与特色农业有机结合，形成了不同类型的休闲农业和乡村生态旅游品牌，发展形势良好。

甘肃农村电商发展方兴未艾。2018 年全省农产品电子商务销售额达到 117 亿元，同比增长 35%，带动全省农民人均增收近 300 元。近年来，甘肃农村电子商务得到快速发展，县乡村三级农村物流体系不断完善，农村电子商务公共服务平台功能不断健全，农村电商扶贫基础不断夯实，东西部电商扶贫协作机制不断创新。同时，形成了三种成功的发展模式。一是县域电商模式：以当地特色产品为依托，形成政府推动、市场推进、社会参与模式，成县模式是其中比较具有典型代表性的案例。二是农民合作社模式：以消费需求为导向，集精细农业、在线订单农业、定制农业、在线体验农业、在线和离线交易、传统网络销售于一体的模式，环县小杂粮产业即属该模式。三是企业电商模式：电商龙头企业自建电子商务平台，联合分散农户，按照农产品标准化、品牌化要求进行生产、加工、包装、储存、销售、物流、售后的农村电商模式，比较具有代表性的是酒泉巨龙电子商务公司。

（四）广阔的市场前景

国内外市场对天然有机、特色化、多样化优质农产品需求快速增长，为甘肃省"独一份""特别特""好中优""错峰头"等特色农产品提供了巨大的市场空间，甘肃在短缺经济时代以"干旱高寒"为特征的发展数量型农业的"劣势"正悄然转变成发展绿色高质量农业的优势，"甘味"特色农产品影响力正在逐步扩大，市场认可度持续攀升，越来越得到广大消费者的认可和青睐。随着电子商务和物流的快速发展，全国统一市场正在形成，这对甘肃省马铃薯、小杂粮、高原蔬菜、中药材、牛羊肉等依靠特殊资源产出的特色优质农产品在更大的市场空间流通提供了新的机遇。与此同时，作为古丝绸之路的重要通道，甘肃在"一带一路"倡议的催化下也逐步恢复了昔日的活力，成为中国对外开放的重要节点，进一步拓宽了外向型农业发展的渠道。

四　甘肃省农业改革开放面临的挑战

甘肃农村改革开放40多年取得的巨大成就，奠定了农业产业化发展的良好基础，但还存在一些瓶颈，如干旱缺水等资源型制约，土地集中度低、规模化生产不够，科技支撑方面特别是品种改良、技术集成应用水平低，特色产业发展与保障粮食安全存在矛盾等。随着改革的不断深入和国际国内形势的新变化，全省农业农村发展不平衡、不充分的矛盾更加凸显，农业领域深化改革和扩大开放还面临诸多问题和挑战。

（一）农产品市场变数增加，粮食安全问题不容忽视

农业是国民经济的压舱石，是社会稳定的定心丸。其中粮食安全是国家安全的重要组成部分和重要基础。改革开放以来，我国粮食的生产能力大幅提升，基本实现了"保供稳价"的目标。但是，应当充分认识到粮食这一商品的"刚需"特性，少量或者局部的供应缺口会被市场信号放大，进而引发消费者抢购与商家惜售囤货的叠加，造成社会恐慌乃至混乱。特别是处在"百年未有之大变局"转型时期，国际农产品贸易受到政治、外交、意识形态等因素的干扰，加上气象灾害、疫情等"黑天鹅"事件的冲击，粮食生产系统受到各种不确定因素的影响，粮食安全形势应当引起高度重视。

甘肃地处内陆，经济欠发达，农民人均纯收入居全国较低水平，购买力

较低，外向依赖型的粮食安全具有多变性和不可靠性。如遭遇重大灾害和疫情暴发等异常事件，粮食市场波动、粮价高位运行、非常时期物流运输不畅等因素叠加，都将增加粮食安全供给的压力和风险。人民生活水平提高，居民饮食结构改善，粮食消费多元化趋势明显，结构性矛盾加剧；城镇化进程的推进，耕地资源、水资源以及农业劳动力资源等约束趋紧，都给甘肃省粮食安全保障能力提出考验。

（二）结构性改革有待突破，现代农业体系仍需健全

深化农业供给侧结构性改革是我国农业高质量发展的必然要求。尽管甘肃省在农业供给侧改革方面取得不俗成效，但整体上现代农业高质量发展的技术、政策体系还不完善。一是农业专业化和集约化水平不高，粗放经营占主导地位的状况仍未从根本上改变。小农户分散经营居多，种植养殖规模普遍较小，阻碍着机械化生产的推广普及。二是优势特色产业集聚集群发展格局还未形成。甘肃省发展优势特色产业具有光热水土等自然资源优势、处于"一带一路"重要节点的区位优势和绿色农产品品质品牌优势等，但这些优势和潜力还没有得到充分发掘，尽管甘肃省特色农产品种类多、品质优，但大多数产品生产规模偏小，产业聚集度不高，市场占有率较低。三是新型经营主体带动能力不够强，通过大力引进培育龙头企业，狠抓合作社规范提升，出现了一大批新型经营主体，但普遍存在规模小、带动能力弱和利益联结不紧密的问题。四是投入力度不足，各级政府加大了产业扶贫投入，但与产业发展壮大需求相比力度仍然不足，普遍存在资金投入来源渠道单一，经营主体投资能力弱、融资难和融资贵的问题。

（三）二元性结构难以化解，缩小城乡差距任重道远

长期以来，我国将经济建设的重心放在城市，忽视对农村发展的投入，致使大部分农村基础设施和公共服务严重滞后，城乡发展存在巨大落差，被诟病多年的"二元结构"还未能有效消除。一方面，与东部地区的发展相比，甘肃省城镇数量少、规模小，多数县（市、区）城镇化率较

低、质量不高、结构不完善，城镇结构表现为"头重、脚轻、腰杆细"的状态，城镇体系和布局不合理，大城市和中等城市之间存在明显断层。调研发现，农民进城买房大多集中在县城或集镇，但甘肃省目前除个别县城发展较好外，大部分县城和集镇在市政基础设施建设、公共服务能力保障等方面还存在诸多短板弱项亟待补齐。另一方面，广大农村地区生活条件普遍落后于城市，偏远农村的空心化、边缘化情形更加突出。尽管甘肃省城镇化率近 20 年的增速快于全国平均增速，但绝对差依然没有缩小，2000 年全省常住人口城镇化率低于全国 12.08 个百分点，到 2019 年仍低于全国 12.11 个百分点，城镇化速度近两年明显放缓。人口城镇化水平较低，城市综合承载力不强，基本公共服务保障能力不足，城乡居民基本权益平等化、城乡公共服务均等化实现难度较大。受自然条件、经济水平和社会环境等多种因素制约，全省城乡之间、区域之间发展不平衡、不充分的问题比较突出，特别是城乡分离和行政区划分割的体制机制制约着资源要素流动与有效配置，制约了城乡一体化和区域协调发展，缩小城乡差距任务艰巨繁重。

（四）国内外贸易环境剧变，对外开放不确定性陡增

自 2019 年以来，中美贸易摩擦加剧，保护主义逆流挑战人类命运共同体，引发全球经济形势和发展格局剧变，各类风险凸显乃至叠加，加上2020 年突如其来的新冠肺炎疫情，各类矛盾和问题交织，经济社会发展所面临的复杂性、艰巨性和不确定性陡增，这些变化必然对甘肃省农业改革开放和高质量发展造成较大冲击，须科学而谨慎地加以应对。在此情势下，甘肃农业的对外开放和农产品出口仍将面临复杂多变的国际环境，特别是受到农产品出口企业少、出口渠道单一、外贸人才缺乏、宣传效果欠佳等突出问题的制约，开放发展的道路仍将崎岖不平，除了蔬菜、水果等劳动密集型农产品出口前景依然向好，畜产品在未来一段时间有较大提升空间外，绝大部分"甘味""陇货"农产品仍将以国内市场为主。充分利用好国内国际两种资源、打通国际国内两个市场，"以国内大循环为主体，

国内国际双循环相互促进"的新发展格局仍将是保持甘肃农业长期稳定发展的不二选择。

（五）制度创新支撑力不足，发展环境亟待优化更新

当前，甘肃省正处在由特色农业大省向特色农业强省转型升级的战略机遇期和重要窗口期，农业持续保持着强劲的外部市场需求和内部提质增效动能，进入了绿色高质量发展和产业结构深度调整的新阶段，但是一些宏观思维和管理观念明显滞后，无法适应农业现代化和市场经济发展的要求，全省农业发展还面临着基础性、长期性的制约因素。特别是农地制度方面，各地通过开展耕地确权登记、高标准农田建设等举措，促进了耕地向新型经营主体流转，但流转机制不完善、流转面积不广，难以形成合理的经济规模，制约着现代农业的发展与扩张。同时，与此相关联的金融、保险等发育不良，尚不足以满足现代农业发展的基本要求。在农业科技支撑方面，虽然全省具备了农业科研的基础性条件，拥有一定的科研推广队伍，研发出了一批科研成果，但科研供给侧结构不优，科技推广体系不完善，科研生产推广脱节，科技成果转化应用率不高，激励机制不够完善，科研人员的创新及服务热情没有得到充分释放。

五　甘肃省深化新一轮农业改革开放展望

要有效解决当前全省农业和农村发展中存在的突出问题，就必须坚持农业农村优先发展总方针，坚持问题导向，用新思维加快全省农业农村综合改革进程。

（一）完善粮食产业保护政策，全力保障食物有效供给

"洪范八政，食为政首。"古往今来，粮食安全始终是治国安邦的头等大事，必须牢牢把握粮食安全底线，建立粮食生产保护机制。一是必须牢固树立粮食安全的底线思维，立足本省粮食生产实际，严格落实保护耕地的基

本国策，加强耕地的数量和质量管理，严格落实"占补平衡"政策，保持耕地面积的动态平衡。克服寒旱生态环境对粮食增产的制约，制订耕地保有量红线预警机制，有计划地推进荒地开发，加大戈壁农业和现代丝路寒旱农业的研发推广力度，抓好闲置、荒芜宅基地复垦试点等工作，加大中低产田改造力度，持续推进高标准农田建设，恢复并保持耕地地力。二是通过持续投入优良品种培育，推广智能农机技术，升级机械装备，实现良种良法结合、农机农艺结合，大幅度降低粮食生产成本；发挥大数据等现代信息技术在自然灾害、病虫害监测预警方面的作用，有效降低粮食产区的成灾率和损失率。三是推进粮食供给侧结构性改革，加大对粮食主产区的扶持力度，调动农民科学种粮的积极性，特别是加大对种粮大户、粮食生产专业合作社和家庭农场等新型生产经营主体的支持力度，提高粮食生产的综合收益，推动粮食产业高质量发展。四是以开放性思维，依靠国内国际两个市场、两种资源，缓解甘肃省粮食结构性矛盾，化解地区性粮食生产短缺及粮食生产资源约束趋紧问题，确保食物充分供给和乡村振兴战略顺利推进。

（二）深化供给侧结构性改革，推动农牧业高质量发展

当前，甘肃省仍然要倡导"质量兴农、品牌强农、绿色惠农"，推动全省农业高质量发展。一是坚持走特色化、规模化之路，推进形成优势特色产业集聚集群发展格局。坚持"五区一带"战略布局，紧紧围绕六大特色产业和"独一份""特别特""好中优""错峰头"地方特色产品最佳适生区，打造一批产业大县、加工强县和产业园区，实行因地制宜的差异化发展战略，推动特色产业向优势区聚集，大力发展特色农业，使特色优势产业形成"跨乡成片""跨县成带""集群成链"的产业发展格局，通过规模扩张真正将特色优势转化为商品优势、竞争优势，抢占市场制高点，实现增产增收目标。二是围绕新"三品一标"，努力打造区域优势特色品牌，扩大甘肃名牌产品的影响力。通过抓好品种、品质和品牌，加强标准化生产，增加农产品的附加值，提升甘肃农产品竞争力。特别要抓好种质资源保护利用和新优

特品种选育，建立健全育繁推一体化良繁体系，充分利用多样性自然资源禀赋，科学划定六大特色产业和地方特色产品最佳适生区，保持产品独特品质、独特风味和独特功能。要实施"甘味"品牌战略，建立"甘味"特色农产品产地环境监测评价体系、营养品质风味评价体系、产品质量安全监测评价和可追溯体系。三是进一步推动循环农业发展，建设绿色生态农业。坚持"天上水、地下水、地表水"三水齐抓，在深度节水、极限节水上下功夫，大力发展高效节水农业，推广膜下滴灌、水肥一体化等高效节水技术，推行阶梯水价，做好水资源的优化配置和高效使用，促进节水高效技术创新与灌区现代化。要大力推广全膜覆盖、软体水窖和集雨节灌等旱作节水高效技术，提高旱作农业区水资源综合利用率，构建与水资源禀赋相适应的优势特色产业发展格局。建立健全化肥、农药减量使用的经济激励机制，推进化肥、农药减量行动。同时，大力推广绿色高产高效的节本增效新品种、新技术、新材料、新机具，保障农业生产绿色可持续。

（三）巩固拓展脱贫攻坚成果，长效解决相对贫困问题

甘肃是全国脱贫攻坚任务最重的省份之一，贫困人口主要分布在农村。全省共有75个贫困县，其中58个是国家集中连片特困地区贫困县，17个是省定插花型贫困县。经过多年的不懈努力，截至2020年11月底，全省所有贫困县全部脱贫摘帽，历史性地解决了长期困扰甘肃农民群体的绝对贫困问题，转入巩固拓展脱贫攻坚成果和解决相对贫困问题的新阶段。鉴于相对贫困的表现形式具有多维性、复杂性和潜在性等特点，"后扶贫"时代的农村贫困帮扶工作更应精准识别、精准施策，必须以针对性、系统性、协同性、机制性、制度性措施，循序渐进，久久为功，提高反贫困行动的质量。一是创新产业扶贫方式，促进工农融合、城乡融合发展，推动农民持续稳定增收。项目化、园区化、设施化、标准化、规模化、集约化、智能化、绿色化、现代化发展，促进优势特色产业向最佳适宜区集中，加快形成现代农业聚集发展新格局。二是坚持走"市场牵龙头、龙头带合作社、合作社联农户建基地"的发展路子，构建分工协作、优势互补、联系紧密的利益共同

体，实现集群发展。通过培育优势特色产业，建立新型农业生产组织，吸纳贫困群众充分就业。三是完善返贫人口甄别和帮扶机制。针对甘肃省解决相对贫困的中长期目标，从农民（居民）收入增长水平、收入来源渠道、生活消费支出、生活居住环境、平均受教育年限、自我发展能力提升、就业及产业发展情况、精神面貌及精神状态等方面，加快建立和完善贫困人口识别的指标体系，加强贫困户脱贫退出的持续跟踪和后续服务等帮扶机制，巩固拓展脱贫攻坚成果。

（四）补齐基础设施服务短板，切实加快城乡融合进程

针对甘肃省城乡融合发展进展不平衡、城镇化水平和质量不高、公共资源均衡配置体制机制不健全等问题，一是在促进城镇化发展的空间布局方面，要统筹规划建设全省各具特色的区域经济区，着力打造以兰西城市群、兰白都市圈为核心的增长极，以外延扩容推动兰州城市空间能级拓展，加快升级河西走廊生态经济带，积极培育陇东陇南新的经济增长点。二是积极推进县域城镇化建设，不断优化县域功能和县域内部空间结构，增强县域基础设施、公共服务和资源环境对人口的承载能力，优化县域公共资源配置，引导县域产业集聚发展。推进以县城为重要载体的新型城镇化建设，促进大中小城市和小城镇协调发展，加大要素保障力度和政策扶持力度，充分发挥企业债券融资对县城新型城镇化建设的积极作用，做好"小县城"这篇"大文章"。抓紧补上新冠肺炎疫情发生后暴露出来的短板弱项，把促进城乡公共设施联动发展摆到突出位置，推进市政公用设施提档升级、产业配套设施提质增效、环境卫生设施提级扩能、公共服务设施提标扩面。要培育县域特色产业，发挥县城和小城镇"码头"的汇聚作用，促进城乡要素流动，利用社会资本和县域治理创新机制助推县域经济高质量发展。三是规范发展特色小镇和特色小城镇，加快培育提升一批具有特殊区位优势、产业优势和历史文化价值的"特色小镇"，加强地方特色、产业特质、生态特征、生活特色"四特"小城镇建设，包括以新兴产业（金融、创业等服务业和轻工业等）、旅游产业或"旅游+文化"、"旅

游＋农业产业"融合发展为特色产业的特色小城镇,通过走"小城镇大战略"的路子,让农民就近、就地城市化。四是完善新型城镇化和区域协调发展体制机制。通过积极推进户籍制度改革,深化土地管理制度改革,加快投融资体制改革,探索行政区划管理改革,改善乡村基础设施的建设和公共服务的供给,努力建设产业支撑能力强、基础设施和公共服务水平高、宜居宜商宜业宜学宜养、富有特色并充满活力的现代城镇,实现陇原城乡融合发展。

（五）抢抓"一带一路"重大机遇，统筹促进农业开放发展

为抢抓"一带一路"这个重要发展机遇,甘肃提出了打造文化、枢纽、信息、科技、生态"五个制高点"的基本思路,并把农业领域的开放与合作贯穿其中。当前,甘肃农业与外部世界的联系日趋紧密,国际合作和对外交流意义非凡,这既是深化甘肃对外开放的需要,也是扩大与"一带一路"沿线各国农业交流发展的需要,有利于促进区域内农业资源高效配置和市场深度融合,推动沿线各国互利共赢发展,也"倒逼"着甘肃省农业着力提升品牌影响力、提高核心竞争力。甘肃应秉承共商、共建、共享的原则,树立和平合作、开放包容、互学互鉴、互利共赢的理念,围绕政策沟通、设施联通、贸易畅通、资金融通、民心相通的重点合作内容,深化新亚欧大陆桥、中蒙俄、中国—中亚—西亚等经济走廊的农业贸易投资合作,打造全方位、宽领域、多层次、高水平的新型农业国际合作关系。同时,也要清醒地看到"一带一路"农业国际合作发展中存在的突出问题,如文化与认知差异、管理与协调系统差异,以及"一带一路"沿线一些地区政治动荡、社会不稳定等因素给甘肃省开展农业合作带来的诸多不确定性。当然,甘肃省农业企业存在参与国际化的时间短、理念不新、经验不足等问题,对外投资和贸易环境的巨大变化也对全省农业的开放发展提出了新挑战。甘肃省要着力发展现代特色农业,拓宽发展空间,充分展现"甘肃风情",打造农业知名品牌,培植农业新兴产业,特别是建立和完善符合"一带一路"消费特点和要求的品牌农业产业链、价值链、供给链。要立足甘肃省中西部干旱农

业区与中亚国家开展粮食、畜牧、蔬菜等领域合作，东南部与东南亚、南亚以及中东国家开展果品、药材、特色农产品贸易发展态势良好的有利条件，加强与沿线国家在动植物检验检疫、税收、保险等方面的务实合作，加强人才交流和信息互通，分享农业技术、经验和农业发展模式，帮助"一带一路"沿线欠发达国家提高农业生产率和营养健康保障能力，并加强在动植物疫情联防联控、农业科技示范平台建设、农业信息化体系建设等方面的交流合作。

（六）创新制度释放政策红利，全面推进陇原乡村振兴

乡村振兴，制度先行。"十三五"期间乡村振兴战略各方面的制度和政策框架基本形成，在"十四五"时期，仍然要通过体制机制创新进一步释放制度红利，促进农业农村现代化。

一是进一步促进土地等要素市场的制度改革，促进土地要素和资本要素有机结合，促进城乡资本互流互通。宅基地制度改革应在充分保证农民利益不受侵害的前提下，通过合理流动增加农民的财产收入来源。创新农村集体经营性建设用地入市制度，增加集体经济收入。

二是进一步改革农业支持保护制度，促进甘肃由农业大省向农业强省转变。在资金保障方面，全面落实农业农村优先发展方针，公共财政更大力度向"三农"倾斜，重点支持现代丝路寒旱农业和优势特色产业。财政支农资金优先用于支持构建现代农业产业体系、建设现代农业产业园和高标准农田、培育壮大村集体经济、开展资产收益扶贫及电商扶贫等方面，东西部扶贫协作资金也要优先用于农业产业发展。在金融保障方面，引导社会资本参与特色农业发展贷款和农产品收购贷款，鼓励国开行、农发行等政策性银行进一步通过产业基金、风险基金对具备条件的企业进行支持，引导商业银行、农村信用社等金融机构积极放贷。充分发挥甘肃现代丝路寒旱农业基金的投融资功能，对农业龙头企业给予股权融资支持，增强企业多层次资本市场融资能力，做大做强龙头企业。在风险防范方面，健全完善中央补贴品种保大宗、省级补贴品种保特色、市县补贴品种做补充的风险保障体系。支持

保险机构开发推广新型保险产品，进一步提高农业保险的保障水平。稳步扩大"保险＋期货"实施范围，积极探索龙头企业、合作社风险保障制度，提升农业风险保障能力。在用地保障方面，加快推进土地整治、中低产田改造、高标准农田建设等项目，特别是要把高标准农田建设作为重点，加快建设一批旱涝保收、高产稳产的产业田。在符合国土空间规划前提下，将高标准农田建设新增耕地纳入农村集体建设用地指标，在省内统筹用于农产品加工物流园建设，将通过村庄整治和闲置宅基地复垦的新增建设用地优先用于农产品加工物流园和美丽乡村建设。

三是不断强化科技创新是农业发展第一动力的理念，在推进科技创新上持续发力。更加注重农业科技创新和成果转化，围绕种质资源保护、良种选育、农业机械研发、农业科技推广、延伸产业链条等，分阶段推出农业科技联合攻关项目，推进就地转化应用，为全省农业发展不断注入新动能。在技术研发方面，要加快创建国家级现代农业产业园、国家农业高新技术产业示范区和国家农业科技园区，大胆推进农业科技体制机制创新。鼓励和支持省内外科研院所、大专院校以及农业企业，开展农业关键核心技术联合攻关，积极研发农业成套技术。在技术推广方面，一方面充分发挥农业技术推广部门的作用，另一方面走市场化政府购买服务的路子，全面构建农业技术推广体系。依托省内涉农科研院所、大专院校、技术推广和科技型企业的优势科技力量，组建和完善特色农业产业技术体系。在人才资源方面，充分发挥农业科技特派员作用，加大农业特色优势产业发展所需各类人才的培养力度，褒奖对发展做出突出贡献的专业技术人才。支持现代农业产业园区、龙头企业、合作社建立"双创"平台，吸引大中专毕业生、复转军人、乡贤能人、种养大户等各类人才到农业园区、龙头企业、合作社创新创业。加大生产技能型和专业服务型两类高素质农民培训力度，培养一批"土专家""田秀才"。在社会化服务方面，构建新型农业服务体系，加快培育覆盖种养、加工、销售、科技、信贷等各环节多元化的经营性社会化服务组织，为各种新型农业经营主体构建起全过程、全方位、全产业的保姆式服务，引导鼓励农业服务人员建立农技农机合作社、种养技术服务队、防疫服务队等社会化服务组织，培养一支专业化、社会化的服务队伍。

（甘肃省农业科学院农业经济与信息研究所农经室的王建连、刘锦晖、白贺兰、任慧、刘海波等在资料汇总、稿件校核等方面作了大量工作，王统勋参与了数据收集、制图等工作，特此致谢。）

参考文献

陈锡文：《中国农村改革：回顾与展望》，知识产权出版社，2020。

甘肃省统计局：《甘肃发展年鉴》，中国统计出版社，2020。

韩长赋：《四十年农业农村改革发展的成就经验》，《人民日报》2019年1月17日，第10版。

李周：《中国农业改革与发展》，社会科学文献出版社，2017。

马晓河、刘振中、钟钰：《农村改革40年：影响中国经济社会发展的五大事件》，《中国人民大学学报》2018年第3期。

宋洪远：《中国农村改革40年：回顾与思考》，《南京农业大学学报》（社会科学版）2018年第3期。

王丰：《改革开放40年乡村发展的历程与经验启示》，《贵州财经大学学报》2018年第5期。

魏胜文、乔德华、张东伟主编《甘肃农业绿色发展研究报告》，社会科学文献出版社，2018。

魏胜文、乔德华、张东伟主编《甘肃农业现代化发展研究报告（2019）》，社会科学文献出版社，2019。

张东伟：《新时代甘肃省现代农业发展探析》，《甘肃农业科技》2017年第12期。

改革篇

Topics of Reform

G.2

甘肃农业供给侧结构性改革研究报告

张永祥　杨祁峰 *

摘　要： 近年来，我国供给体系方面表现出中低端产品过剩、高端产品不足、传统产业产能过剩、结构性有效供给不足等普遍问题；劳动力、投入品成本价格上涨形成的农产品成本"地板"抬升和价格"天花板"下跌，两板挤压造成农业比较效益空间收窄。基于这样的形势，迫切需要转变发展方式，加快技术创新，以需求侧为导向调整供给结构和方式。本文从确保粮食安全、推进特色产业发展、构建绿色生产体系等方面简要概括了近年来甘肃在农业供给侧结构性改革方面取得的成就，并分析了当前存在的困难，提出了下一步推进供给侧改革的对策建议。

---

* 张永祥，甘肃省农业技术推广总站推广研究员，主要研究方向为旱作农业；杨祁峰，甘肃省农业农村厅推广研究员，主要研究方向为旱作农业。

关键词： 农业 供给侧改革 甘肃

一 供给侧改革的背景及甘肃农业
供给侧改革的主要任务

（一）供给侧改革的背景

2015 年，我国国内生产总值（GDP）达到 685505.8 亿元，稳居全球第二。但在经济总量持续上升的同时，主要经济指标之间的联动性出现背离，特别是供给体系方面突出表现为中低端产品过剩、高端产品不足、传统产业产能过剩、结构性有效供给不足等。同时，传统业态疲软而"互联网＋"等新业态生机勃勃，中国经济结构分化日趋显著，在这种形势下，要保持中国经济持续稳定健康发展，就迫切需要改善供给侧环境、优化供给侧机制，通过改革制度供给实现经济发展动能转换。

在农业领域，"十二五"以来粮食连年丰收，除了财政资金投入不断加大外，农业投入品持续增加，环境压力越来越大。同时，劳动力、投入品成本价格上涨形成的农产品成本"地板"抬升和价格"天花板"下跌，两板挤压造成农业比较效益空间收窄。基于这样的形式，迫切需要通过创新驱动提升农业供给质量和水平。

（二）甘肃农业供给侧改革的主要任务

2017 年 1 月 26 日，中共甘肃省委、甘肃省人民政府印发了《关于深入推进农业供给侧结构性改革加快培育农业农村发展新动能的实施意见》。明确指出，甘肃省农业的主要矛盾由总量不足转变为结构性矛盾，集中体现为阶段性供过于求和供给不足并存，矛盾的主要方面在供给侧。特别是粮食供需最为典型，甘肃省粮食总产量连续多年稳定在 1100 万吨左右，总量充足。但就全省需求量最大的口粮作物小麦来讲，每年消费总量近 500 万吨，产量不足 300 万吨，每年需从省外购进 200 多万吨；大米消费 70 多万吨需全部从省外购进。随着人们消费结构升级和对食品安全的认识不断增强，城乡居民对粮食消费的多样性需求越来越多、对粮食质量的要求越来越高，粮食生产供给侧结构性改革越发显得重要而紧迫。

1. 守牢粮食生产底线

聚焦重点区域，突出抓好耕地保护、地力提升和高效节水灌溉，通过集中连片规划、整县整流域推进，加强高标准农田建设，打造稳产高产、旱涝保收的粮食安全产业，大力实施藏粮于地、藏粮于技战略，夯实粮食生产的基础。

2. 发展特色优势产业

以现代丝路寒旱农业为统领，发掘资源禀赋，优化区域布局，大力发展"牛羊菜果薯药"等特色优势产业，突出绿色优质农产品和生态产品供给，统筹调整粮经饲种植结构。

3. 推行绿色生产方式

大力实施化肥农药零增长行动，开展有机肥替代化肥试点和绿色高质高效创建，推进农业废弃物资源化利用和尾菜无害化处理，推进农业清洁生产；发展高附加值旱作节水农业，积极推广抗旱节水农作物新品种，全面提升农产品质量安全水平。

4. 强化科技创新驱动

聚焦关键环节，推动种业大省向种业强省转变。全面开展农作物种质资源普查与收集工作，加快构建农业种质资源大数据平台，推动种子库、资源圃、检测中心及种质资源保护与利用中心建设；组建农作物良种攻关联合体，力争选育一批高产优质、绿色专用、适宜机械化的新品种。

二　甘肃省农业供给侧改革取得的成效

（一）粮食生产稳定和经济作物增长

1. 粮食生产稳定

稳定粮食生产是供给侧结构性改革的基础。2015～2019 年，全省粮食播种面积从 284.9 万公顷调减到 258.1 万公顷，调减了 26.8 万公顷，减幅 9.4%。粮食总产量连续稳定在 1100 万吨以上（见表 1）。在确保粮食总产稳定的同时，通过调减非优势区压缩粮食播种面积，为特色优势作物腾出了更多的耕地。

表 1　2015～2019 年甘肃省粮食播种面积和总产量

单位：万公顷，万吨

年份	粮食播种面积	粮食产量
2015	284.9	1171.13
2016	281.4	1140.59
2017	260.5	1105.90
2018	264.5	1151.43
2019	258.1	1163.00

资料来源：《甘肃年鉴》，甘肃省统计局网站。

2. 经济作物面积增加

2015～2019 年，以蔬菜、苹果、中药材为主的特色优势产业面积从 111.9 万公顷增加到 2019 年的 133.7 万公顷，增幅 19.5%，2019 年种植业内部粮经比例调整为 67：33（见表 2、图 1）。

表 2　2015～2019 年甘肃省特色优势作物面积

单位：万公顷

特色优势作物	2015	2016	2017	2018	2019
蔬　菜	52.7	53.3	57	59.6	60.7
苹　果	30.5	41.3	41.3	41.7	42
中药材	28.7	29.1	30.1	30.7	31
合　计	111.9	123.7	128.4	132	133.7

资料来源：《甘肃年鉴》，甘肃省统计局网站。

（二）绿色生产体系构建

构建绿色生产体系，是推进供给侧结构性改革的有效途径。2015 年以来，全省围绕化肥农药减量增效、绿色生产技术集成、绿色标准化生产基地建设等一系列举措，初步构建起了绿色生产体系。

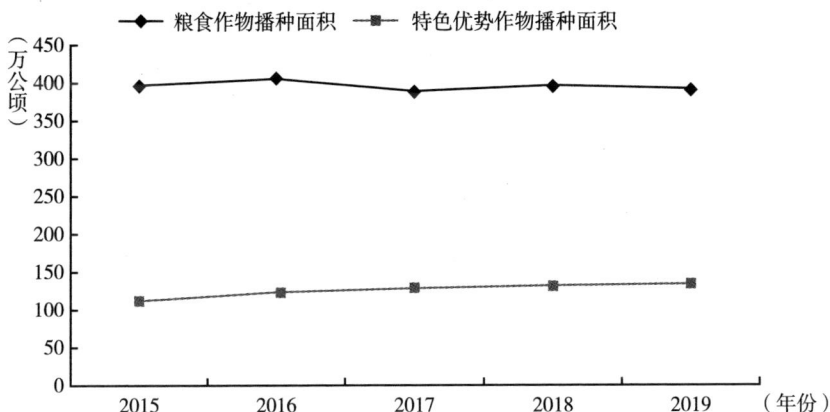

图1　粮食和特色优势作物播种面积变化趋势

资料来源:《甘肃年鉴》,甘肃省统计局网站。

1. 化肥农药减量

全省化肥、农药使用量分别从2015年的321万吨和9001吨下降到2019年的287万吨和8235吨,分别下降了10.6%和8.5%(见表3和图2、图3)。

表3　2015～2019年甘肃省化肥农药使用量

单位:万吨,吨

施用物	2015年	2016年	2017年	2018年	2019年
化肥	321	314	311	292	287
农药	9001	8825	8439	8327	8235

资料来源:化肥数据来自《甘肃统计年鉴》,甘肃省统计局网站;农药数据来自甘肃省农业农村厅行业统计。

2. 绿色生产技术集成

(1)深入实施绿色高质高效创建行动。2015～2019年,农业农村部先后组织实施粮油高产创建和绿色高质高效创建行动,累计安排甘肃省资金1.728亿元,围绕粮食、油料、蔬菜等作物共建粮油高产创建万亩示范片270个,整县整建制绿色高质高效创建县37个,围绕小麦、玉米、马铃薯、

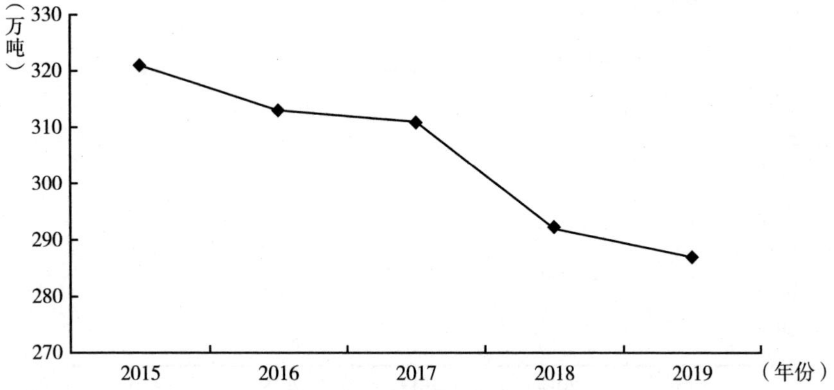

图 2 全省化肥用量变化趋势

资料来源：《甘肃统计年鉴》，甘肃省统计局网站。

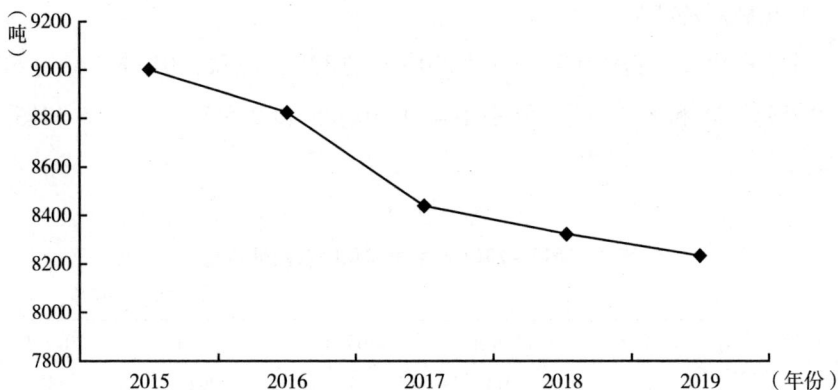

图 3 全省农药用量变化趋势

资料来源：甘肃省农业农村厅行业统计。

油菜等粮油和经济作物集成绿色生产技术 10 套，粮油菜等作物绿色生产水平得到大幅提升。

（2）开展有机肥替代化肥行动。2017 年，农业部启动了有机肥替代化肥行动试点，先后安排甘肃省庄浪县、礼县、麦积区、宁县、镇原县围绕苹果开展有机肥替代化肥行动，共安排资金 7500 万元。

3. 绿色标准化基地建设案例分析

（1）宕昌县中药材绿色标准化基地。2019 年甘肃省农业农村厅和宕昌县委县政府在宕昌县阿坞、哈达铺、庞家、理川、木耳等 5 个乡镇，以当归、党参、黄芪、大黄为主，建设中药材绿色标准化基地 0.16 万公顷。严格按照专家组制定的栽培技术规程统一栽培，重点开展中药材机械化整地、浸苗、农药化肥减量、机械化移栽等，党参、黄芪等全部实现机械化移栽和收获，当归和大黄基本实现了机械化收获，从过去每亩施 1 袋尿素 + 1 袋磷二铵转变为现在的 1 袋专用复合肥 + 2 袋生物有机肥，化肥使用量明显降低，针对中药材麻口病、水烂病、根腐病等土传病害易发多发的实际，制定了土壤消毒、药剂浸苗等技术规程，以及生物和化学农药科学配比，做到精准高效施药；同时，组织开展了宕昌县 0.13 万公顷中药材产地环境检测，为推进中药材绿色品牌化创建、扩大"甘味"农产品的品牌影响力奠定了坚实的基础。

（2）安定区万亩加工型马铃薯绿色标准化生产基地。2020 年甘肃省农业农村厅和安定区委、区政府共同打造了安定区万亩加工型马铃薯绿色标准化生产基地，半膜垄作沟灌栽培技术模式、草膜双覆盖垄作栽培技术模式、膜下滴灌水肥一体化技术模式在中东部旱作区成功推广；大力推广药肥一体化、生物防控、植物免疫、化肥农药减量等绿色生产技术，让马铃薯营养生长得到科学调控。同时，生物降解地膜、秸秆覆盖等新型覆盖材料的试验和探索为"绿水青山"增添了底色；一大批以马铃薯耕、种、收等关键环节为重点的机械在基地应用；集收获、分级、装袋功能为一体的联合收获机械首次亮相，从根本上改变了干旱山区马铃薯生产方式。

4. 绿色生产组织方式

2019 年，甘肃省特色优势农产品面积达到 206 万公顷，认证"三品一标"农产品 2393 个，有 10 个"甘味"农产品入选 2019 年中国农业品牌；家庭承包耕地流转面积 88 万公顷，规模化经营面积占全省耕地总面积的 25%（按全省耕地面积 353 万公顷计算）；产业化龙头企业发展到 2868 家，家庭农场近 1.8 万个，农民专业合作社超过 10 万个。全省农作物耕种收综合机械化率提高到54%，主要农作物良种覆盖率达到95%以上，农业科技进步贡献率达到56%，全省现代农业示范园区达到360个。

三 甘肃农业供给侧结构性改革形势分析

（一）有利因素

1. 产业基础已经夯实

2017年以来，为确保打赢脱贫攻坚战，与全国一道全面建成小康社会，甘肃省委、省政府认真贯彻落实习近平总书记"发展产业是实现脱贫的根本之策，把培育产业作为脱贫攻坚的根本之路"的重要指示精神，确定了"牛羊菜果薯药"六大特色产业，构建了产业发展投入保障、生产组织、产销对接、风险防范"四大体系"，特色产业短时间内实现了从零散状、碎片化到成链条、集聚化的巨大变化。据行业统计，2019年与2017年相比，全省牛存栏458.8万头、增长8.2%，出栏212万头、增长6.9%；羊存栏2000万只、增长8.7%，出栏1562万只、增长10.4%；蔬菜面积64万公顷、增长6.5%，产量2750万吨、增长8.5%；苹果面积43.8万公顷、增长3.5%，产量650万吨、增长41.3%；马铃薯面积68.4万公顷，与2017年基本持平，产量1500万吨、增长28%；中药材面积31万公顷、增长3.0%，产量130万吨、增长5.5%。扎实的产业发展为供给侧结构性改革奠定了坚实的基础。

2. 产业体系逐步完善

生产主体逐步变强。全省2937家龙头企业带动1.02万个合作社从生产到加工再到销售，全过程、全产业链深度参与，带动标准化生产、规模化种养、产业化经营，总产值超过了千亿元，推动农业生产从"传统"走向了"现代"。综合效益逐步变大。通过大力实施"甘味"品牌营销战略，提升了农产品竞争力和市场占有率。产业链条逐步变长。全省已形成了优势突出、特色明显的"产加销"一体化区域产业体系，六大产业初步走上了生产、加工、销售一体化发展的路子。逐步完善的产业体系为深化供给侧结构性改革提供了有力保障。

3. 产业布局更加优化

全省"一带五区"特色农业生产布局更加明确，建设以高原夏菜、都市型农业为主的沿黄产业带，以现代种业、种养循环、戈壁生态农业为主的河西节水灌溉农业区，以优质苹果、肉牛肉羊产业为主的陇东雨养农业区，以中药材、马铃薯为主的中部旱作农业区，以林果、蔬菜、现代畜牧业为主的天水及陇南山地特色农业区，以牦牛、藏羊、藏药等为主的甘南及祁连山高寒草地农牧交错区。全省特色产业区域布局更加优化，为供给侧结构性改革提供了清晰的目标导向。

（二）面临的困难

在产业基础上，不少地方生产性基础设施薄弱，仓储物流和冷链运输类基础设施还比较滞后，金融配套服务还有很大的潜力和空间。在产业培育上，不少地方还缺少叫得响的区域品牌，相当部分还停留在种养的初级环节，第一产业向后端延伸不够，第二产业向两端拓展不足，第三产业向高端开发滞后，小而散、小而低、小而弱的问题还比较突出。在经营管理上，部分地区传统的"小农"经营方式还没有得到根本改变，组织化、规模化程度不高，合作社和龙头企业培育广度和深度都有很大提升空间，现代科技还没有更广泛地运用到田间地头。

四　推进甘肃农业供给侧结构性改革的对策建议

习近平总书记明确指出，供给侧结构性改革，核心是结构性，关键是改革，途径是制度变革、结构优化与要素升级。深入推进农业供给侧结构性改革，必须紧紧扭住"结构性"这个核心，通过改革手段调整优化政府宏观调控与市场调节之间的边界和关系，更好地发挥市场对资源配置的决定性作用，统筹推进规模扩张和集约经营、产业链条和生产主体、政策导向和公共服务同步发展。

（一）推进产业集群，优化供给体系

狠抓特色产业发展，引导各地加快发展特色种养、特色食品、特色手工业、特色工艺品，着力形成特色竞争力。坚持"一县一业""一村一品"，着力培育优势产业、扩大产业规模、打造产品品牌。加快建设沿黄现代农业产业带和河西节水高效戈壁生态农业区、陇东循环农业区、中部现代旱作农业区、陇南天水山地特色农业区、甘南高原草地农牧交错区等"一带五区"特色农业产业区，围绕"牛、羊、菜、果、薯、药"六大特色产业，发展一批规模适中、带动力强的现代农业产业园。促进融合发展，按照全产业链模式，推进"一产往后延、二产两头连、三产走高端"，加快农业与现代产业要素跨界配置。

（二）推进技术集成，提升供给能力

围绕现代化、智能化加快技术集成。在技术方面，要通过加快国家农业科技园区建设、争创国家级农业产业园、创建国家农业高新技术产业示范区，鼓励和支持省内外科研院所、大专院校以及农业企业，开展寒旱农业关键核心技术联合攻关，积极研发"现代丝路寒旱农业"成套技术，推进良种良法配套，完善技术推广体系。在人才方面，鼓励支持企业家、大学生、退役军人和农民工返乡创业，推动乡村人才振兴。在服务方面，积极引导鼓励农业服务人员建立农机合作社、种养技术服务队、防疫服务队等社会化服务组织，培养一支专业化、社会化的服务队伍。

（三）推进要素集聚，强化政策保障

推动财政、土地、金融、税收、人才、科技、电商、物流等聚集融合，加快推进现代丝路寒旱农业产业园区建设，配套出台财政、土地、金融、税收、人才、科技、电商、物流等方面一揽子支持政策。进一步完善政府投资引导、企业投资为主、民间投资积极参与的多元化投资体系，加强银企对接、政企对接，加大信贷支持力度，让更多企业找到"源头活水"。

参考文献

薛砚：《做强特色产业促高质量脱贫——甘肃省拉开架势构建扶贫产业体系工作综述》，《甘肃日报》2020年11月17日。

张永祥、李福：《甘肃省种植业形势分析及结构调整对策建议》，《甘肃农业》2016年第10期。

王国敏、何莉琼：《新中国成立以来的农村改革：政策变迁、成就与经验》，《井冈山大学学报（社会科学版）》2020年第3期。

G.3
乡村振兴战略下甘肃小农户和
现代农业有机衔接研究报告*

吕剑平　谢小飞**

摘　要： 小农户与现代农业发展有机衔接是促进农业农村现代化、实
施乡村振兴战略的重要任务。本报告在总结已有研究的基础
上，通过相关统计数据和实地调研数据对甘肃省小农户与现
代农业发展衔接的现状进行了分析，认识到小农户与现代农
业衔接存在小农户自身发展能力不强、农业生产物质保障不
足、面向小农户的技术支撑有限、小农户对现代农业体系了
解不充分、小农户与新型农业经营主体利益联结不紧密、小
农户的农业社会化服务体系不完善等问题，并从提升小农户
自身发展能力、加强现代农业物质基础保障、夯实小农户发
展技术支持、加强现代农业政策宣传、提高小农户组织化水
平、提高农业社会化服务水平等方面提出了实现甘肃省小农
户与现代农业发展有机衔接的政策建议。

关键词： 乡村振兴　小农户　现代农业　甘肃

---

* 基金项目：甘肃省哲学社会科学规划项目（YB060）。
** 吕剑平，甘肃农业大学财经学院院长，副教授，主要研究方向为农业与农村经济；谢小飞，
甘肃农业大学财经学院教师，主要研究方向为区域经济。

一 引言

党的十九大报告明确提出:"要实施伟大的乡村振兴战略,必须坚持农业农村优先发展,按照乡村振兴的总体要求,培育新型农业经营主体,以此促进小农户与现代农业发展有机衔接,加快推进农业农村现代化",这是新时代中国农业农村发展到新阶段的必然要求。2017年10月,"小农户"这个名词第一次出现在中央文件里,其彰显了党中央对小农户生产和发展的高度重视,标志着我国"大国小农"这一基本国情从国家层面得到了确认,对于破解我国农户小规模细碎经营难题、巩固小农户的发展地位以及实现与现代农业发展的有机衔接具有重要意义。作为西部农业大省,甘肃省是典型的人多地少型省份,小农户作为农业生产发展的主要经营主体,其数量占从事农业经营主体数量的90%以上。甘肃省小农大量且长期存在的基本省情,小农户与现代农业间不同的特质、发展规律和运行机制共同决定了两者实现衔接存在严重障碍。但以小农户为主体的农业生产和发展并非毫无优势,小农户在促进农业产业转型、精耕细作、孕育新型农业经营主体方面具有很大优势,有助于实现产业兴旺,促进农户增产增收,实现生活富裕。这对在小农户经营的基础上实现农业现代化,进而促进乡村全面振兴提出了更高的现实要求。实践证明,生产社会化并不意味着所有生产单位都是大企业大资本,小农户与科技、市场等现代农业生产要素并不冲突,小农户经营并不必然导致贫困。鉴于此,基于小农户与现代农业有机衔接的必要性和合理性,正确认识小农户的地位和作用,发挥小农户的经营禀赋优势,并使之成为适应现代农业发展必不可少的新型经营主体,将小农户生产经营引入现代农业的发展轨道,是乡村振兴的重要一环。

二 甘肃小农户和现代农业衔接的现状

随着农村劳动力转移速度的不断加快和农业生产专业化程度的增强,小农户生产形态呈现明显的差异性。本研究基于小农户分化的动态变化特征，从农业生产要素投入强度和农业经营专门化程度两大维度出发，将农户分为退出型、兼业型、自给型、发展型四大类型，以此分析甘肃省小农户与现代农业有机衔接的情况。

（一）小农户与现代农业生产体系衔接

由于甘肃省土地细碎化严重，农户单纯依靠农业生产收入难以保障生活，兼业化成为小农户生存发展的普遍选择。通过对甘肃省 348 户农户调查发现，第一，农业专业化程度方面。甘肃省兼业农户数量由 2011 年的 259.68 万户增加为 2016 年的 278.72 万户，2019 年下降为 274.64 万户，兼业农户始终保持较高水平，基本呈现波动上升趋势，农户兼业化程度高。2019 年退出型农户占 14.94%，兼业型农户占 50.86%，自给型农户占 9.77%，发展型农户占 24.43%，非农收入占比超 80% 的农户比例高达 86%。可见，兼业化已经成为甘肃省农业发展的普适性选择。第二，机械化生产方面。农业种植户中有 67.8% 的农户实现了半机械化，仅 6.88% 的农户实现了全机械化。以种植小麦为例，总样本农户中有共 172 户种植小麦，其中整地、播种、收割环节实现全机械化的农户数占小麦种植总户数的比例分别为 51.3%、44.7%、60.2%。第三，农业科技化方面。甘肃省农业科技进步贡献率为 55%，嘉峪关为 74.3%，金昌高达 83%，高于现代农业基本要求水平的 70%，农业科技化成效显著。第四，农业绿色生产方面。甘肃省仅金昌、武威、张掖农业灌溉率为 87.35%、73.6%、70.99%，高于现代农业基本实现要求（70%）；单位化肥使用量仅甘南、临夏、白银达到现代农业基本实现要求。

（二）小农户与现代农业产业体系衔接

根据国家提出的延长产业链、保障供应链、完善利益链的要求，有必要将小农户纳入现代农业产业体系。现代农业产业体系主要通过单位耕地面积粮食产量、农林牧渔服务业增加值占农林牧渔业增加值的比重等来衡量。据甘肃省统计数据和调研数据可知，第一，甘肃省小农户单位耕地面积粮食产量呈先快速增长后缓慢下降态势。2006 年甘肃省单位耕地面积粮食产量为 1746kg/hm²，2012 年达到 2352kg/hm²，2019 年下降为 2162kg/hm²，虽有下降，但仍达到了现代农业基本实现的水平要求（2000kg/hm²）。第二，农林牧渔服务业增加值占比实现程度较低。仅酒泉（11.63%）、张掖（5.85%）达到现代农业基本实现水平（4.8%），庆阳（3.81%）距离基本实现目标较近，其余市州占比均低于 3%。第三，小农户农产品加工率提高，但农业产业链条仍然较短。甘肃省 2019 年农产品加工率达 55%，但仅限于简单的包装，精深加工较少，农产品附加值较低。第四，农业兼业户单位面积粮食产值和单位面积粮食产量较发展型农户均较低。以小麦、玉米为例，兼业型农户平均亩产分别为 646.6 斤、735.6 斤，亩均产值为 800 元左右，而发展型农户亩均产量分别为 796.5 斤、982.4 斤，亩均产值约为 1243 元，可见兼业型农户以上两大指标实现程度远低于发展型农户实现程度。

（三）小农户与现代农业经营体系衔接

综合前人研究基础，现代农业经营体系主要通过土地流转面积、土地经营规模和劳动力文化素质等来衡量。第一，随着外出务工人数不断上升，土地流转面积和流转率逐年增加，但与全国相比仍差距较大，且农村土地流转增速有所放缓。全国土地流转面积 2010～2017 年年均增长 4600 多万亩，而甘肃省年均增长 162 万亩，增量差距较大；全国土地流转 8 年间年均增长 3.18%，甘肃省年均增长 2.03%，增速相对全国平均水平较慢。第二，甘肃省小农户土地规模经营程度相对较低。根据第三次全国农业普查数据可知，2016 年全国有 20743 万户农户，其中规模农业经营户有 398 万户，农业规模经营程度达 1.92%；东部、中部、西部、东北地区农户分别有 6479 万户、6427 万户、6647 万户和 1190 万户，其中规模农业经营户分别有 119 万户、86 万户、110 万户和 83 万户，农业规模化经营程度分别达 1.84%、1.33%、1.65%、6.97%；甘肃省约有 444.51 万户农户，其中规模农业经营户有 3.58 万户，农业规模化经营程度仅为 0.81%。可见西部地区农业规模化程度仅高于中部地区 0.32 个百分点，但与最高规模化程度的东北地区相差 5.32 个百分点，差距较大，而甘肃省的农业规模化程度则远远低于西部地区平均水平（1.65%），与现代农业发展基本实现水平相差较大，两者衔接水平较低（见表 1）。第三，根据甘肃省 348 份调研数据可知，劳动力文化素质中未上学、小学、初中、高中及以上文化水平的小农户分别占比8.05%、32.75%、45.99%、13.21%，初中及以上劳动力占总农户的59.2%，与现代农业基本实现水平（80%）相差 20.8 个百分点，还未达到现代化基本要求。

表 1　2016 年农业经营户数量与农业规模化经营程度

单位：万户，%

地区类型	农业经营户数量	规模农业经营户数量	农业规模化经营程度
全　国	20743	398	1.92
东部地区	6479	119	1.84
中部地区	6427	86	1.33
西部地区	6647	110	1.65
东北地区	1190	83	6.97
甘肃省	444.51	3.58	0.81

资料来源：国家统计局官网、甘肃省统计局官网。

（四）现代农业提升小农户收入水平

根据统计数据可知，近年来甘肃省小农户收入水平不断提高，家庭经营收入仍占主导地位。第一，从总体农户来看，2010～2019 年农户可支配收入从 3425 元增加到 9629 元，9 年间增长近 2 倍，年均增速 12.17%；其中，除工资性收入、财产净收入部分年份稍有所下降外，家庭经营净收入和转移性收入总量均呈逐年稳步上升趋势。工资性收入占比呈先上升后小幅波动下降趋势，从 2010 年的 35.02% 上升到 2014 年的 43.32%，2019 年又下降为28.76%；家庭经营净收入占比呈逐年下降又缓慢上升趋势，占比从 2010 年的 54.21% 下降到 2014 年的 42.82%，2019 年小幅上涨为 44.88%。数据表明：工资性收入和家庭经营净收入以 2014 年为节点，呈现此消彼长的关系，但收入来源以家庭经营净收入为主；财产性收入呈先上升后下降趋势，占比为农户可支配收入的 1%～3%；转移性收入则呈大幅上升趋势，占比从 2010 年的 9.6% 上升为 2017 年的 26.03%，2018 年、2019 年稳定在 25% 左右，表明政府对农户的补贴有所增加（见表 2）。第二，从对甘肃省 348 户农户的调查发现，2018 年样本农户家庭总收入平均达 53435 元，退出型、兼业型、自给型、发展型农户家庭总收入分别为 67240 元、62280 元、22615 元、61610 元，其人均纯收入分别为 13448 元、12456 元、4523 元、12322 元，可见，调研农户人均纯收入（10687 元）高于 2018 年甘肃省人均纯收入水平（8804 元）。调研的 348 户样本中，72 户农户参与了现代农业体系，其人均纯收入水平高达 14668 元，高于甘肃省人均纯收入水平近 1 倍，高出 348 户样本农户 3981 元。可见，甘肃省现代农业发展与小农户发展密不可分，并且已经成为带动小农户增收的重要途径。

表 2　2010～2019 年甘肃省小农户收入结构情况

单位：元，%

年份	人均可支配收入	工资性收入		家庭经营净收入		财产净收入		转移性收入	
		总额	占比	总额	占比	总额	占比	总额	占比
2010	3425	1199	35.02	1856	54.21	40	1.20	329	9.60
2011	3909	1562	39.96	1867	47.75	82	2.11	398	10.19
2012	4507	1788	39.67	2115	46.92	112	2.49	492	10.92
2013	5108	2203	43.13	2231	43.68	133	2.60	541	10.58
2014	5736	2485	43.32	2456	42.82	167	2.90	629	10.96
2015	6936	1975	28.47	3025	43.62	128	1.84	1808	26.07
2016	7457	2125	28.50	3261	43.74	128	1.72	1942	26.04
2017	8076	2275	28.17	3556	44.03	142	1.76	2102	26.03
2018	8805	2535	28.79	3824	43.43	212	2.40	2234	25.38
2019	9629	2769	28.76	4322	44.88	130	1.35	2408	25.02

资料来源：《甘肃发展年鉴》（2011～2019）、《甘肃年鉴》（2011～2019）、《甘肃农村年鉴》（2011～2019），2019 年数据来源于《甘肃省 2019 年国民经济和社会发展统计公报》。

（五）小农户从事现代农业的意愿

促进小农户和现代农业发展有机衔接，必须按照分类思想，了解不同类型小农户的意愿。一方面，少数农户愿意通过扩大经营规模方式长期从事现代农业。根据调研数据，小农户扩大经营规模趋势明显。第一，在调研的全部样本中，有 78 户农户愿意再多种一些地，愿意多种地的农户中有 46 户愿意花资金承包更多土地以扩大规模。第二，在各类型农户内部，退出型和自给型小农户有扩大规模意愿的分别占到 4.9% 和 22.6%，发展型意愿的农户占 73.6%，兼业型农户占 48.2%，表明发展型小农和兼业型小农扩大经营规模的意愿更强烈。第三，在 348 户样本农户中，有 56 户转入了土地，128 户转出了土地，164 户未发生流转行为，转入土地农户中 43.2% 平均转入土地 7.11 亩，平均转出土地面积为 5.44 亩，虽部分农户愿意扩大经营规模，但是受各种原因制约没能如愿。发展意愿弱的农户中 8 户因"租不到"而限制规模发展，占比 2.96%，有 6 户因"租金太贵"而放弃，占比 2.22%，有 32 户因"土地不连片"而没有租地，占比 11.85%，剩余 82.97% 的农户因"家庭劳动力不足""水费太贵""不挣钱"等原因转出土地。据实地调查了解，若农业收入与外出务工收入相当，80% 以上的农户愿意长期从事现代农业生产。另一方面，多数农户则有意愿退出农业生产环节。第一，部分小农户借助土地流转或代际分工退出农业生产。其中 56.81% 的农户愿意"全部出租土地"，37.51% 的农户愿意"部分出租土地"，5.68% 的农户愿意"入股到村里统一管理"。第二，兼业农户与发展农户相比，农业收入占其家庭收入比例较小，发展现代农业的动力相对不足。

（六）小农户与新型农业经营主体的衔接

各类农户与新型农业经营主体的联结方式表现出明显的差异特征。总体而言，农户与新型农业经营主体的联结以农业合作社、家庭农场以及农业企业为主，与合作社的联结主要体现在提供产前技术指导、产中农产品质量管理以及产后农产品贮藏、销售和运输等环节；与农业企业的经济联系主要体现为与农户签订订单，农户向其购买生产资料，并由农业企业按价收购；与家庭农场的经济联系主要体现为家庭农场为农户提供产前、产中、产后所需的生产资料供应、农机租赁、产品运输等服务。第一，从总体样本农户角度看，29.02%的农户加入了农民专业合作社。其中，有74.22%的农户在农业生产环节获得了供应服务，15.3%的农户获得了技术服务，仅3.45%的农户获得了销售服务；2.48%的农户与农业企业有较密切的经济联系；16.09%的农户发展成为家庭农场并获得了服务。第二，从农户类型角度看，其主要通过参与农民专业合作社实现与现代农业的衔接，其中发展型小农（48户）和自给型农户（25户）参与农民专业合作社的程度最高，而退出型农户和兼业型农户仅有6户和22户。且与家庭农场、农业企业经济联系密切的仍是兼业型和发展型小农，退出型和自给型小农户则与这两类经营主体的联结程度都较弱（见表3）。由此可见，农民专业合作社是小农户与现代农业有机衔接的主要力量，未来应加强两者的利益联结。

表3　样本小农户经营现状调查情况

样本特征	样本总量	退出型	兼业型	自给型	发展型
农户数（户）	348	52	177	34	85
户均劳动力（人）	2.65	2.15	3.05	2.44	2.98
劳均土地经营面积（亩）	3.68	0.06	3.83	0.88	9.98
转入土地户数（户）	56	0	4	6	46
支付租金户数（户）	26	0	0	4	22
转出土地户数（户）	128	42	35	28	23
平均转入土地租金（元/亩）	440	0	300	0	580
未流转土地户数	164	10	138	0	16
家庭总收入（元）	53435	67240	62280	22615	61610
农业经营收入（%）	37.2	1.4	29.4	22.3	86.3
外出务工收入（%）	56.8	87.6	65.2	61.5	7.6
其他收入（%）	6.00	11.0	5.4	16.2	6.1
人均纯收入（元）	10687	13448	12456	4523	12322
扩大经营规模的意愿（%）	21.26	4.9	48.2	22.6	73.6
与新型农业经营主体联结情况（户）	161	6	43	40	72
加入农民专业合作社（户）	101	6	22	25	48
与家庭农场有经济联系（户）	56	0	19	15	22
与农业企业有经济联系（户）	4	0	2	0	2

资料来源：实地调研。

三 甘肃小农户和现代农业衔接中存在的问题

（一）小农户自身发展能力不强

第一，小农户发展综合能力素质较低。根据甘肃省 348 份调研数据可知，首先，高中及以上文化水平的小农户占比仅达到 13.21%，农户文化素质普遍较低。同时，家庭主要劳动力 55.17% 为 50 岁以上的老人，他们大多没有接受过较高的文化教育，与现在提倡的高素质、新理念职业农民要求存在很大差距，很难适应现代农业的发展要求。其次，小农户对互联网的运用能力不足。调研发现，60% 以上的老一辈农户不会使用互联网，其中会使用的小农户不能很好地将互联网作为主要的现代化经营工具充分运用，有些农户甚至对现代互联网存在抵触心理。第二，部分小农户没有能力转变为新型农业经营主体。首先，据调查，农业经营收入与打工收入月均差距在 1000 元以上，面临子女教育以及家庭生活压力，大部分年轻人选择外出务工，家庭劳动力以老人、小孩为主，该类农户家庭主观方面不愿也没有能力发展为新型农业经营主体；其次，现代农业发展设备、生产资料等成本高昂，小型农机平均成本均在 1500 元以上，客观阻碍了小农户发展能力的提升。小农户自身发展动力不足，主要表现为小农户长期以来存在自给自足、不愿承担风险的心理，导致其发展现代农业生产经营的积极性不高。例如，调研组对天水市秦安县农户调查发现，该县超过 30% 的山区小农户仍然依靠"望天收"来保持生活供给，该地农业生产过程中，存在地理区位偏僻、土地细碎、道路不通畅、机械作业难度大等问题，导致农业收入不稳定，农户生产积极性不高。

（二）小农户生产物质保障不足

物质保障作为农业生产的基础，在农业生产过程中起着提高生产效率、降低农业风险的作用，但甘肃省小农户生产经营中存在物质保障不足的问题。第一，家庭劳动力供给不足。据样本调查数据可知，总样本中户均劳动力2.65人，虽然兼业型和发展型农户家庭劳动力相对富余，其中兼业型农户户均劳动力3.05人，发展型农户户均劳动力2.98人，但其仍以父辈劳动力为主，存在代际断层。例如，通过对甘肃省酒泉市的调研发现，19.54%的农户因"家庭劳动力不足"而转出土地，退出农业生产。第二，基础设施保障不足。通过对甘肃省河西地区调研发现，当地农户以发展水果蔬菜为主，对灌溉渠道建设存在很大的依赖，但12.33%的农户因"水费太贵"而退出农业生产，灌溉条件保障不足。同时，定西市、陇南市等地区地形复杂多样，70%以山地高原为主，发展农业生产面临机耕道路有限、道路硬化程度较低等问题，严重阻碍农业机械化发展。第三，资金条件不足。样本农户中，60%以上的农户依靠自家积累资金从事农业生产，家里有"婚丧嫁娶"等大事时才会向银行或信用社借款，农业生产资金来源有限，资金保障相对不足。

（三）小农户的技术支撑有限

第一，小农户对新技术接受程度不高。例如，通过对天水市花牛村苹果种植户的调查发现，有50%以上的农户对当地苹果园中大型喷灌、滴灌、防霜机等农业新设备的使用，以及周边设施农业的技术推广并不看好，认为其投入高、维护成本高但收益较低。第二，部分小农户对特色农产品的生产技术掌握不足。据调研，天水大樱桃的种植农户，普遍认为在樱桃树栽种、防病虫技术方面存在较多问题，严重影响樱桃的产量和品质。第三，小农户家里农用技术装备的普及度不高。例如，调研样本中仅48.85%的家庭拥有一台农用机械，集中用于整地和植保环节。耕种和收割所需的联合收割机在河西地区普及较高，但每个村庄普遍只有一到两台联合收割机，一般通过租赁方式解决农业生产需要。究其原因，主要在于"机械购买和租赁价格过高"以及"地形条件决定的农业机械不适用"。例如，甘肃省南部地区以山地为主，主要经营花椒类经济作物，适用于山区的小规模机械等设施装备应用不足，阻碍现代农业发展步伐。

（四）小农户对现代农业体系了解不充分

第一，小农户对现代农业体系以及政策措施了解有限。首先，调查发现，总样本中35.05%的小农户表示"完全不了解现代农业"，43.67%的农户表示"听过但不知道具体情况"，仅3.44%的小农户表示"了解全部内容"。由此可见，小农户对现代农业体系的了解程度普遍不足。其次，虽然村集体通过广播喇叭、村委公告栏、制作宣传标语等方式宣传现代农业发展的政策文件、生产技术以及市场销售信息等，但很少有人会认真去听，主动去看，50%以上的农户主要通过电视、报纸、网络等新闻媒体来了解农业发展知识，80%以上的小农户不能清楚地了解现代农业发展相关政策，同时又不甚了解现代农业发展带来的益处，故而不愿进行现代农业生产经营。第二，小农户发展现代农业的积极性有待提高。调查发现，小农户之所以不愿发展现代农业，是因为市场对于农产品的品质有较高的要求，而对于目前普遍较低的生产水平而言，小农户生产农产品的质量很难达到市场要求。

（五）小农户与新型农业经营主体利益联结不紧密

近年来，政府对新型农业经营主体的培育力度进一步加大。在此过程中，小农户和部分农业组织虽建立了利益联结关系，但联结机制不强。第一，在"公司+农户"型的经营模式中，小农户由于力量分散、与公司谈判能力弱，常常处于被动地位，利益得不到很好的保障。农业合作社作为引导小农户与现代农业发展有机衔接的重要载体，存在规模小、带动能力弱的问题，甚至存在大量的空壳合作社。中国社会科学院2017年通过对浙江、陕西、吉林等地开展调研，发现在已经注册登记的农业合作社中，正常运营的比例仅仅为20%左右，甘肃省这一比例还不足10%。第二，小农户共享新型农业经营主体成果有限。通过对甘肃省庆阳市西峰区、酒泉市金塔县、天水市秦安县等地调研，发现小农户通过联耕联种、土地入股等多种方式发展农业生产，新型农业经营主体与小农户之间本质上是土地租赁关系，并没有形成紧密利益共同体。虽然农户将土地入股合作社可以使得小农户获得一定土地租金作为保底金额，但仍难以解决小农户利益缩水受损问题，且新型农业经营主体因其在信息获取和谈判地位方面的优势，可以获得更多经济利益，以致小农户的经济利益得不到有效保障。据调查，样本农户中仅10%的农户获得了新型农业经营主体的生产、就业以及收益共享成果，但收入较少。

（六）小农户的农业社会化服务体系不完善

第一，小农户接受农业社会化服务较少。通过对甘肃省348户农户的调查分析，购买农业服务的农户占比27.58%，其中，购买农业服务的农户中40.86%的农户购买了种子、化肥、农药、薄膜、生产工具租赁等供应服务，9.53%的农户购买了耕种、栽培、病虫害防治技术服务，仅3%的农户购买了农业销售服务。第二，农业服务经费投入不足。据调查，小农户在生产工具租赁、农机供应等方面购买农业服务，且在购买农业服务的农户中，60%以上的农户平均每亩服务费用投入为100~150元，平均每亩服务费投入超过200元的农户占比不足15%。第三，面向小农生产的公共和自助服务主体仍然较少。小农户所需的社会化服务主要由农资经销商、个体农机租赁户以及农业经营中介等私人提供，公共和自主服务主体相对不足。第四，农业服务范围有限。私人组织和部门主要为小农户提供农机服务和农资供应服务等初级服务，而病虫害防治等较高级的技术服务供给有限。小农户需求较大的诸如农产品收储冷藏、农产品加工、农业保险等各种产后服务严重缺乏。

四　甘肃小农户和现代农业有效衔接的措施

（一）提升小农户自身发展能力

农业发展的关键在农户自身，对其人力资本的投资是增收的最大经济动因，应充分发挥农户的主体作用和创新精神。第一，加强小农户的综合素质培训。通过职业培训等方式增强小农户经营管理、标准生产、投资决策等能力，保障其生产发展。第二，依托地方禀赋优势发展特色农产品。通过更高的优质劳动力投入、精耕细作优势以及优质的产品质量，河西地区发展葡萄、大枣等特色水果业，陇东地区发展特色杂粮、苹果产业，陇中地区发展樱桃、苹果、药材、花椒等特色经济作物，陇南地区则发展特色草食畜牧业，以此形成甘肃特色优势。构建"一村一品""一乡一特""一县一业"的发展格局，促进高质量的农产品产出，增强小农户的发展动力。第三，近年农村新产业、新业态不断涌现，乡村文化、旅游、生态产业发展较快，河西地区特色小镇建设、乡村旅游发展如火如荼，小农户分享到了二、三产业的增值收益，未来仍需通过技术指导、创业激励等公共服务，拓宽小农户增收渠道，激发其发展农业的动力。第四，创造条件鼓励小农户扩大经营规模，使其转变为新型农业经营主体，这一角色变化增强了其长期从事农业生产的意愿，通过土地流转、贴息贷款、参与涉农项目等方式鼓励小农户扩大规模，集约化经营带来的显著效益将进一步增强农户的发展动力。

（二）加强现代农业物质基础保障

生产设施作为农业生产的基础，在农户发展生产过程中起着重要的节约人力物力、提高生产效率以及降低农业风险的作用。第一，需整合优质劳动力资源，吸引大量农业人才流入，加强人才保障。应建立完善的人才流动机制，积极培育"一懂两爱"农村人才，吸引有经验、有技术、会经营的专业人才流入当地，交流互鉴有用经验，提高现代农业发展的人才保障水平。第二，发展农田水利、生产道路、大棚温室设施建设。首先，加强农田水利设施建设为农户提供灌溉基础。甘肃省虽大部分地区以旱地为主，但部分东中部地区主要种植蔬菜等较高价值的农作物，对灌溉渠道建设存在很大的依赖。其次，道路建设为农户提供了良好的交通条件。甘肃省地形复杂多样，70%以山地高原为主，道路严重阻碍机械化作业开展，须改造农村田间道路，方便农业机械进入田地，以提高农业生产的机械化水平。第三，资金是小农户发展的重要保障，应从政府、金融机构以及农户自身三方面加强资金保障。首先，整合涉农项目资金。政府通过贴息等方式给农户农业发展提供小型多元化项目资金，激活农业市场的发展活力，促进农业要素的灵活流动。其次，加强金融机构特色专项支农贷款。以农业信用社、村镇银行为主体，发展及支持农业设施建设、特色产业、农机具购置等专项贷款，拓宽农户融资渠道。最后，发展民间互助资金，提高农户自身融资能力。村民集体组织、农业合作社等主体发展互助资金组，为农业生产困难农户提供帮助，提高其农业生产的动力。

（三）夯实小农户发展技术支持

提高农业发展效率必然需要强大的技术支撑，河南及东北等我国重要的商品粮基地均高度依赖农业机械的推广使用，甘肃省部分地区也依靠优越的地形条件，以及优良品种的研发和供给，机械化、科技化水平领先。第一，完善农业技术推广体系。建设形成"以科研组织、农民组织为主体，产学研联动发展"的应用型农业技术推广体系，注重农业科技成果向生产力的转化。第二，推动温室大棚等现代化技术设施建设。据调研，甘肃省河西地区发展特色蔬菜、天水生产特色大樱桃、兰州生产特色反季瓜果均采用了温室大棚等现代设施，应加强农业设施管护，建设乡村公用生产设施，提高农户整体的增收和应对自然风险能力。第三，甘肃省南部地区以山地为主，经营花椒等经济作物，农业现代化发展面临较大障碍，通过加快研发适用于山区、对农业劳动力手工依赖性大的经济作物以及小规模养殖业所使用的机械等设施装备，全面推广适用于小农户的实用轻简型设备和适用技术。第四，通过健全农业社会化服务体系，来促进科技服务小农发展理念的落实，支持小农户高效利用优质品种、现代技术、实用装备等来发展有机农业、设施农业、绿色农业等形式的现代农业。依托农业试验示范基地，向小农户推广先进适用技术，夯实了小农户与现代农业对接的基础。

（四）加强现代农业政策宣传

小农户发展现代农业首先需要其具有高度的发展意愿，同时需要小农户深入了解、熟悉现代农业发展体系内容。第一，需提高全体小农户的身份认同。通过宣传优秀农耕文明、乡贤文明，充分挖掘地域农业特色，激发农户的积极性，增强其长期稳定从事农业生产的意愿，促进农户主体意识的建立。第二，需加强对现代农业的宣传推广。通过广播喇叭、村委公告栏、制作宣传标语等方式宣传现代农业发展的政策信息，同时可定期召开村组座谈会交流农业生产经验。第三，完善小农户发展的政策保障，提高农业生产的自主性和积极性。首先，要稳定小农户的土地使用政策。通过保持并稳定土地长期的承包关系，并健全土地确权制度，给农户吃一个"定心丸"，推进好第二轮土地承包关系到期后再延长30年的发展政策。其次，完善小农户支持政策。在完善粮食补、耕地补等普惠性政策扶持的基础上，通过农户技术补偿、生态补偿、风险补偿等方式，发挥财政对各类农户的差异化支持。再次，增强对小农户的金融服务。通过简化农户贷款程序，提高贷款的可得性和覆盖面，发展互联网金融和产业链金融等新型金融形式进入农业市场，拓宽小农户的融资渠道和发展能力，加大对农业生产的保险力度。最后，发展特色农产品保险、大型自然灾害保险，以及价格保险、收入保险等多元化保险制度，解除农户生产的后顾之忧，激发生产的积极性。

（五）提高小农户组织化水平

实践证明，小农户的组织化程度越高，其抵御风险的能力就越强。第一，以农业合作社为基础，联合各级经营主体，充分发挥农技推广、产品销售、农业保险、农业服务等多元功能，有效将小农户与市场经济有机连接起来。第二，发挥新型农业经营主体的优势作用。一方面，要积极创新农业合作社组织小农户的形式。鼓励小农户入社，盘活小农户拥有的资产资源。通过发展"小农户＋合作社""小农户＋合作社＋公司"等模式，使小农户共享合作收益。另一方面，发挥合作社的带动和合作作用。引导农户融入农业产业链，发展合作社采购，新技术推广，信息搜寻，产品分级、加工、贮藏、包装、运输、销售等纵向一体化服务，建立真正带动农户的合作社，使其利益联结更加紧密。第三，发挥龙头企业对小农户的带动作用。通过发展订单农业、定制农业，创新"公司＋农户""公司＋合作社＋农户"等组织形式，促进企业对小农户的订单收购、保底分红、股份合作、就业保障，完善龙头企业的带农惠农机制。以此延长农业产业链、保障农业供应链、完善农户利益链，真正将小农户纳入现代农业产业体系。第四，完善小农户组织化过程中的盈余分配机制。小农户通过实物入股、土地入股等方式，盘活农户资源要素，且合作社通过加强农产品加工、仓储等设施建设，创新农户农业发展模式，促进农户自主自发组建发展农业合作组织，提高农户的联结程度。

（六）提高农业社会化服务水平

要实现小农户与现代农业的有机衔接，需要农业服务的推动，即农业生产性服务、农业经营性服务和农业金融性服务三类。第一，农业生产性服务方面。以打造专项服务和综合服务共同发展的多元化生产服务组织为基础，以着力构建小农户农地托管、农资供应、农机租赁作业、农技推广、农业信息服务、农产品加工及销售等重点领域的生产性服务平台为动力，通过创新政府提供服务方式，创新生产公益性服务，发挥组织优势服务小农户。第二，农业经营性服务方面。由于小农户往往获取市场信息以及动向的成本高，且风险厌恶意识导致了其生产具有盲目跟风现象，农产品滞销问题频发。通过农业经纪人、农业加工企业、农业合作社等渠道对接消费者，帮助其降低交易成本，弱化由市场失灵带来的价格风险和套牢风险等。保障小农户在市场进入、价格预期等方面的利益。第三，农业金融性服务方面。农业金融性服务是小农户发展农业生产的资金保障。通过加快构建商业金融、政策金融、合作金融相结合的综合性金融服务体系，发挥政府、银行、金融机构、农村信用社、村镇银行以及村民互助等多主体、全方位、综合化的金融服务作用。

参考文献

习近平：《决胜全面建成小康社会夺取新时代中国特色社会主义伟大胜利——在中

国共产党第十九次全国代表大会上的报告》,《时事报告》2017 年第 11 期。

张红宇:《实现小农户和现代农业发展有机衔接》,《农民日报》2017 年 11 月 21 日。

郭庆海:《小农户:属性、类型、经营状态及其与现代农业衔接》,《农业经济问题》2018 年第 6 期。

蒋永慕、刘虔:《新时代乡村振兴战略下的小农户发展》,《求索》2018 年第 2 期。

崔红志、刘亚辉:《我国小农户与现代农业有机衔接的相关政策、存在问题与对策》,《中国社会科学院研究生院学报》2018 年第 5 期。

张照新:《以乡村振兴战略引领新时代农业农村优先发展》,《人民论坛·学术前沿》2018 年第 2 期。

曹斌:《日本促进小农户生产与现代农业有机衔接的经验对我国乡村振兴的启示》,《西安财经学院学报》2019 年第 4 期。

孔祥智:《健全农业社会化服务体系实现小农户和现代农业发展有机衔接》,《农村经营管理》2018 年第 4 期。

陈航英:《小农户与现代农业发展有机衔接——基于组织化的小农户与具有社会基础的现代农业》,《南京农业大学学报(社会科学版)》2019 年第 3 期。

G.4
甘肃省城乡融合发展研究

李红霞　汤瑛芳*

摘　要： 党的十九大做出建立健全城乡融合发展体制机制和政策体系的重大决策部署，甘肃省积极推进城乡融合发展，取得了良好成效，城乡融合发展的政策创新不断加强，居民生活水平显著提高，公共服务均等化取得新进展，农村基础设施补短板取得新成效。但仍然存在一些问题：城乡融合发展进展不平衡，城镇化水平和质量不高，公共资源均衡配置体制机制不健全，乡村治理体系弱。为促进甘肃省城乡融合发展，提出如下建议：完善城乡融合发展制度和政策体系，打造新型城镇化空间格局，推动乡村经济多元化发展，促进城乡公共服务普惠共享，加快农村基础设施联通化，强化乡村治理体系与治理能力，拓宽农民增收渠道。

关键词： 城乡融合　产业融合　甘肃省

前　言

　　随着我国城乡关系的不断调整和重塑，从新中国成立初期形成的城乡二

---

* 李红霞，甘肃省农业科学院农业经济与信息研究所副研究员，主要研究方向为农业经济与农村发展及农业工程咨询等；汤瑛芳，甘肃省农业科学院农业经济与信息研究所副研究员，主要研究方向为农业经济与农村发展及农业工程规划等。

元体制，到统筹城乡发展，再到城乡发展一体化，以及目前的城乡融合发展，城乡二元体制在改革发展中不断被破除。

我国经济社会发展进入了新阶段，城乡关系发展也站在了新起点，正在进入城乡融合发展的加速期。城镇化水平持续提升，城乡居民收入稳步增加，消费结构优化升级，生活质量和生产条件持续改善，极大地促进了城乡商品要素双向流动；粮食生产能力大幅提升，乡村经济价值、社会价值、文化价值、生态价值不断凸显。虽然，在以城带乡、公共资源配置、要素双向流动等方面仍存在不少体制机制障碍，但随着农业农村优先发展总方针的落实、城乡体制改革联动的深入、城乡市场交互作用的增强，城乡融合发展将进一步加快。

一 城乡关系发展的演进历程

新中国成立 70 多年来，我国城乡关系的发展主要经历了以下几个阶段。

（一）城乡二元结构的形成

新中国成立后，我国先后建立了统购统销制度，形成了商品市场的二元化；建立两种户籍制度，形成了劳动力和人口市场的二元化；建立人民公社制度，形成公共资源配置和基层治理的二元化；并不断强化相关政策，最终形成了具有中国特色的城乡二元体制。

（二）改革开放以来逐步破除城乡二元体制

1978 年，党的十一届三中全会拉开了中国改革的序幕，开始破除城乡二元结构。逐步推进城乡商品市场一体化，恢复农产品的市场属性，促进城乡商品流动；发展乡镇企业，为城乡商品市场一体化奠定物质基础；理顺乡村基层政权组织与集体经济的关系，实行"政社分开""政经分开"，乡村治理体系逐步走向规范。

（三）统筹城乡经济社会发展

2002 年，党的十六大首次提出统筹城乡经济社会发展，公共财政向农村倾斜，农村社会事业建设得到加强。开始新型农村合作医疗试点、新型农村社会养老保险试点、建立农村最低生活保障制度、农村实现免费义务教育，城乡劳动力市场一体化建设加快，农村基础设施建设力度加大，先后实施了农村电视广播、电网、道路、饮水安全等重大工程项目，极大地改善了农村生活条件，实现了农村公共服务的从无到有。

（四）城乡一体化发展

党的十七大提出建立"城乡经济一体化新格局"，十七届三中全会提出"五个统筹"的战略部署，农村社会保障制度加快建设，二元户籍制度开始改革。党的十八大提出"形成以工促农、以城带乡、工农互惠、城乡一体的新型工农、城乡关系"。城乡社会保障制度开始并轨，城乡要素市场一体化改革开始试点。

近 10 年来，我国持续推进城乡公共服务均等化。2010 年实现新型农村合作医疗制度全覆盖，2018 年完成城乡居民医疗保险制度整合，2012 年实现了新型农村社会养老保险全覆盖，2014 年建立了全国统一的城乡居民养老保险制度。农村最低生活保障补助水平逐年提高，农村学生的资助政策体系不断完善；义务教育和公共卫生经费保障等方面实现了城乡标准统一。现已完成农村土地承包经营权确权登记颁证。2019 年全面推进宅基地改革、集体经营性建设用地入市改革、农村土地征收试点，并在土地承包经营权、规范土地流转、农民住房财产权"两权"抵押、城乡建设用地"增减挂钩"等方面积极探索，完善农村土地权能，规范市场交易，保障农民利益。

（五）城乡融合发展

党的十九大提出建立健全城乡融合发展体制机制和政策体系，明确了城乡融合发展是中国特色社会主义进入新时期城乡关系的新认识与新定位。2019 年甘肃省出台了《关于建立健全城乡融合发展体制机制和政策措施的实施意见》，2020 年出台了《甘肃省关于加快推进新型城镇化和城乡融合发展的政策措施》，全面开启构建甘肃省新型城乡关系新阶段。

城乡融合发展体现了我国在城乡发展理念、思路和政策上的不断升华和完善；推进城乡融合发展，使市场在资源配置中起决定性作用，深化农村要素市场化改革，建立健全人才和科技下乡机制，实现城乡之间人才、土地、资金、技术双向流动与合理配置，促进城乡要素权益等值化；更好地发挥政府作用，坚持农业农村优先发展，促进城乡公共服务均等化和基础设施互联互通，实现城乡公共资源配置均衡化；更加重视乡镇和村级治理，完善乡村治理体系，缩小城乡治理能力差距。

二　甘肃省城乡融合发展的主要成效

经过改革开放 40 多年的发展，尤其是党的十六大以来，甘肃省农业农村发展取得了巨大成就，初步形成了城市支持乡村、工业反哺农业的发展框架，城乡融合效果明显，农村居民生活、公共服务、基础设施、要素市场、治理能力等方面都有所提高，城乡差距总体呈现缩小趋势。

（一）政策创新不断加强

1. 建立村庄规划工作机制

2014 年出台了《甘肃省村庄规划编制导则（试行）》，将村庄规划编制分为四种主要类型：改造提升型、拆迁新建型、旧村整治型和特色保护型。目前，已有约 60% 的行政村编制了村庄规划，村党支部书记、村委会主任"一肩挑"达 55.06%，乡村治理能力逐步加强。

2. 积极推进农村集体产权改革

在全省范围内稳步推进增减挂钩节余指标省域内交易工作，建立了三级节余指标管理台账，最大限度地发挥政策红利，形成节余指标省域内交易和跨省交易机制，落实节余指标跨省域调剂资金 93.46 亿元。扎实推进农村"三变"改革试点，通过实行"股份制合作"，把企业、村集体和农户连为一体，建立利益联结机制，不断激活"资源要素"，重塑"经营体系"，打造"股份农民",促进生态增值、产业增效、农户增收。截至2018年9月底,全省共有85个县市区、761个乡镇、1742个村开展农村"三变"改革试点,辐射带动53万农户,为12.9万农户分红1.63亿元,户均分红1263元,形成了"分类指导、分层推进、多点探索"的良好局面,改革成效初步显现。

3. 加大财政资金投入力度和农村金融服务

2018年以来,甘肃省按照全产业链发展思路,建立了以"牛、羊、菜、果、薯、药"特色产业为主导的增收产业体系,累计发放特色产业贷款925亿元,累计落实到户产业扶持资金155.6亿元。2019年,甘肃省专项扶贫资金投入207.67亿元,促使乡村建设取得了巨大成就。同时,引导工商资本为人居环境整治、城乡融合发展提供资金支持,制定金融支持乡村振兴实施意见,加强农村金融服务。全省农村地区共建成助农取款服务点2.24万个,农村金融综合服务室乡镇覆盖率达85%。建立了"甘肃省农(牧)户信用信息管理系统",各金融机构对全省已建立信用档案的404.33万农户累计投放贷款2955亿元。

(二)居民生活水平显著提高

甘肃省城乡居民的收入构成从单一占比较高走向多元共同增长,城乡、区域和居民之间收入差距持续缩小,消费结构不断改善,生活质量逐步提高。2019年城乡居民人均可支配收入比为3.35,与2002年城乡收入比3.97相比呈下降趋势,但与全国城乡收入比2.94相比差距较大;城乡居民人均消费支出比为2.52,与全国城乡支出比1.62相比差距较大;城镇居民恩格尔系数为28.6%,农村居民恩格尔系数为29.2%,恩格尔系数农村高于城镇0.6个百分点。

农村居民收入来源由单一的集体经营收入转为家庭经营、工资、转移性收入等多种途径,人均可支配收入同比增长9.4%,消费支出同比增长6.9%。至2019年甘肃省累计投入补助资金174.13亿元,支持174.93万户农村群众实施危房改造,随着道路、网络、水电设施逐步完善,村民生活生产条件得到明显改善,生活水平显著提高。

（三）公共服务均等化取得新进展

2019 年甘肃省实现义务教育、基本医疗、安全住房、安全饮水清零目标，贫困人口医疗救助参保资助政策全部落实，县、乡、村医疗机构和人员"空白点"全面消除，城乡居民养老保险、医疗保险已实现制度并轨，城乡居民基本公共服务均等化大幅提升。

1. 农村医疗服务水平稳步提高

基本医疗保障制度不断健全，农村贫困人口参保资助、临时性医疗救助和村医转职工等政策积极落实，加强了县、乡、村三级医疗卫生机构建设，将村卫生室转为乡镇卫生院的派出机构；解决了合格村医缺口，村医身份由个体转为乡镇卫生院聘用职工，由农民转为职业化医生，为 87.52% 的在岗村医购买养老保险，为 97.67% 的离岗村医发放养老补助，提升了村级医疗服务能力。2018 年，全省每千人口床位数 6.17 张，每千人口卫生技术人员数 5.93 人，每千人口执业（助理）医师数 2.25 人，每千人口注册护士数 2.42 人，每万人口全科医生数 2.22 名。

2. 大力提升农村义务教育均衡优质水平

乡村教育服务水平稳步提高，"两免一补"、"雨露计划"、生源地贷款等政策全面落实，银龄讲学计划、三区支教、"互联网 + 支教"和"教师周转宿舍"、"温暖工程"等项目全面实施，教师业务能力和乡村教育办学条件得到了大幅提升和有效改善。2018 年，全省学前教育三年毛入园率达到92%，普惠性幼儿园覆盖率达到 80% 左右，九年义务教育巩固率达到 96%，高中阶段毛入学率达到 94%，高等教育毛入学率达到 37%。

3. 农村公共文化服务深入发展

农村公共文化服务体系日臻完善，文化产品逐渐丰富，供给水平不断提高。全省行政村"乡村舞台"实现了全覆盖，村民体育健身工程覆盖率达到 96%。近年来，积极争取财政资金扶持 40 多个传统工艺项目发展文化产业，打造了一大批民族文化品牌，实现了文化产品供给与市场需求的有效对接，带动了群众就业增收，提高了乡村公共文化服务能力。

4. 社会保障体系逐步完善

建成覆盖省、市、县三级的全省养老服务信息平台，居家养老服务已在市（州）的40多个县（市、区）展开，吸纳加盟企业600多家，部分城镇初步形成了"15分钟养老服务圈"，全省共有各类社区养老机构和设施7829个。支持城乡社区日间照料中心（农村互助老人幸福院、老年人活动中心）建设，养老服务设施已覆盖88%的城市社区和50%的行政村（社区）。

（四）农村基础设施补短板取得新成效

1. 农村公路建设和服务水平明显提高

"十三五"以来，全省的农村公路总里程达13.19万公里，自然村组道路约有5万多公里，确保了所有具备条件的建制村100%通硬化路、通客车，乡镇快递网点覆盖率达96.5%，带动乡镇工业、特色产业、旅游服务业蓬勃发展。全省扎实推进"四好农村路"建设，设立乡镇农村公路管理所，全面推进路长制，创新"建养一体化"公路项目融资建设模式。2020年，上线了"甘肃省农村客运服务平台"微信公众号，农村地区群众可以提前联系预约车辆，切实提升了农村客运服务水平。

2. 农村电网安全水平持续加强

通过机井通电、中心村（小城镇）电网改造和村村通动力电三个专项工程，农村地区已全面实现"户户通电""村村通动力电"，城乡居民用电同质同价，理顺了农电管理体制。甘肃省深度贫困地区脱贫攻坚电网工程已全面建成，农村户均配变容量达到2.15千伏安，农村电网供电可靠率达到99.8%，综合电压合格率达到99.7%，智能电表覆盖率达到100%，初步建成了坚固可靠的农村电网，农民的生产生活从"用上电"向"用好电"转变。

3. 农村饮水安全巩固提升

甘肃省基本建成以集中供水工程为主、分散供水工程为辅的农村人饮供水网络。全省农村集中式供水人口比例达95%，农村自来水普及率达到92%；建立了县级农村饮水安全专管机构，基本实现了现行标准下的农村饮水安全目标。

4. 农村环境卫生得到有效改善

全省开展"垃圾革命""厕所革命""三清一改""风貌革命"清洁行动，形成了"户分类、村收集、镇转运、市县处理"的闭环，实现了绿化美化环境、净化村容的目的。2019年，行政村生活垃圾收集、运输率达到95%，生活垃圾处理率达到80%，卫生公厕覆盖率达到76.7%，大部分村庄的环境卫生状况得到了极大改善。

三　甘肃省城乡融合发展存在的突出问题

（一）城乡融合发展进展不平衡，不同领域、地区之间差距较大

目前，甘肃城乡商品市场（主要指农产品）已基本实现一体化；城乡居民收入差距持续缩小，但与发达省份相比差距仍然较大；在制度层面城乡公共服务均等化取得积极进展，但服务质量和水平仍存在差距；城乡基础设施一体化进展参差不齐，城乡人居环境差距还较大，乡村无害化卫生厕所、污水处理普及率还很低；城乡要素市场一体化（人员、土地、资金、技术等）处于试点阶段；农村治理能力较城市普遍弱，村庄规划水平普遍较低。

总体来看，兰州、嘉峪关、金昌、张掖、酒泉等经济发展较快、城镇化率较高地区，城乡融合水平层次良好，农村公共服务、基础设施水平较高，城乡之间人员、要素流动也更顺畅，而陇东、陇南地区城乡融合发展水平较低。从县区层面看，城镇化率高的地区，与城市联通好的地区，城乡融合总体较好。

（二）城镇化水平和质量不高，以城带乡的作用发挥不够

城乡融合发展的基础是城镇化带动，城市为乡村提供了广阔的市场需求、雄厚的资金后盾和强大的技术支撑，为乡村发展提供强大动力，城镇化

水平越高，城市对农产品的吸纳作用越大，城市消费下乡越多，人才、技术下乡也更有可能。2019年，甘肃省城镇化率48.49%，远低于全国城镇化率60.60%的平均水平，城市对乡村的带动作用远远不够。

城镇化质量不高，户籍人口城镇化率低于常住人口城镇化率，二者的差距中绝大部分是户籍在农村的农民工，他们工资水平、社保比例、工伤保险总体较低，由于收入水平低和消费倾向低，农民工在城市的消费水平也低于城市户籍居民。

城乡之间的连接性不够，全省农村道路是按照行政隶属关系建设的，没有系统规划，存在断头路和局部拥堵节点，同时养护费用不足、养护能力有限，造成路网通行能力差，跨村镇、乡镇的横向交通连接性差，人流、物流、信息流不能顺畅流动，阻碍城市消费下乡和资源要素下乡。

（三）城乡公共资源均衡配置实际水平差距大

农村基础设施落后，偏远村庄农村户用卫生厕所普及率仅50%，20%的村庄生活垃圾未得到清运处理，仅城镇周边村庄的农村生活污水得到了集中处理，40%的村庄主要道路没有路灯。农村饮水设施标准低，质量不高。城乡之间、不同地区农村之间的基础设施水平差距还很大。特别是农村基础设施运营管护缺钱、缺人、缺机制的问题突出。

城乡公共服务存在差异，制度一体化存在较大水平差距。居民基本养老保险、医疗保险虽然已实现城乡制度并轨，但农村保障水平低于城镇居民；农村养老服务体系建设滞后于城市；农村学校条件总体薄弱，一些地区存在失学辍学现象；很多村没有执业医师，农村居民实际医疗保障水平明显低于城镇居民，城乡间医疗服务、教育水平差距大。

城乡文化资源供给不均衡。近年来，甘肃省不断加强乡镇文化站、文化广场、村文化室、农家书屋、村史馆等农村公共文化设施，但重硬件设施建设，轻运行管理，活动开展少，实际利用率不高。优质文化资源如博物馆、图书馆等主要集聚在中心城区，农村文化产品和文化服务相对供给不足，文化活动供给持续性有待加强。

（四）城乡要素双向流动机制尚未建立起来，要素长期单向流动造成乡村严重"失血"

1. 土地要素合理利用机制不完善

城乡土地市场的二元分割特征仍十分明显。城乡土地市场仍存在不同权、不同价现象。城市国有土地权能较完整、价值高，而农村土地价值低。在土地发展权方面，农村集体土地的发展权受到了严格限制；在使用权流转方面，城市国有土地可以多种形式租赁、抵押、转让，但农村宅基地使用权流转受到了诸多限制；在物权保护方面，农村宅基地比城市国有用地少了收益的权能，且国有建设用地在大部分情况下可以抵押，而农村的大部分土地却不能单独抵押。农村集体建设用地高度分散、不连片，大部分闲置。虽然国家鼓励盘活利用农村闲置建设用地，但现行政策制度衔接不够，实际可利用率较低。土地要素合理利用机制的不完善，导致城镇发展缺地、农村建设用地闲置。2015 年以来，甘肃省推进农村集体经营性建设用地入市试点、农地和农房"两权"抵押贷款试点工作，出台了相关指导意见，但实际推进效果并不明显，政策执行仍然不顺畅，体制机制还需进一步理顺。

2. 人口双向流动机制有待健全

一方面，虽然国家出台了一系列法规、政策，保障农民工的权益，鼓励农民工进城落户；但农民工进城落户定居仍面临不少"玻璃门""弹簧门"，农民工要成为真正的"市民"，还有很长一段路要走。另一方面，城里人"下乡难"的问题也正在显现，如城市科技人员下乡、大学生回乡、农民工返乡创新创业面临用地难、贷款难、子女上学难等问题。城市居民下乡常住养老也面临居住难、就医难、异地结算难等与进城农民工类似的问题。为弥补市场经济的不足和缺陷，需要政府充分发挥调节市场的作用，健全完善相关政策制度。

3. 农村金融发展滞后

随着农业现代化发展，经营主体对规模化、长期性贷款需求增加，但现行的金融制度难以提供有效供给，农业生产经营主体贷款难与金融机构放贷难问题并存。近年来，尽管县域金融机构涉农贷款和当地存款用于鼓励农村金融发展的政策不断完善，农村金融服务得到明显改善，但金融机构资产从农村净流出的局面仍未实质改变。

（五）乡村治理体系弱，城乡基层治理能力差距大

在现有的城乡治理体系中，城市治理依托于各级政府与街道办事处、居委会等机构，治理起步较早，目前发展较为成熟。而在乡镇和村级，由于取消农业税、乡镇机构改革弱化财权、事权和人事权等，因此治理能力弱化。特别是乡镇政府的规划建设、环境监管、市场监管等机构和人员严重不足，职能缺失。

乡村规划体系严重缺失，城乡规划不衔接、空间不融合。一方面，乡村规划管理严重缺位，虽然一些地方编制了村庄建设规划，但对长远发展考虑不够，村民参与少，实用性不强。另一方面，中央要求各地编制乡村规划后，很多地方一哄而上，把城市规划体系简单复制到乡村，不适用于乡村发展实际，没能真正做到多规合一。尤其是绝大多数地区没有把城市与乡村纳入统一的空间规划进行一体谋划。

四 甘肃省城乡融合发展的实现路径

（一）完善城乡融合发展制度和政策体系

1. 加快推进农业转移人口市民化

持续推进新型城镇化，进一步强化以城带乡作用。健全农村转移人口市民化机制，坚持自愿、分类、有序原则，全面放开城市落户限制，实现城市、城镇落户"零门槛"，进一步促进劳动力和人才社会性流动；以就近就地城镇化为发展方向，简化户籍迁移手续，引导重点人群落户城镇；推动未落户常住人口逐步享有与当地市民同等的基本公共服务；加强对农业转移人口的职业技能培训，大力推进职业教育，打造"技能甘肃"；健

全"人地钱挂钩"的配套激励政策，加大对农业转移人口市民化的财政支持力度；完善财政性建设资金对吸纳农业转移人口较多城市的基础设施投资补助机制；健全完善城镇建设用地的增加规模与吸纳农业转移人口落户数量挂钩机制。

提高进城落户人员基本权益。实施农业转移人口市民化支持政策，完善由政府、企业、个人共同参与的市民化成本分担机制，优化农村户籍变动与农民集体收益分配权、宅基地使用权、土地承包权挂钩等措施，保障进城落户农民的相应权益。建立多层次住房保障体系，实行灵活的住房公积金缴存制度，将农业转移人口纳入住房公积金制度覆盖范围。推进异地就医直接结算，落实进城落户人员参加城镇养老保险等政策。

2. 加强农村集体产权和土地制度管理与创新

一是建立完善进城落户农民"三权"维护和自愿有偿退出机制。积极推进农村集体资产确权到户和股份合作制改革，建立健全农村产权流转市场体系，在本集体经济组织内部，支持和引导进城落户农民依法自愿有偿转让权益。二是以促进农业规模经营为目标，进一步扩大农用地产权结构的开放性，健全农村土地交易平台。继续推进农村土地"三权分置"，稳定农户承包权，落实集体所有权，建立承包权的市场化退出机制，鼓励经营权流转和土地集中经营。三是以顺应城乡人口双向流动为目标，有序扩大宅基地产权结构的开放性，适度放活农民房屋和宅基地使用权。四是加快推进城乡建设用地和新增耕地增减挂钩节余指标跨区域调剂使用，调剂收益用于支持乡村振兴战略实施和巩固脱贫攻坚成果。五是以提高配置效率为目标，盘活建设用地用于支持乡村新业态和返乡下乡创业，健全推进集体经营性建设用地就地入市制度。

3. 构建促进城乡融合发展的金融服务机制

完善乡村金融服务体系，扩大资金在城乡间的双向流动。一是健全涉农信贷的激励约束机制，完善涉农资金供给体制，推行"保险＋期货"和农业大灾保险机制，鼓励创新涉农金融产品。二是更好地发挥农业发展银行等政策性银行的作用。鼓励政策性金融机构推进业务模式创新，加大对农村基础设施建设的长期贷款投放力度。三是进一步发挥农村合作金融的作用。鼓励资金互助社、合作社、集体经济组织参股信用社、村镇银行等金融机构，通过改善农村金融机构的股权结构来促进信贷资源向农村投放。四是支持金融机构运用互联网等新技术服务农村发展。积极运用大数据、5G、区块链等技术，研发与农业生产周期相适应的额度小、频率高、季节时限性强的特色贷款产品。整合分散在各部门的农户和小微企业信息，加强涉农信贷数据共享。五是积极争取国家城乡融合发展基金支持。

4. 建立健全科技和人才下乡机制

一是设立专项扶持资金，提供创业平台，完善财政、金融、社会保障等政策，吸引各类人才返乡创业。鼓励更多青年人才扎根农村，助力乡村经济发展，做好"大学生村官"等工作，优化农村基层干部队伍结构，让青年优秀人才走上推动乡村振兴的重要岗位。二是培养一批乡村本土人才，组织乡村干部参观学习先进乡村建设经验，强化乡村振兴人才支撑。三是推进城市教科文卫体等系统工作人员定期服务乡村，深入推行科技特派员制度，推动职称评定、工资待遇向乡村教师、乡村医生倾斜，建立选派第一书记工作长效机制。四是探索经营性和公益性农技推广融合发展机制，健全产学研用合作机制和涉农技术创新市场导向机制，落实科研人员技术入股、离岗创业、入乡兼职兼薪等政策，允许农技人员通过提供增值服务合理取酬，探索赋予科研人员科技成果所有权。

（二）打造新型城镇化空间格局，提升人才集聚吸引力

一是加快城市群建设，突出区域带动。重点支持兰西城市群、兰白都市圈、兰州榆中生态创新城、兰州新区发展，形成全省新的增长极。二是县区、乡镇综合发展基础不断夯实。县城做好环境卫生设施提级扩能、市政公用设施提档升级、公共服务设施提标扩面、产业配套设施提质增效四篇文章，提升城市品质和人居环境质量，全面提升综合承载能力；乡镇以特色小镇建设为抓手，提高产业集聚、配套、融合发展的综合实力；有序推进"市改区""县改区""县改市"，合理推进"乡（镇）改街道"、"乡改镇"和乡镇撤并。

（三）推动乡村经济多元发展

1. 借力"一带一路"打造现代农业枢纽制高点

抢抓"一带一路"建设机遇，以深度融入陆海新通道为重点，集聚发展要素，突出资源优势，放大区位优势，培育特色农业产业优势，打造以兰州为中心，辐射西北、沟通西南、联接中西亚、联通东南亚的"一带一路"西北陆海联动枢纽，构建"甘味品牌"农业产业高质量发展的通道物流枢纽经济体系。以兰州国际陆港为重点，推动兰州、武威、天水、敦煌、嘉峪关等陆港空港协同发展，形成农产品物流产业集群。完善市、县、乡三级农产品市场体系，重点推进兰州国际高原夏菜副食品采购中心建设，形成农产品流通网络，提升物流枢纽集聚辐射带动能力。建设现代农业物流大数据平台及大数据物联网配套支撑系统；依托丝绸之路信息港，建设特色农产品云平台；提高甘肃现代丝路寒旱农业在"一带一路"建设中贸易、物流及供应链领域的地位，促进形成现代农业跨产业协同和全新发展空间。

2. 打造现代农业产业园区

以产业集群建设为重点，建设主导产业优势明显、生产基地建设规模化、产品加工能力配套、农产品市场体系完善、品牌带动能力强、一二三产深度融合的现代农业产业园。以优质高原夏菜、林果、马铃薯、中药材、现代制种、畜牧等特色优势产业为依托，建设一批特色农产品优势区。深入挖掘农业的生产、生态和文化等功能，将农业生产与观光休闲农业、农资、电商等业态结合起来，把现代农业产业园打造成为一、二、三产业融合发展先导区和示范基地。依托临洮县和安定区两个国家级现代农业产业园、18 个省级现代农业产业园，发挥产业集群效应，使现代农业产业园成为农业技术研发、成果转化的孵化器。力争在"十四五"期间，创建 100 个省级现代农业产业园，以产业园为载体，推动农业经营体系、生产体系、产业体系转型升级，创新完善农业支持保护制度，率先在产业园实施城乡融合发展的体制机制和政策体系，建设城乡融合发展示范区，促进加快城乡融合发展步伐。

3. 推动农村一二三产业深度融合

大力发展特色现代丝路寒旱农业，以"质量兴农、绿色兴农、品牌强农"为目标，深入挖掘寒旱农业发展潜力，探索"现代"方向引领、"丝路"时空定位、"寒旱"内在特质、"甘味"知名品牌的新时代甘肃农业发展路子，建设现代丝路寒旱农业综合示范区，坚持农牧结合、产加配套、粮饲兼顾、种养循环、三产联动，推动农业产业向高端化、绿色化、智能化、融合化方向发展。构建"大产业、大市场、大流通"的产业融合发展新格局，延长产业链、打造供应链、提升价值链，健全完善适应高质量发展要求的长效体制机制，稳步提升农业产业综合素质、效益和竞争力。培育农村新产业新业态。着力推动互联网、大数据、人工智能、5G 等信息技术与农业深度融合，发展数字农业、智慧农业等，推动农业产业经济与数字乡村发展有机融合；充分挖掘农业文化、生态、休闲价值，促进文化科普、农耕体验、创意农业、康养旅游等新产业发展。多元化培育农业服务主体，积极建立集信息咨询、农技指导、产品营销、保险推广、信用评价于一体的综合性、公益性农业公共服务组织；鼓励发展生产性农业社会化服务组织，开展机耕机收、统防统治、种苗繁育、测土配方施肥等服务，提高农业社会化服务水平，加快农村农业建设步伐。

（四）促进城乡公共服务普惠共享

1. 大力推动农村基础教育优质均衡发展

结合《甘肃教育信息化2.0行动计划》的具体落实，支持和鼓励各市、县统筹各地中心校优质教育资源，与薄弱学校建立基于网络的校际结对，统筹推进"专递课堂""同步课堂"等"互联网＋"条件下的教学模式，打造智慧教育云平台，结成网络教研共同体，有效提升贫困地区教师教学能力和水平，实现优质课程教学资源共享，全面提升教育质量，促进城乡教育均衡发展。建立统筹规划、统一选拔的乡村教师补充机制，全面优化师资资源配置，实行义务教育学校教师"县管校聘"；增强乡村普惠性学前教育资源配置，加强寄宿制学校建设，缩小校际、区际、城乡之间的教育水平差距。

2. 建立城乡医疗资源均衡配置机制

推动形成统一的城乡居民基本医疗保险制度，实现"六统一"管理。健全完善医保支付结算、分级诊疗转诊、医保利益调控等体制机制。强化三级医院对口帮扶县级医院力度，建立紧密型医联体、县域医共体，不断提高基层医疗服务能力。推动乡村医生"乡聘村用"，确保乡镇卫生院、村卫生室有合格医生，基本实现"小病不出村、常见病不出乡镇、大病不出县市"。完善城乡传染病防控设施，提高重大传染病防控能力。打造省、市、县、乡全民健康信息实体平台，实现数据精准对接和互联互通，有效弥补基层诊疗短板。

3. 强化公共文化服务体系

按照"补短板、强弱项、保基本"的要求，统筹推进城乡公共文化设施一体规划、布局和建设，优化资源配置，促进城乡公共文化服务均等化。健全公共文化服务城乡联动机制，加强城乡区域公共文化服务资源整合和互联互通，推进城乡"结对子、种文化"，加强城市对农村文化建设的帮扶。构建城乡公共文化服务参与式管理，提高服务供需匹配度。

4. 完善城乡社会保障和救助体系

健全社会保险公共服务平台，完善城乡统一的基本医疗保险、大病保险和基本养老保险制度，统筹提高城乡居民医疗保障水平。健全低保标准动态调整机制，推进低保制度城乡统筹。建立多层次农村养老保障体系，推动社会求助、抚恤安置等制度统筹，推动基本医保、大病保险、医疗救助"一站式服务、一窗口办理、一单制结算"，提高农村居民保障水平。

（五）加快农村基础设施联通化

1. 建立一体规划、建设、管护机制

推进城乡资源一体化配置，按照"多规合一"要求编制市县、乡镇国地空间规划。健全分级分类投入机制，实现县乡村道路联通、城乡道路客运畅通，促进污水处理设施和新一代移动通信网络覆盖全部乡镇，加快公共交通等市政设施向农村延伸。建立健全城乡基础设施共管共护共享机制，将公益性设施管护纳入一般公共财政预算，组建村级公益性设施共管共享理事会，设立管护基金。建立乡村生态环境保护和美丽乡村建设长效机制。

2. 加强农村公路建设，完善农村客运网络

加强农村公路建设，打通农村公路网中的断头路，实现农村公路网的有效联通，新改造的农村公路，适当加宽路面，提升路网通行能力。建立权责清晰、齐抓共管的农村公路管理养护体制机制，形成财政投入职责明确、社会力量积极参与的新格局。

进一步完善农村客运网络，提高农村客运服务质量与水平。进一步加强乡镇客运站、村级候车亭运、管、养与升级改造工作。客运站与新建农村公路同步设计、同步建设、同步交付使用。逐步提高农村公交微循环覆盖率，借助"甘肃省道路运输便民服务助手"微信公众号，提高预约出行在农村客运中的比重。

3. 推进农村电网现代化建设

农村电网改造升级工程是乡村振兴战略实施和农村基础设施补短板的主要任务和重要支撑，结合农村电网精细化规划和"十四五"配电网规划，以构建安全可靠、绿色、高效的现代农村电网为总目标，切实解决农村电网供电能力不足、电压不稳定等重点问题，加快推动电网转型升级，确保农村电网建设与农村社会经济发展、农村规划相协调，不断提升资源优化和配置能力。实施乡村电气化惠农富民提升工程，通过推动特色用能项目、推广建设电能替代技术等方式，重点围绕特色优势农业产业、畜牧养殖业、农产品加工、仓储物流、休闲农业园、乡村特色产业、乡村电采暖等方面开展建设，促进乡村电气化与农业生产相融合，提高农业生产效率，改善农村生产条件，提升农村生产、生活电气化水平，为农村发展和百姓致富提供强劲动力。

4. 提高农村水务建设与管理水平

一是实施农村饮水提档升级工程，有序更新替换残旧输水管道，加强饮用水水源地保护，强化饮用水水质监测监管，打好安全清洁饮用水攻坚战。明确农村供水设施管理保护责任主体。建设"互联网＋农村供水"智慧水利农村供水体系，解决"缺人管""跑冒漏""收缴难""运行差"等问题，

加快城乡一体化供水网络建设和农业生态供水网络建设,保障区域供水安全。二是建立政府与市场有机结合的水利投入、建设和运营机制,推进城乡供水排水一体化、农村供水规模化、水质检测自动化、运行管理信息化,推进农村饮水由"有水喝"向"喝好水"发展。三是加大农村水利基础设施建设力度,推进灌区续建配套改造及泵站改造,实施节水灌溉示范项目,加强农村水电建设管理,推进六盘山区、秦巴山区、少数民族地区和革命老区重点水利骨干工程建设,补齐农村水利工程短板。四是建设农业节水设施,积极推进科技节水,推广微灌、喷灌、管灌、水肥一体化等节水技术,提高农田灌溉水利用效率。

(六)强化乡村治理体系和治理能力

促进乡村治理体系和治理能力现代化建设,缩小城乡基层治理能力差距,切实增强农民群众的获得感和幸福感。一是加强党的领导,坚持以治理有效为基础,加强农村基层党组织建设,提升农村基层党组织建设水平,使其成为乡村治理的坚强领导力量。二是推进乡镇政府服务能力建设。加强乡村治理领导班子建设和人才队伍建设,增强乡村治理体系活力,强化乡村治理的直接责任和农村基层党组织建设,把乡镇建设成乡村治理中心;加强乡镇教育、医疗、社保、就业等公共服务和农技推广站、卫生院、学校等基础设施的规划建设,把乡镇建成农村服务中心;实现加工在镇、基地在村、增收在户,支持在乡镇发展生活性、生产性服务业,把乡镇建成乡村经济中心。三是全面推进自治、法治、德治有机结合,自治增活力、法治强保障、德治扬正气,深化村民自治实践,推进乡村依法治理,提升乡村德治水平,增强农民安全感。四是完善乡村规划管理体系,促进城乡连接和空间融合,建立城乡一体并符合乡村实际的规划体系。

(七)拓宽农民增收渠道

完善城乡一体的公共就业服务平台,推动就业服务网点进入乡村,提升全方位公共就业服务。通过政府购买服务的方式,引导社会优质服务机构为农村劳动力转移就业提供就业介绍、职业培训等服务，拓宽农民外出就业渠道，促进农村劳动力有序外出就业、就近转移就业。实施农村就业促进行动，对用工单位招收本地农村劳动力实施激励措施，发展壮大镇域经济、促进农民就业。规划建设农村劳动力转移就业示范基地、农村众创空间，推进农村大众创业、万众创新。

优化升级农村产业结构，积极培育新兴特色产业，推进"一产往后延、二产两头连、三产走高端"，发展全产业链模式，创造就业岗位，提高农民工资性收入。支持农业产业化龙头企业和产业化联合体发展，通过保底分红、利润返还等多种形式，让农民合理分享全产业链增值收益，有效增加农民经营性收入。完善集体产权权能，推进农村集体经济性资产股份合作制改革，积极发展土地、农宅、资金、资产等多种形式的股份合作，增加农民财产性收入。大力发展休闲农业和乡村旅游新业态，积极发展农业社会化服务，带动和促进农民增收。

参考文献

张月瀛：《以城乡融合发展推进农业农村现代化路径探析》，《中共郑州市委党校学报》2019 年第 6 期。

金三林：《新时期推进城乡融合发展的总体思路和重大举措》，《中国经济时报》2019 年 7 月 1 日。

金三林等：《从城乡二元到城乡融合——新中国成立 70 年来城乡关系的演进及启示》，《经济纵横》2019 年第 8 期。

张玉芳：《中共甘肃省委甘肃省人民政府关于建立健全城乡融合发展体制机制和政策措施的实施意见》，《甘肃日报》2020 年 4 月 20 日。

陈涛：《我国农村集体产权改革及金融支持的探索与实践——以甘肃实践为例》，《甘肃金融》2019 年第 2 期。

刘正平等：《精准扶贫如何助推乡村治理能力提升——以甘肃实践为例》，《开发研究》2020 年第 8 期。

李文瑞等：《后脱贫时期金融扶贫可持续发展研究——基于甘肃视角》，《西部金融》2020 年第 10 期。

张玉芳：《2019 年甘肃省国民经济和社会发展统计公报》，《甘肃日报》2020 年 3 月 20 日。

王荟：《甘肃省 2019 年扶贫攻坚研究报告》，《新西部》2020 年第 3 期。

马琼晖：《甘肃交通扶贫任务冲刺清零》，《中国交通报》2020 年 5 月 19 日。

常鸿等：《加快智能电网建设助力甘肃乡村振兴》，《农电管理》2020 年第 2 期。

贾小明：《甘肃农村饮水建设历程与发展建议》，《甘肃水利水电技术》2020 年第 4 期。

金三林：《深刻认识推进城乡融合发展的重大意义》，《宜宾科技》2019 年第 2 期。

韩建民：《乡村振兴战略背景下城乡融合水平测度研究——以甘肃为例》，《开发研究》2020 年第 3 期。

叶兴庆等：《走城乡融合发展之路》，中国发展出版社，2019。

沈丽莉：《大力推动城乡协调高质量发展——〈甘肃省关于加快推进新型城镇化和城乡融合发展的政策措施〉解读》，《甘肃日报》2020 年 6 月 6 日。

朱名宏等：《广州城乡融合发展报告（2020）》，社会科学文献出版社，2020。

付姓：《我国设立城乡融合发展试验区将开展 11 项改革试点》，《农村经营管理》2020 年第 1 期。

甘肃省人民政府办公厅印发《新时代甘肃融入"一带一路"建设打造枢纽制高点实施方案》（甘政办发〔2019〕106 号），http：//www. gansu. gov. cn/art/2019/12/5/art_4786_ 431470. html，最后检索时间 2019 年 12 月 5 日。

李红霞等：《推进甘肃省农村一二三产业融合发展的思考》，《甘肃农业科技》2020 年第 1 期。

李红霞等：《甘肃省农村产业融合发展模式及对策研究》，《农业科研管理》2019 年第 6 期。

中共白银市委政策研究室：《深化支付方式改革 优化医疗资源配置 切实筑牢人民群众身体健康的保障防线》，《白银日报》2020 年 11 月 13 日。

赵万山：《甘肃建立县乡村三级路长制管理养护公路》，《兰州日报》2020 年 6 月 2 日。

胡明宝：《推进乡村治理体系和治理能力现代化取得新成效——中央农办副主任、农业农村部长韩俊解读〈关于加强和改进乡村治理的指导意见〉并答记者问》，《农民日报》2019 年 6 月 25 日。

G.5

甘肃省粮食生产形势
及新时期粮食发展对策研究[*]

汤瑛芳　李红霞　刘锦晖　王建连　马丽荣[**]

摘　要：　本文基于2010～2018年甘肃省粮食生产面板数据，应用统计分析法，从粮食生产总量、粮食品种结构、粮食区域生产能力等方面分析甘肃省粮食生产形势，从资源条件、生态环境、技术储备、生产成本等角度分析粮食生产条件；立足甘肃粮食省情，在国际国内粮食安全背景下，提出新时期甘肃省粮食发展的对策建议，为经济欠发达地区增强区域粮食安全能力提供决策参考。

关键词：　粮食生产　粮食发展　粮食安全　甘肃省

粮食安全问题是世界范围的重大课题。当前，全球粮食供需基本平衡，粮食贸易总量持续增长，粮食安全状况总体向好，但国际贸易争端等影响国际粮食安全环境的不确定因素日益增多，区域性短缺和局部粮食安

＊　基金项目：甘肃省科技厅软科学专项：“新时期甘肃省粮食发展问题研究”（20CX9ZA094）。

＊＊　汤瑛芳，甘肃省农业科学院农业经济与信息研究所副研究员，咨询工程师，主要研究方向为农业经济与规划咨询；李红霞，甘肃省农业科学院农业经济与信息研究所副研究员，咨询工程师，主要研究方向为农业经济研究与规划咨询；刘锦晖，甘肃省农业科学院农业经济与信息研究所研究实习员，主要研究方向为区域农业经济；王建连，甘肃省农业科学院农业经济与信息研究所经济师，主要研究方向为区域农业经济；马丽荣，甘肃省农业科学院农业经济与信息研究所副研究员，咨询工程师，主要研究方向为农业经济研究与规划咨询。

全问题依然突出，饥饿仍然存在，世界粮食安全形势依然严峻。尤其诸如新冠肺炎等重大疫情的暴发，致使国际粮食市场的波动性、风险性加剧，导致以粮食进口为主的部分国家和地区因疫情而引发的粮食短缺问题更加突出，国际国内粮食安全形势因此更加复杂严峻。我国是当今世界粮食产量、粮食消费及粮食进口最大的国家，粮食安全必然受到世界贸易格局的影响，我国应综合考虑国内资源、粮食供求格局，以及国际市场贸易条件等因素，制定并实施"以我为主、立足国内、确保产能、适度进口、科技支撑"的国家粮食安全战略，强调确保谷物基本自给、口粮绝对安全。大疫当前，我国各级政府应坚决贯彻中央一号文件"粮食生产稳字当头"的粮食安全使命。

甘肃省历史上是一个缺粮省份，是国家定位的 11 个粮食产销平衡省份之一。历届省委、省政府高度重视粮食安全，始终把省内粮食供求动态平衡作为一个基本要求，立足省内保障基本供给，通过多种措施发展粮食生产。尤其是近些年来，得益于多项强农惠农政策对粮食生产扶持力度的不断加大，以及以全膜双垄沟播为主的旱作农业技术的突破和全面推广，甘肃省粮食生产快速增长，实现了全省粮食生产由总量基本平衡到部分调出的历史性转变。甘肃省自然条件严酷，生态环境脆弱，农业基础设施薄弱，耕地、水等资源缺乏，气象灾害与生物灾害叠加发生的不确定性增大，粮食生产的限制性因素始终存在；又由于自然选择和比较经济效益等因素的影响，甘肃省主粮供需结构性矛盾突出，年平均需调入 200 多万吨小麦、近 60 万吨大米才能保证口粮需求，端牢端稳"一碗面""一碗米"的任务依然艰巨；甘肃省多年人均粮食生产占有量均值 425 千克，依据我国粮食安全人均占有原粮不低于 400 千克的最低标准衡量，总体粮食保障程度较好，但区域人均粮食生产占有量极不平衡，嘉峪关、兰州及甘南 3 个市州人均粮食占有量在 200 千克以下，天水市和临夏州在 400 千克以下，属甘肃省粮食生产的薄弱区域。甘肃省是经济欠发达地区，统筹解决好贫困地区人口的"米袋子""菜篮子""钱袋子"，实现粮食综合生产能力与全省经济社会协调发展任务艰巨，突发重大自然灾害或遭遇重大疫情，都会加剧对粮食生产供应能力的考验。保障粮食安全，首先是保障粮食生产，因此，立足甘肃粮食生产实际，在新时期研究甘肃省粮食发展问题十分必要。

一　甘肃省粮食生产现状分析

基于甘肃省 2010～2018 年粮食生产面板数据，历年《甘肃农村年鉴》、《甘肃发展年鉴》和甘肃省粮食行业统计数据，运用统计分析法，对粮食生产总量、粮食作物结构及区域粮食生产等粮食生产现状进行分析。

（一）粮食生产总量及结构分析

2010～2018 年，甘肃粮食生产状况总体向好，粮食作物播种面积小幅波动略有减少，粮食总产量平稳增加，粮食单产逐年增加；小麦、玉米、马铃薯是甘肃省主要的粮食作物种类。

1. 粮食作物播种面积

2010～2016 年，甘肃粮食播种面积基本保持在 280 万公顷以上，2017 年、2018 年分别下降到了 278.25 万公顷、264.50 万公顷。与 2017 年相比较，2018 年粮食播种面积减少了 13.75 万公顷，但小麦、玉米、马铃薯的播种面积合计增加了 7.50 万公顷，减少的播种面积主要是小杂粮等低产粮食作物，粮食作物结构更加优化。

小麦、玉米、马铃薯是甘肃省的主要粮食作物种类，播种面积从 2010 年的 84.31% 逐步提高到 2018 年的 94.91%。其中小麦播种面积小幅度缩减，玉米增加幅度较马铃薯略大，小麦面积总体保持在 73.33 万公顷以上，玉米、马铃薯面积分别在 100 万公顷、66.67 万公顷左右。主要粮食作物的种植结构相对稳定，小麦播种面积占比小幅下降但稳定在 31% 左右，玉米占比小幅度波动上升至 40% 左右，薯类占比基本稳定在 29% 以下（见表 1）。

表1　甘肃省粮食作物播种面积

单位：万公顷，%

年份	小麦		玉米		马铃薯		三大类合计		粮食播种面积
	面积	比重	面积	比重	面积	比重	面积	比重	
2010	87.97	37.26	83.55	35.39	64.55	27.34	236.07	84.31	279.98
2011	86.16	35.97	85.17	35.56	68.17	28.46	239.50	84.52	283.37
2012	81.90	33.56	92.47	37.89	69.66	28.55	244.03	85.95	283.94
2013	80.16	32.54	96.65	39.24	69.50	28.22	246.31	86.16	285.87
2014	78.96	31.83	100.88	40.66	68.26	27.51	248.10	87.28	284.24
2015	79.48	31.80	103.78	41.52	66.67	26.68	249.93	87.70	284.96
2016	76.23	30.94	101.71	41.29	68.42	27.77	246.36	87.55	281.39
2017	76.20	31.29	97.00	39.83	70.33	28.88	243.53	87.52	278.25
2018	77.56	30.90	101.27	40.34	72.20	28.76	251.03	94.91	264.50

资料来源：甘肃农村年鉴编委会《甘肃农村年鉴》（2011～2019），中国统计出版社，2011～2019。

2. 粮食总产量

2010～2018年，甘肃省粮食总产量以年均2.32%的增长率平稳增加，2012年开始突破1100万吨，2015年最高达到了1171.13万吨。小麦、玉米、马铃薯三大类粮食作物对粮食总产量的贡献从2010年的86.25%逐步提高到2018年的97.32%（见表2）。

表2　2010～2018年甘肃省粮食作物产量

单位：万吨，%

年份	小麦		玉米		马铃薯(折粮)		三大类合计		粮食产量
	产量	比重	产量	比重	产量	比重	产量	比重	
2010	250.90	30.36	390.40	47.24	185.20	22.41	826.50	86.25	958.30
2011	247.50	27.44	425.60	47.18	228.90	25.38	902.00	88.90	1014.60
2012	278.50	27.25	504.10	49.32	239.50	23.43	1022.10	92.11	1109.70
2013	235.90	22.42	571.50	54.33	244.60	23.25	1052.00	92.37	1138.90
2014	271.60	25.29	564.50	52.56	237.89	22.15	1073.99	92.69	1158.65
2015	281.00	25.94	577.15	53.27	225.29	20.80	1083.44	92.51	1171.13
2016	267.77	25.40	560.56	53.16	226.07	21.44	1054.40	92.44	1140.59
2017	265.40	25.36	546.20	52.19	235.00	22.45	1046.60	92.76	1128.30
2018	280.50	25.03	590.00	52.66	250.00	22.31	1120.50	97.32	1151.40

资料来源：甘肃农村年鉴编委会《甘肃农村年鉴》（2011～2019），中国统计出版社，2011～2019。

三大类粮食作物的产量小幅波动增长，玉米增产幅度和对粮食总产量的贡献都较大。2018 年，小麦、玉米、马铃薯总产量分别增长到 280.50 万吨、590 万吨、250 万吨，对粮食总产量的贡献率依次为 25.03%、52.66%、22.31%；2012 年后，全省粮食产量突破 1100 万吨，有超过一半来自玉米对粮食总产量的贡献，得益于玉米全膜双垄沟播技术在全省适宜地区，尤其是广大旱作农业区的大力推广，玉米以平均 41% 的播种面积贡献了全省平均 51% 的粮食产量，在保障甘肃省粮食生产安全的同时，促进了养殖业的发展。

3. 粮食单产

2010～2018 年，甘肃省粮食单产以年均 3.05% 的增长率逐年增加，其中 2010 年最低为 3420 千克/公顷，2018 年最高达到 4350 千克/公顷，仅为当年我国粮食平均单产的 77%。

三大类主要粮食作物的单产呈微小波幅逐年增加，玉米平均单产最高为 5460 千克/公顷，小麦平均单产接近 3300 千克/公顷，马铃薯（折粮）平均单产略高于小麦为 3345 千克/公顷；小麦、马铃薯（折粮）单产的基本趋势以 2014 年为拐点，2014 年之前小麦单产略低于马铃薯（折粮），2014 年之后小麦单产略高于马铃薯（折粮）（见图 1）。

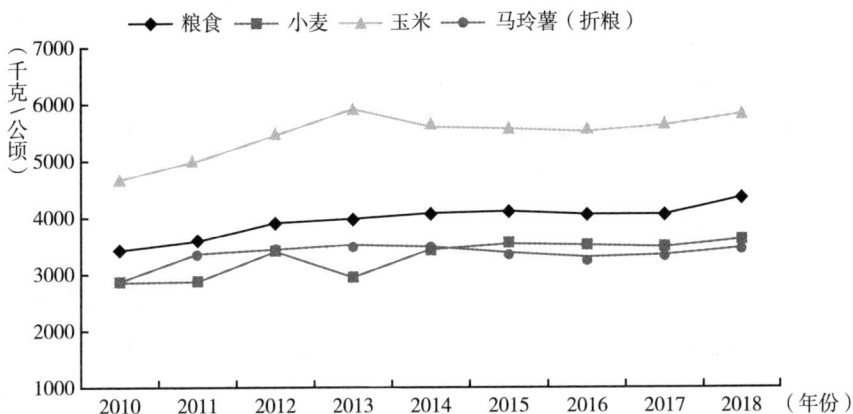

图 1　2010～2018 年甘肃省粮食单产变化趋势

将甘肃省2018年谷物单产与河南、山东、河北、四川等产粮大省和西北五省区的其他省份相比较，甘肃省谷物单产与以上产粮大省差距明显，在西北五省区居中间水平，略高于陕西、青海（见图2），甘肃省谷物单产还有较大的提升空间。

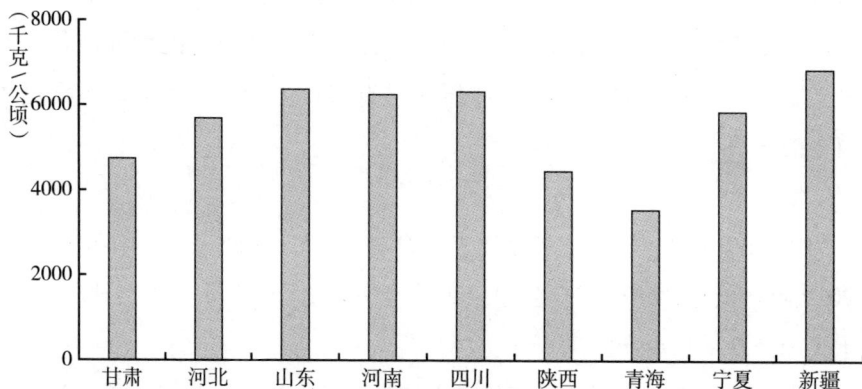

（千克/公顷）

图2 2018年省际谷物单产比较

4. 主粮品种结构及口粮自给率

甘肃省根据省情、农情和灾情，依据水资源需求吻合效应，大力发展降水期和作物需水期相吻合的玉米、马铃薯等高产秋粮，挤压了小麦等低产夏粮作物，实现了甘肃省粮食总产量与总需求的紧平衡，但主粮品种结构失衡，2018年，作为主要口粮的小麦和稻谷自给率仅为57.3%和3.07%，粮食作物"种"与"食"结构性矛盾突出。

（二）区域粮食生产分析

依据甘肃省农业生态类型、农业种植模式、生产技术体系及耕作制度等，将甘肃省14个市州的粮食生产划分为五大区域，分别为河西灌溉区（武威、张掖、酒泉、金昌、嘉峪关5市）；中东部旱作区（定西、庆阳、平凉3市）；中部沿黄灌区（兰州、白银2市）；陇南山区（陇南、天水2市）；高寒阴湿区（甘南、临夏2州）。以下重点分析区域粮食作物播种面积、区域粮食产量及单产等生产现状。

1. 甘肃省区域粮食作物播种面积

2008～2017 年，区域粮食播种面积波幅较小，总体较稳定，中东部旱作区、陇南山区、河西灌溉区、中部沿黄灌区和高寒阴湿区五大区域，10年平均播种面积依次保持在 113.33 万公顷、60 万公顷、40 万公顷、33.33 万公顷、16 万公顷（见图3），占全省粮食播种面积的比例依次为44%、22%、15%、13%、6%。中东部旱作区承担了全省主要的粮食播种面积任务，其次是陇南山区；中东部旱作区是甘肃省粮食生产的重点区域。

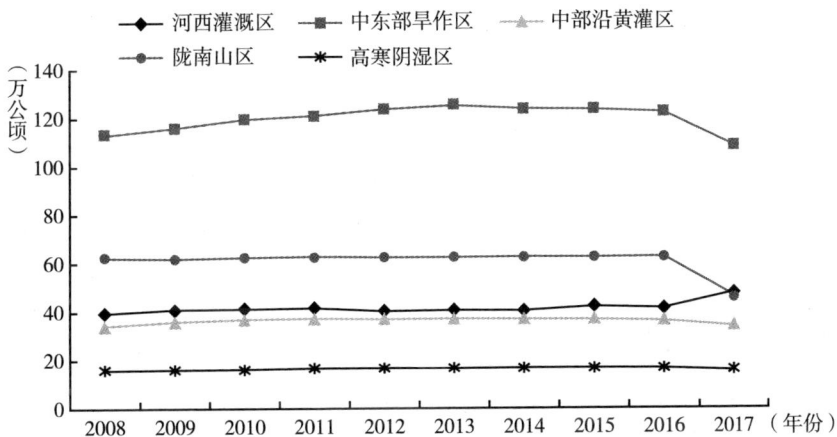

图3　2008～2017 年甘肃省区域粮食播种面积变化趋势

2. 甘肃省区域粮食产量

2008～2017 年，各区域粮食产量总体增长。中东部旱作区、河西灌溉区、陇南山区、中部沿黄灌区和高寒阴湿区五大区域，10 年平均粮食产量依次在 370 万吨、300 万吨、210 万吨、110 万吨、80 万吨左右（见图4），对全省粮食产量的贡献依次为 35%、27%、20%、11%、7%，中东部旱作区贡献最大，其次是河西灌溉区，这两个区域的粮食生产能力决定着甘肃省的粮食供给安全。

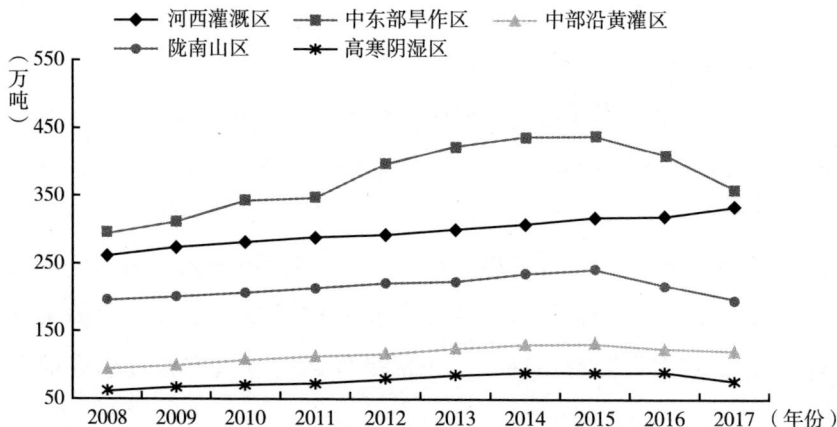

图4　2008～2017年甘肃省区域粮食产量变化趋势

3. 区域单产水平

2008～2017年，区域粮食单产总体增加，区域间单产水平差距明显（见图5）。以10年平均单产表示，河西灌溉区最高7200千克/公顷左右，其次是高寒阴湿区4650千克/公顷左右，陇南山区较低在3450千克/公顷左右，中部沿黄灌区、中东部旱作区处于全省最低水平在3150千克/公顷左右，甘肃省区域粮食综合生产能力差距明显。

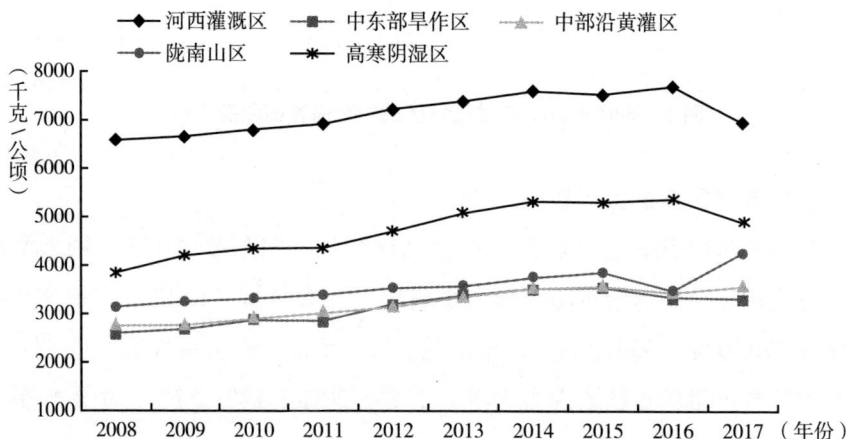

图5　2008～2017年区域粮食单产水平变化趋势

综合分析区域粮食生产，河西灌溉区粮食单产水平在全省最高，在甘肃省内粮食综合生产能力较强；中东部旱作区面积和产量都居全省首位，是目前甘肃省粮食主产区，但粮食单产处于全省最低水平，粮食综合生产能力较低；以陇南、天水为主的陇南山区，除陇南市有极少数优等地外，受大面积山旱地的影响，粮食单产水平在省内处于偏低水平；处于高寒阴湿区的甘南州、临夏州 2 个少数民族地区，是以畜牧养殖为主导产业的区域，粮食作物播种面积和产量都居全省末位。因此，提高广大旱作区的粮食单产水平，是未来甘肃省粮食增产的主攻方向。

二 甘肃省粮食生产条件分析

（一）耕地资源

1. 耕地面积基本稳定，稳定粮食播种面积难度增大

改革开放 40 多年来，甘肃省耕地面积总体稳定，2003 年最低为 339.87 万公顷，以后逐步恢复，目前稳定在 353.33 万公顷以上。粮食作物播种面积总体呈波动式减少态势，2003 年降到了 249.33 万公顷，是 40 多年来粮食作物播种面积的最低点；甘肃省采取系列措施恢复粮食播种面积，近年来，基本保持在 280 万公顷（见图 6）。粮食播种面积的波动，受国家宏观政策调控影响的同时，经济社会发展影响作用明显。伴随着工业化、城镇化进程的推进，农村劳动力大量转移，在粮食种植比较效益低的形势下，稳定粮食播种面积的任务更加艰巨。

2. 耕地质量等级整体偏低

甘肃省土壤肥力水平整体偏低，耕地地力基础贡献率平均为 47.73%，低于全国平均水平约 5 个百分点；中低产田数量占总耕地面积的 70% 以上，高于全国 5 个百分点；土壤养分含量低，82.5% 的耕地面积土壤有机质含量低于 20 克/千克。依照全国耕地质量划分等级标准（1~4 优等、5~8 高等、9~12 中等、13~15 低等），甘肃省耕地质量平均等级比全国平均 9.96 等低

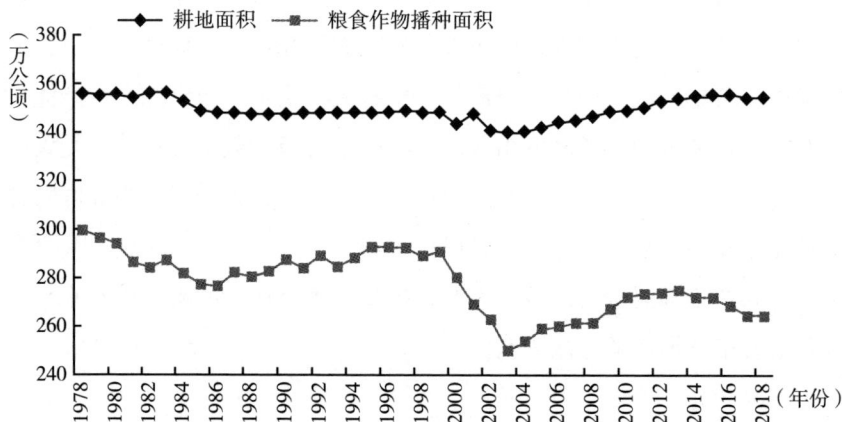

图6 1978～2018年甘肃省耕地面积和粮食作物播种面积变化趋势

3.14 等，全省无优等地，高、中、低等地占全省耕地的比例分别为0.01%、27.56%、72.43%。高等地仅为500公顷，主要分布在水肥气热条件较好的陇南市；分布在武威、酒泉、陇南和张掖4市的中等地占全省中等地总规模的67%；分布在定西、庆阳、天水、白银、平凉、陇南和兰州7市的低等地，占全省低等地总规模的83%。从平均等级看，嘉峪关、酒泉和张掖3市最高，平均等级分别是10.18等、10.49等和11.87等；庆阳、平凉和定西3市最低，平均等级分别是13.59等、13.69等和13.91等；平均等级最低的定西比最高的嘉峪关低3.73等。耕地质量等级差别在很大程度上决定了区域粮食生产能力的差异水平。

（二）水资源及肥料利用率偏低

甘肃省水资源紧缺，多年人均水资源占有量为全国的1/2，耕地亩均水资源约为全国的1/4，有效灌溉面积占耕地面积的33.67%。单方水粮食生产率约1.1千克左右，低于发达国家单方水粮食生产率2千克以上水平。肥料的增产贡献率为52.27%，低于全国4个百分点；肥料利用率平均19.53%，低于全国平均水平近10个百分点。

甘肃省水资源空间分布不均，部分开发利用困难。长江流域自产水资源量100亿立方米，开发利用率只有1.5%，省内唯一的长江流域地区陇南市即位于此；黄河流域自产水资源量约128亿立方米，开发利用率32%，中东部地区的定西、平凉、庆阳等省内粮食主产区地处该流域；内陆河流域自产水资源总量最少，仅有61亿立方米，开发利用率高达120%，河西灌溉区5市地处内陆河流域。黄河流域集中了全省70%的人口及GDP，但人均水资源量仅为全省平均水平的61%，不足全国平均水平的1/3；黄河耗水指标30.4亿立方米，人均仅167立方米，只有全国人均用水指标500立方米的33%，而且流域内水低地高，开发利用困难，制约了中东部旱作农业区的粮食综合生产能力；内陆河水少地多、水高地低，开发利用过度，生态用水与经济社会发展用水矛盾突出。中东部旱作区所处的黄河流域和河西灌溉区所处的内陆河流域是甘肃水资源供需矛盾最为突出的两个区域。因此，提高广大旱作区的粮食单产水平及河西灌溉区的节水利用效率，挖掘粮食增产潜能，是未来甘肃省提高粮食综合生产能力的努力方向。

（三）生态环境条件约束趋紧

甘肃省生态环境脆弱，山地和沙区占土地总面积的90%以上。农业生态系统退化明显，45.8%的土地荒漠化，28.6%的土地沙化，90%的天然草原不同程度退化，66%的土地面积出现水土流失，在工业化发展、城镇化推进、经济快速发展等多重压力下，资源环境的约束瓶颈作用加剧。

（四）自然灾害的不确定性增大

甘肃省旱灾、暴洪、霜冻、冰雹、大风、沙尘暴、干热风等自然灾害频发，随着全球气候变暖，多种气象灾害、生物灾害发生的不确定性增大，对粮食稳定生产构成了较为严重的威胁。1978~2018年，甘肃省年均受灾面积132.22万公顷，占耕地面积的37.31%，其中有多年受灾面积超过了 166.67 万公顷，受灾较严重年份，受灾面积超过了 200 万公顷；年均干旱受灾面积 81.10 万公顷，占受灾面积的 61.33%，旱灾是影响粮食稳产高产最主要的灾害类型。2011 年以前，粮食作物成灾面积基本在 66.67 万公顷以上，2012 年以后呈下降趋势，但年均仍有 33.33 万公顷成灾。

（五）技术储备面临新挑战

2017 年，甘肃省小麦、玉米、马铃薯单产比 2000 年分别提高了 58%、22%、36%，以全膜双垄沟播技术为核心的旱作农业技术的突破与深度转化，显著提高了旱地粮食作物单产，稳定了甘肃省粮食生产大局，甘肃农业实现了由被动抗旱向主动抗旱的历史性转变。排除农业本身生产周期长等属性原因，从目前科技创新的实际情况判断，甘肃省农业科技投入强度不足、农业科研投入不均衡的结构性问题突出，导致支撑粮食增产的技术储备明显欠缺。在灌区粮食生产潜力已发挥到较高水平、旱作技术和种质资源创新在短期内难以取得重大技术性突破的情况下，粮食大幅度增产的技术攻关难度面临新挑战。

（六）粮食生产的经济比较效益逐年下降

基于 2008～2017 年粮食生产成本收益数据，分析粮食作物种植的比较经济效益。与甘肃省特色经济林果－苹果、高原夏菜－花椰菜相比较，小麦的成本收益率最低，从 2010 年后连续亏损，马铃薯成本收益率基本持平，玉米的成本收益率持续下降。2017 年，苹果、花椰菜、马铃薯、小麦、玉米的成本收益率依次是 16.4%、14.57%、－8.12%、－39.64%、－44.49%（见图 7），苹果、花椰菜的现金收益分别是小麦的 26.3 倍、12.2 倍。受粮价小幅增长及人工费、机械费和农资价格大幅上涨因素影响，各类补贴不足以弥补和抵消粮食生产成本的增长，主要粮食作物种植效益和经济比较效益逐年下降，影响了粮食生产的积极性。

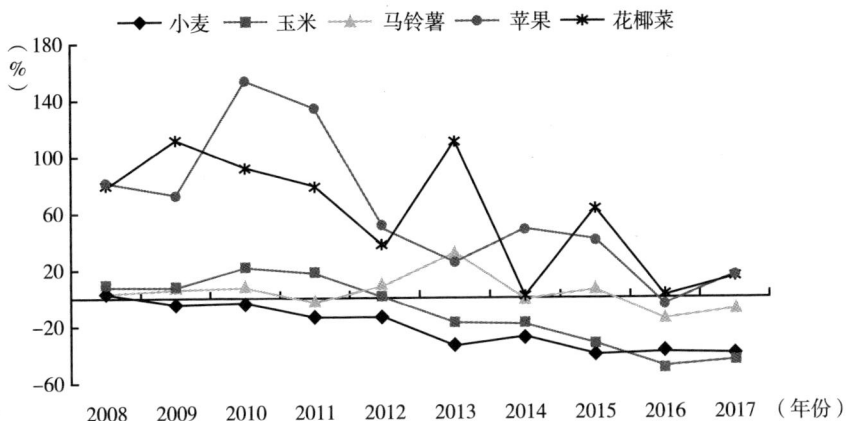

图7 2008~2017年甘肃小麦、玉米、马铃薯、苹果、花椰菜成本收益率变化趋势

三 新时期甘肃省粮食发展的对策建议

（一）千方百计稳定粮食播种面积

甘肃省长期面临扶贫攻坚、城镇化推进、生态建设、粮食安全等"多头争地"局面，耕地面积持续减少不可逆转，随着人口增加及饲料、食品、工业用粮等需求增长，粮食刚需增加不可逆转。未来必须最大限度地将全省粮食播种面积保持在273.33万公顷以上，其中小麦、玉米、马铃薯分别稳定在73.33万公顷、100万公顷、66.67万公顷左右，特色小杂粮调减在33.33万公顷左右，同时严把耕地质量占补平衡关，以确保粮食生产与经济社会、生态建设的协调发展。

（二）寻求粮食生产的技术突破和提升

以中东部旱作农业区、河西灌溉区两大稳定甘肃省粮食生产大局的关键区域为核心，建设甘肃省粮食生产主体功能区，中东部旱作农业区重点改善耕地质量，依靠科技突破，探索关键增产技术的集成创新，挖掘旱作粮食单产潜能；而开展绿色农业示范引领、提高有限水资源的节水利用效率，是河西灌溉区长期不可松懈的科技攻关主题。

（三）进一步优化粮食区域布局及品种结构

以供给侧结构性改革为先导，布局甘肃省粮食生产及品种结构。稳定小麦播种面积，改善品质及品种结构，促进规模种植，创新优质小麦品牌，逐步提高小麦自给水平，将口粮饭碗牢牢端在自己手中；稳定全膜玉米面积，调整优化全膜玉米种植结构，增加粮饲兼用玉米和饲用玉米面积，保障肉类消费供应能力提升；适度扩大马铃薯种植面积，引育推广高淀粉型、油炸型、全粉加工型等加工专用品种；改善山旱地农业生产条件，适度规模发展具有市场竞争力的优质特色小杂粮。

（四）坚持绿色优质发展，应对资源约束瓶颈

针对甘肃省粮食生产的资源约束性条件，遵循绿色发展理念，将中东部旱作节水技术突破和河西、沿黄灌区高效节水灌溉技术作为农业水资源高效利用的核心抓手，提高水资源高效利用；落实"改良土壤、培肥地力、保水保肥、控污修复"等耕地质量提升措施，建设基础地力提升、盐碱地改良、高标准农田扩大、耕地质量快速培肥工程，促进耕地质量全面提升；开展粮食绿色增产科技攻关，加大农机农艺融合力度，全面促进粮食生产绿色增长；实施小麦、马铃薯等粮食作物重大病虫害综合防控行动，加强突发农业灾害技术攻关及应急防控能力建设，提高粮食生产防灾减灾能力，稳定增加优质粮食产量。

（五）强化行政推动及财政支持

粮食具有基础性刚需属性，仅靠市场调节难以解决供需矛盾。在当前粮食生产比较效益仍然比较低的情况下，稳定发展粮食生产必须切实改革粮食补贴政策机制，完善粮食主体功能区的利益补偿机制，将粮食补贴资金与粮食生产直接挂钩，确保粮食补贴资金切实用于粮食生产的低效益补贴。农田

水利、高标准农田、农业机械装备等都是粮食生产的基础保障条件，要把农田水利建设放在突出位置，从全省水源涵养能力提升、水资源合理优化配置的全局出发，统筹谋划，稳步推进水利工程建设，持续增加有效灌溉面积，提高粮食综合生产能力。另外，在防范重大灾害、推广重大技术等方面，都需要依靠强有力的行政推动和持续的财政力量扶持。

（六）开拓好两个市场，利用好两种资源

利用国内资源，长期稳定建立与黑龙江、吉林、河南、河北、新疆、山东等国内粮食主产区的粮食产销合作关系，缓减甘肃省粮食结构性矛盾突出问题。同时，抢抓机遇，积极争取国家相关部门制定政策倾斜，加快甘肃省粮食口岸及丝路寒旱粮食物流节点建设步伐，打通甘肃省通向中亚、西亚及欧洲的商贸与粮食物流通道，将甘肃省粮食安全融入"一带一路"，利用海外市场和资源解决粮食结构性矛盾和破解农业生产资源约束瓶颈。

四　结论

我国正处在"十三五"收官和"十四五"开局的重要时期，是"精准扶贫"与"乡村振兴"并行推进的重要历史时期。"十四五"时期，是我国社会主义现代化建设新征程转换增长动力的关键阶段，与此同时，我国粮食安全将面临国际宏观经济环境更加复杂、贸易争端风险显著增加等引发的新挑战。

甘肃省地处内陆，经济欠发达，农民人均纯收入居全国较低水平，购买力较低，外向依赖型的粮食安全具有多变性和不可靠性。如遭遇重大灾害和疫情暴发等突发事件，粮食市场波动、粮价高位运行、非常时期物流运输不畅等因素叠加，都将增加粮食安全供给的压力和风险。随着人民生活水平提高，居民饮食结构改善，粮食消费多元化趋势明显，结构性矛盾加剧；城镇化进程的推进，耕地资源、水资源以及农业劳动力等资源约束趋紧，都会加剧对甘肃省粮食安全能力的考验。"十四五"时期，将是甘肃省粮食安全防

风险的凸显期，是应对重大突发事件能力的提升期。首先必须确立粮食安全底线思维，立足本省粮食生产实际，实施有"丝路寒旱特色"的粮食安全战略，克服寒旱生境对粮食增产的制约，推进粮食供给侧结构性改革，实施"降耗增绿"，推动粮食产业高质量发展，推广农机装备智能技术，大幅度降低粮食生产成本；发挥大数据技术在应对自然灾害、病虫灾害等方面的作用，有效降低成灾率，将科技真正转化为粮食生产力。并以开放性思维，依靠国内国际两个市场、两种资源，缓减甘肃省粮食结构性矛盾，化解地区性粮食生产短缺及粮食生产资源约束趋紧问题，确保乡村振兴战略顺利推进和经济社会、生态建设协调发展。

参考文献

崔增团：《提升耕地质量 促进农业可持续发展》，《发展》2013 年第 10 期。

方言：《以"三稳"筑牢我国粮食安全底线》，《农村工作通讯》2020 年第 10 期。

韩卫江：《紧扣我省发展实际 全力保障粮食安全》，《甘肃日报》2013 年 10 月 15 日，第 4 版。

王永春、王秀东：《改革开放 40 年中国粮食安全国际合作发展及展望》，《农业经济问题》2018 年第 11 期。

金三林、柳岩、刘乃郗：《全球粮食安全长期趋势对中国的影响及战略》，《中国发展观察》2018 年第 9 期。

梁仲科、李福、潘新：《构筑甘肃粮食安全的长效机制》，《甘肃农业》2015 年第 4 期。

倪洪兴：《世界粮食安全形势及对我国的启示》，《中国党政干部论坛》2014 年第 9 期。

尚勋武：《保持战略定力确保粮食安全》，《人民政协报》2020 年 5 月 14 日，第 7 版。

魏胜文：《促进农业科技进步 保障全省粮食安全》，《甘肃日报》2013 年 12 月 27 日，第 11 版。

杨祁峰：《发展特色优势产业 狠抓农村环境治理 强化粮食增产 增加农民收入》，《甘肃农业》2014 年第 3 期。

G.6
甘肃省农业保险发展报告[*]

乔德华^{**}

摘　要：　民以食为天，农业是人类赖以生存和发展的基础。但农业承
　　　　　受着自然风险和市场风险的双重压力。加强农业风险管理，
　　　　　强化农业保险制度，对保障粮食安全、食品安全意义重大。
　　　　　本文系统梳理了国内外农业风险管理、农业保险制度建设的
　　　　　经验和做法，采用文献研究、实地调查、专题访谈等方法，
　　　　　对甘肃省农业保险发展现状进行了调研分析，指出目前存在
　　　　　的七个主要问题，从优化农业保险政策措施、强化政策性农
　　　　　业保险组织实施体系建设、加强农业灾害预警及防控体系建
　　　　　设、建立健全省级农业保险基金制度、合理拓宽扶贫专项资
　　　　　金使用范围、加强农业保险政策及相关技术研究、完善农业
　　　　　保险基础设施建设等七个方面，提出了加快农业保险高质量
　　　　　发展的对策建议。

关键词：　农业风险管理　农业保险制度　甘肃省

　　农产品具有生产周期长、自然风险高、需求弹性小而生产弹性大等特点。加强农业风险管理，强化政策性农业保险措施落实，是推动农业高质量

　＊　基金项目：甘肃省哲学社会科学规划重点招标课题"后扶贫时代甘肃省解决相对贫困问题的
　　　长效机制研究"（20ZD005）阶段性成果。
　＊＊　乔德华，甘肃省农业科学院农业经济与信息研究所所长，研究员，国家注册咨询工程师，主
　　　要研究方向为农业产业化、区域农业经济及反贫困问题。

发展、保障农民收入稳定增长、促进农业产业健康稳定运行的迫切需要，是确保粮食安全和主要农产品有效供给、推进农业农村现代化进程的重大课题，是事关"三农"工作全局的一件大事，是我国防范化解重大风险的重要内容。

一　农业风险管理

（一）农业风险来源及主要农业风险

农业生产高度依赖土、水、气候等自然资源，同时受制于自然条件和市场因素的双重约束，自然再生产和经济再生产相互交织是农业生产经营的重要特点，由此带来的不确定性远远高于其他经济活动。因此，相对于其他产业来说，农业产业的风险最为集中、最需要进行风险管理。

农业风险主要来源于五个方面：一是生产风险，如农业生产过程中遭遇的灾害性天气、农作物病虫害，动物疫病以及意外伤害等自然风险。二是市场风险，主要是农业生产资料和农产品市场价格波动引起的价格风险。三是制度风险，主要是农业支持政策或环境保护政策实施，增加或降低了某些农产品的供应量，引发农产品收益发生波动。四是技术风险，如技术不成熟、技术使用不当或技术措施落实不到位等原因造成的农产品生产经营受损。五是环境风险，主要是指农业环境污染和生态破坏，严重影响农业生产，造成减产或品质下降。

1. 生产风险是我国目前最主要的农业风险

我国属农业风险多发频发国家，自然灾害种类多、分布广、发生频繁、造成损失严重，使我国农业生产承受着较大的生产风险。世界上七大类45种自然灾害在我国几乎都有发生，其中冰雹、霜冻、干旱、洪涝、风沙、台风、龙卷风、暴风雪等是我国的主要自然灾害。

据国家统计局统计，我国有35%的耕地、60%的农业总产值每年都可能遭受洪涝灾害的严重威胁；在我国南方地区特别是长江流域，洪涝灾害发生频繁，近 50 年来，平均每年受灾面积 848 万公顷。我国有 45% 的国土属于干旱、半干旱地区，干旱受灾面积占总受灾面积的 60% ~ 70%，每年因旱灾减产粮食 1000 万吨以上；干旱主要发生在黄淮海地区和西北地区。

威胁甘肃省农业生产的灾害性天气主要有晚霜冻、强降温、冰雹、大风、干旱、沙尘暴、暴雨等，其中晚霜冻和冰雹威胁较大。据甘肃省 34 个气象台站监测，全省常年累计出现冰雹 89 次（日）、累计出现晚霜冻 3289 次，其中陇东大部分地区及陇南北部出现次数较多。如 2018 年 4 月上中旬甘肃中部地区连续发生两次大范围低温冻害天气，使苹果、核桃、梨、杏、桃等果树遭受不同程度的花期冻害，坐果率明显下降；2019 年 4 月上中旬陇东及中南部地区又连续发生两次大范围严重低温冻害天气，致使冬小麦大面积受冻，使苹果、花椒等果树遭受花期冻害，减产歉收严重。

2. 市场风险是我国农业重要风险之一，其重要性在不断增强

价格是市场经济的"核心"和"灵魂"。价格波动引发的市场风险是市场经济的必然伴生物，农产品价格波动使各类农业生产经营主体时刻面临着因价格变化而遭受经济损失的风险。如阶段性的"卖粮难、卖菜难、卖肉难、卖果难"等问题时有发生，农民增产不增收，对新型农业经营主体的发展壮大影响也很大。

随着国内国际双循环新发展格局的逐步健全完善，农产品市场的开放程度会更高、竞争会更加激烈，农业市场风险发生的可能性、危害性也会更大，并可能超越自然风险成为我国农业生产经营面临的最主要风险。

（二）农业风险特征及农业风险影响

由于农业风险的承受对象是有生命的动植物群体，其价值形成有其特殊性。农业风险除具有一般风险的共性特征外，还具有一些特质性，这些特质性也可为农业风险管理提供相应的启迪。

一是农业风险的系统性很强，具有高度的相关性——需要采取综合防范措施；二是农业风险具有明显的区域性和季节性——需要针对具体情况区别对待；三是农业风险具有不确定性和广泛的伴生性——需要加强事先防范、

多措并举；四是农业风险具有风险事故与风险损失的非一致性——采取有效措施可能降低损失；五是农业风险具有风险评估的复杂性——需要借助专业团队进行科学评估；六是农业风险具有发生频率高、损失大的性质——需要农户提高投保意识、保险公司加强互保或再保险。农业风险对"三农"工作的影响主要表现在三个方面。

1. 不利于保持农民收入稳定增长

据统计，我国平均每年因干旱、洪涝、霜冻、冰雹等灾害性天气造成农作物受灾面积约 4000 万公顷。我国现阶段仍是以小农户生产为主的农业大国，农业减产或"丰产不丰收"，直接影响农民继续生产的积极性。

2. 阻碍农业及农村经济的发展

一是通过影响农户生产行为影响农业经济发展；二是通过影响新型农业经营主体影响农产品生产供应；三是通过影响农村金融发展影响农业农村经济。

3. 不利于国民经济的全面协调发展

一是农业风险严重威胁农产品或原材料的稳定供应，甚至威胁粮食安全、食品安全；二是农业风险的发生极大加重了各级政府的财政负担；三是农业风险的存在使农业成为国民经济全面协调发展的瓶颈，成为我国全面现代化的短板。

（三）农业风险管理策略

广义的农业风险管理包括许多方面，狭义的风险管理主要集中在农产品的产销环节。农产品风险管理有两种途径：一种是通过购买农业保险进行风险规避，另一种是采取相应技术措施进行风险管控。生产阶段的自然风险可通过购买成本保险、产值保险进行避险，同时应根据天气变化、农作物病虫害预警及动物疫情及时采取有效应对措施；销售环节的市场风险主要通过购买价格保险保障基本收益，或通过期货市场进行套期保值，同时可采取冷链、仓储等措施错峰销售。从风险管理的具体时段和及时程度又可分为事前风险管理和事后风险应对两种策略。

1. 事后风险应对的明显缺点

事后风险应对的缺点主要体现在四个方面：（1）灾后大量灾害救济资金需求对国家财政带来很大冲击；（2）救济资金的利用效率不高，还存在分配过程中"谁受益"的问题；（3）灾后救济毕竟是"亡羊补牢"，农民及新型农业经营主体已经或多或少地受到了经济损失；（4）不利于实现减灾救灾激励目标，难以形成有效的灾害风险管理奖励机制。

2. 事前风险管理的显著优点

相对于事后风险应对来说，事前风险管理的优点集中体现为：（1）减少农业风险发生的可能性；（2）减轻灾害救济资金需求对各级政府财政支出的巨大压力；（3）降低农业风险给农民及新型农业经营主体造成的损失程度；（4）有利于构建起有效的"风险防范与受损赔付"相结合的灾害风险管理激励机制，实现减灾救灾激励目标。

事前风险管理应依托农业科研、教学等单位的人才技术优势，于灾前、灾后提出针对性的救灾、减灾技术措施，有效防范或降低灾害损失；同时帮助保险公司对受灾情况进行科学评估，合理确定保险理赔金额。如通过加强灾害性天气、农作物病虫害、动物疫情的监测预警，及时发布预测预报信息，采取区域联防联控等有效应对措施，尽量减轻风险危害、降低灾害损失。在人工干预天气方面，一是在干旱时根据天气预报，可实施人工增雨作业；二是在冰雹或雷雨来临之际，采用火箭炮、直升机等进行冰雹、暴雨消解；三是在霜冻或强降温到来之前，及时采取防霜、防冻技术措施。

二　农业保险制度

（一）国外农业保险制度概况

农产品作为"准公共产品"，其保护制度的制定实施受到各国的普遍重视。发达国家农业保险已有较长的发展历史，美国、加拿大的实践证明，完全商业化经营的农业保险鲜有成功。经过各国的长期实践探索，现已形成了四种主要模式，即加拿大模式——政府直保（政府设立农业专业保险公司）；美国模式——政府主导、商业运作（1980 年前为政府直保）；西欧模式——相互保险（如德国、法国、荷兰、芬兰等）；东亚模式——互助合作（如日本农业合作保险组织）。

（二）我国农业保险发展简史

我国农业保险起步较晚，近 30 年发展较快。期初我国一直将农业保险作为商业保险的一个分支进行探索。2002 年我国《农业法》首次将农业保险界定为"政策性保险"；2004 年中央一号文件首次提出"加快建立政策性农业保险制度"，此后连续 16 个中央一号文件均提出要大力发展政策性农业保险。从 2007 年起，中央财政开始实施"农业保险保费补贴"，使农业保险从商业性财产保险真正走上了政策性农业保险之路，开启了我国农业保险发展的新纪元。

（三）健全农业保险制度的重要意义

民以食为天。农产品数量安全、质量安全，以及农业产业的健康持续发展，不仅是重要的经济问题，而且是重要的社会问题和政治问题。我国必须持续采取强有力措施，通过实施"米袋子"省长负责制、"菜篮子"市长负责制，实现"藏粮于仓、藏粮于地、藏粮于技"，使 14 亿人口的饭碗牢牢端在自己手中。近 10 年来，我国农业保险虽然取得了长足发展，但还远远不能满足形势发展的迫切需要。突出问题是政策性农业保险因职责单位不明而缺乏组织实施主体，商业性保险公司又认为农业保险实施难、风险大而积极性不高；加之许多农户及新型农业经营主体负责人参保意识不强或因怕花钱而不愿投保，一旦发生自然灾害或市场风险则"听天由命"，不但影响当年收入，甚至使多年的发展基础受到重创而失去信心。如镇原县南川乡一个养羊合作社曾因羊传染病流行而造成严重损失，使合作社直接解体而且背上了沉重的债务负担。因此，加强农业保险工作，为农业生产经营者撑起"保护伞"，是确保农业产业健康稳定发展的重要措施。

党中央、国务院十分重视农业保险工作。习近平总书记强调指出，农业保险一定要搞好，财政要支持农民参加保险。李克强总理专门召开国务院常务会议，专题研究讨论农业保险问题。党的十九大报告明确提出，坚持农业农村优先发展，完善农业支持保护制度；十九届五中全会再次强调，健全农村金融服务体系，发展农业保险。健全农业保险制度的重要意义主要体现在四个方面：（1）农业保险是农业现代化发展的重要保障制度；（2）政策性农业保险是中央强农惠农政策的重要措施；（3）政策性农业保险是应对自然灾害和市场风险的重要手段；（4）政策性农业保险是提高补贴资金利用效率的内在要求。

（四）农业保险的职能和作用

对于国家和政府而言，农业保险是保护农业产业发展和降低农民收入波动的一种政策性工具；对于农民和新型农业经营主体来说，农业保险是转移农业风险、获取灾害补偿的财务手段；对于保险公司和其他代理经营者来说，农业保险是其实现社会效益并实现自身经济效益的一个重要途径。

农业保险的重要作用具体表现在六个方面：一是有利于降低农业风险对农业产业健康持续发展的威胁，减少自然灾害损失，减轻农产品市场风险，提高农业经济的稳定性；二是有利于加强农业保护，发挥农业保险对经济发展的乘数促进效应，提高农产品国际竞争力；三是有利于弥补财政救灾资金不足，减轻政府灾后救灾资金筹措负担；四是有利于促进农业产业化、农村经济市场化发展；五是有利于保障农业投资安全，改善农民和新型农业经营主体的信贷地位，促进农村金融发展；六是有利于解除农民和新型农业经营主体的后顾之忧，改善精神面貌，增强发展信心。

（五）我国农业保险的制度内涵

2012 年，国务院颁布实施《农业保险条例》，明确提出了我国政策性农业保险的发展原则是"政府引导、市场运作，自主自愿、协调推进"，这是我国总结国内外农业保险成功经验，形成的比较适合我国国情的农业保险模式，即"政府支持下的保险机构经营农业保险业务"——政府与市场结合模式，这种中国特色的农业保险模式具有开放性、包容性、政策性、合作性等特征。根据政府参与程度，我国农业保险经营模式有七种具体表现形式：（1）政府支持、多家保险公司参与模式（如甘肃省）；（2）多家保险公司组成共保体经营模式（如浙江省）；（3）政府和保险企业联办共保模式（如江苏省）；（4）农经部门参与、保险企业经营模式（如东北地区）；（5）独家专业农业保险公司经营模式（如上海安信农保公司）；（6）中外合资保险企业经营模式（如中航安盟保险公司）；（7）互助合作保险机构经营模式（如中国渔业互保协会）。

2019年5月，财政部联合相关部委印发的《关于加快农业保险高质量发展的指导意见》（以下简称《意见》）指出，"农业保险是分散农业生产经营风险的重要手段，对推进现代农业发展、促进乡村产业振兴、保障农民收益等具有重要作用"，这赋予了农业保险明确的政策目标，要求其承担一定政策职能；并突出强调农业保险提质增效、转型升级的具体要求，提出一系列加快农业保险高质量发展的创新性举措，使我国农业保险的发展目标更加明确，顶层设计更加统一，财政支持更加有力，地方责任更加清晰，基础设施更加完善，管理要求更加严格；还对提高农业保险服务能力、优化农业保险运行机制、加强农业保险基础设施建设、做好组织实施工作等方面进行了具体部署。同时有效拓展了农业保险的内涵和外延，将农业生产设施、农民意外伤害等一并纳入农业保险服务范围，更能满足农户多元化的风险保障需求。另外，要求各地加强农业保险赔付资金与政府救灾资金的协同运用，积极探索"农业保险＋"，推进农业保险与信贷、担保、期货（权）等金融工具联动。此《意见》的出台实施，标志着我国农业保险进入了高质量发展的新时期。

协同推进是开展农业保险工作的一项重要原则，但2019年以前，我国在政策性农业保险实施过程中组织牵头部门不明确，致使各级政府在推动农业保险工作中难以形成合力，严重影响到农业保险政策的落实效果。为加强顶层设计、加大协同推进力度，并根据我国农业保险保费80%来源于各级财政补贴的实际情况，《意见》明确提出，由财政部会同中央农办、农业农村部、银保监会、林草局等部门成立农业保险工作小组，统筹规划、协同推进农业保险工作，这是我国农业保险制度顶层设计的创新性举措。同时要求各省市区成立由财政部门牵头的农业保险工作小组，协调农业保险供需两方面具体要求，统筹推进当地农业保险工作，真正把《意见》各项举措落到实处。

（六）我国农业保险事业发展特点

从 WTO 规则来说，我国农业保险保费补贴总体上属于世贸组织"绿箱"政策范围，但还具有较大发展余地。从国内农业保险实践来看，发展农业保险可实现政府救灾由"行政决策""政府管理"向"市场契约""保险理赔"转变，成为保障农业产业、维护农民利益的重要抓手。我国农业保险发展的主要特点有五个方面：一是农业保险业务升华为国家农业政策——政策性农业保险；二是农业保险规则发展为专项保险制度——《农业保险条例》；三是农业保险由普通保险业务扩展到广阔的保险领域；四是农业保险由单一保险延伸为综合性的金融服务；五是农业风险保障能力赢得了社会广泛认可。

目前，我国已成为全球第二大农业保险国家，用不到 20 年时间走过了发达国家近百年的发展历程，农业保险事业发展成效显著。但与党中央、国务院目标要求相比，与农业风险保障需求相比，与国际先进水平相比，我国农业保险还有很大发展空间。目前，我国农业产业保险仍以直接物化成本为主，总体保障水平依然偏低；农业保险产品供给、保险机构服务水平与农业现代化和乡村产业振兴的实际需求还有很大差距。我们必须认清差距，加快推动农业保险高质量发展。

（七）我国农业保险发展模式及发展目标

目前，我国农业保险模式可归纳为五种：一是成本保险，大田农作物多为生产成本保险，对农业生产者来说，其特点是投保面积大、保费支出少、保险收益低；二是产值保险，大部分养殖业、设施种植业采用此种模式，其特点是既包括生产成本，又包含产值目标，因此较为科学；三是收益保险，种植业、养殖业均可采用此种模式，其特点是既包括自然风险，又包含市场风险，保险业务的综合性强、收益评估较难；四是指数保险，如气象指数、价格指数等，以区域性气象因素指标和产品市场价格等信息化大数据为基础，通过科学测算确定某个区域或某种农产品的受损程度和赔付比例，此种模式具有较强的科学性、合理性，但气象指数、价格指数的获得具有一定的滞后性，目前实际应用较少；五是综合保险，如"保险＋期货""互保""联保""共保""再保"等，对于农业保险的承保者来说，这些措施的运用可有效降低自身承保风险。

近年来，财政部不断加大对农业保险的支持力度。2016～2018年，中央财政分别拨付农业保险保费补贴158.3亿元、179亿元、199亿元，仅2018年就为1.95亿户次农户提供农业风险保障3.46万亿元，财政补贴资金放大效应达174倍。目前，我国农业保险在金融服务"三农"中居领先地位，至2019年底，全国有农业保险基层服务网点40万个，农业保险服务人员近50万人，农业保险覆盖面达到100%的县区、95%的乡镇和50%的行政村，农业保险深度（保费收入/地区生产总值）为0.88%、农业保险密度（保费/农业从业人口）为286元/人。

《关于加快农业保险高质量发展的指导意见》提出，到2022年，我国三大主粮作物农业保险覆盖率达到70%以上，收入保险成为农业保险的重要险种，农业保险深度达到1%，农业保险密度达到500元/人；到2030年，农业保险持续提质增效、转型升级，我国农业保险总体发展基本达到国际先进水平，实现补贴有效率、产业有保障、农民得实惠、机构可持续的多赢格局。目前，我国广大农户及新型农业经营主体日益增长的产业风险保障需求还难以得到有效满足，保费缴纳动态调整和无赔款优待机制尚未完全落实到位，农业保险理赔不及时、赔付不足额等问题时有发生。为切实提高农业保险发展质量，《意见》将提升农民获得感作为评价农业保险成效的关键因素和推进农业保险发展质量的主要着力点。

三 甘肃省农业保险发展现状

2019 年 3~4 月，笔者参加了甘肃省政协组织的全省农业保险监督性视察，先后赴武威、张掖、临夏三市州及天祝、凉州、甘州、民乐、和政、积石山等六县区，对当地农业保险体系建设、运行机制、实施效果、农户反映、存在问题等情况进行了实地调研。调研组深入农户详细调查农牧民对农业保险政策的了解程度及投保意愿，近年大田作物、经济林果、设施蔬菜、家庭养殖业的投保情况、理赔受理时限、获得赔付的满意度；实地走访种养大户、农民专业合作社、农业产业化龙头企业了解其参与农业保险的积极性，带动建档立卡贫困户脱贫致富的责任心，以及农业保险制度对促进产业发展的作用效果；现场查看各类参与农业保险制度实施的商业性保险公司基层业务网点建设、人员配备及近年业务开展情况；组织市州及县区政府、政协相关部门召开农业保险专题座谈交流会，与当地农业、畜牧、林草、气象、财政、金融、保监、发改、扶贫以及保险公司等部门负责人，详细交流农业保险发展情况，深入探讨目前农业保险政策实施过程中存在的主要问题。并于 2019 年 3 月和 6 月两次参加了全省农业保险体系建设及作用发挥情况协商座谈会，听取了甘肃省政协部分常委/委员、省直相关厅/局长、部分市县政协负责人，以及省内相关专家学者对甘肃省农业保险发展的现状介绍、问题分析和对策建议，对全省农业保险事业发展有了全面认识，并进行了深入思考。

（一）农业保险政策体系建设取得新进展

2018 年 7 月，甘肃省政府出台了强农惠农新政策《甘肃省 2018~2020 年农业保险助推脱贫攻坚实施方案》（以下简称《方案》）（甘政办发〔2018〕126 号），构建起了中央、省级、市县补贴险种相互补充的风险保障体系；同时开发了保险扶贫专属产品"甘肃省种养产业综合保险"，为贫困户种养产业提供一揽子菜单式保险，实现了贫困户种养产业全覆盖和自然灾害与市场风险全覆盖。这标志着甘肃省农业保险已经走在全国前列；特别是随着《方案》的颁布实施，农业保险覆盖品种之广、惠农强度之大，在国内处于领先地位。《方案》的目标是保障农户收入稳定增长；原则是"增加品种、扩大面积、提高保额、降低保费"；总要求是"成本垫底、收益托底、六大产业全覆盖"，并做到"三年兜底、五年平衡，区分特点、精设品种，普惠与特惠兼顾，贫困户一户不落"；保险责任覆盖因自然灾害、动物疫病、意外事故、植物病虫害、产品价格波动等因素，导致广大农户和新型农业经营主体种养产业直接或间接损失的全部风险。

自2018年起，甘肃省除继续实施中央财政补贴的10个种养产业成本保险，以及苹果、中药材2个省级补贴品种收入保险外，新增了肉牛、肉羊成本保险，高原夏菜、育肥猪目标价格保险，设施蔬菜、鸡收入保险等6个省级保险补贴品种。并将马铃薯、玉米等5个中央补贴种植业保险品种平均每公顷保额从6000元提升为7800元，平均保险费率从5.6%降低到3.6%；苹果每公顷保额从30000元提升为60000元，保险费率从6%降低到4.5%。

为减轻贫困户保费缴付压力，充分体现贫困户特惠原则，从2019年起，将省级保险补贴品种的省级、市县财政补贴和贫困户自缴保费分别按40%：50%：10%的比例分摊；龙头企业、合作社及非贫困户等投保主体分别按照省级、市县、贫困户缴费40%：40%：20%的比例分摊保费。农户实际缴费额：冬小麦、春小麦、大田玉米、制种玉米、马铃薯、苹果、设施蔬菜分别为每公顷27元、40.5元、54元、90元、63元、540元、1560元；能繁母猪、育肥猪、肉羊、肉牛、奶牛、牦牛、鸡分别为每头（只）10元、10元、5.6元、56元、40~50元、12元、0.4元；同时对上述农业保险品种中的苹果、核桃、花椒、设施蔬菜、中药材、育肥猪、肉羊、肉牛、鸡等14个省级补贴品种，实行贫困户保费减半收缴特惠政策。

另外，采取"以奖代补"形式，鼓励各县区根据当地产业特点，积极开办花椒、核桃、枸杞、百合、油橄榄、桃等"一县一（多）品"特色保险品种。将凡在甘肃省农业农村厅、财政厅备案的"一县一（多）品"特色品种全部纳入省级种养产业综合保险。鼓励各市州、县区与保险机构设计土地流转、股金分红履约保证保险等特色保险产品，加快农村"三变"改革步伐。鼓励各类新型农业经营主体与贫困户建立起紧密型利益联结机制，带动广大农户参加农业保险，贫困户自缴保费可由新型经营主体承担。

（二）农业保险的运行机制和经营模式创新取得新成效

目前，甘肃省已初步形成了"以政策性农业保险为主体、以商业性农业保险为辅助"的农业保险运行机制；由于政府惠农政策的强力推动，政策性农业保险的实施效果已经大大超越了一般商业性农业保险。同时甘肃省已基本形成了政府主导下的政策推动与商业保险公司具体办理承保业务的"混合经营"模式，即"政府政策性保费补贴及行政助推+商业性保险公司市场化经营+农户或新型农业经营主体自愿投保"的农业保险运营模式。

（三）政策性农业保险的实施效果得到全面提升

甘肃省农业保险政策的大力实施，已经或正在有力促进全省"牛、羊、果、菜、薯、药"六大农业特色优势产业的健康发展，对分散农业生产经营风险起到"稳定器"和"保护伞"的作用，成为贫困户脱贫致富奔小康的"助推器"，特别是在防止因灾返贫方面吃上了"定心丸"。2019年，甘肃省实施56个农业保险品种，投保农户73.3万户，切实为农户发展产业起到了保驾护航作用。

四　甘肃省农业保险政策实施中存在的主要问题

近年来，甘肃省农业保险事业发展虽然取得了明显进步，但总体上仍处于初级阶段。临夏等部分地区刚刚起步，还普遍存在政策宣传不到位、农户认识不到位以及覆盖范围不理想、实施效果不理想等突出问题，地区之间、农户与新型农业经营主体之间发展不平衡的问题比较明显，进一步发展的潜力还很大。

（一）相关行业对农业保险政策的宣传力度不够

实地调研发现，部分村社还存在农户对保险政策不了解、不知情的问题，一定程度上影响到农业保险实施效果。各类参与农业保险经营范围的保险公司仅根据自身业务需要，采取临时性、区域性、选择性宣传措施，在宣传力度、受众范围、媒体运用等方面还需优化和加强；各级政府及相关部门对政策性农业保险制度，特别是对甘政办发〔2018〕126 号文件的宣传力度有待进一步强化。

（二）农户对政策性农业保险的认识还不到位

总体上讲，甘肃省新型农业经营主体业主较农户户主认识到位、投保积极性高；河西地区农户较其他地区农户认识到位、投保积极性高。临夏州部分民族地区农户风险意识薄弱，参保意识不强，甚至认为农业保险是政府行为，保费收缴难度大，使保险业务的具体落实遇到一定困难，严重影响农业保险政策实施效果。

（三）地区之间、生产经营主体之间发展不平衡

在农业保险事业发展、政策落实方面，地区之间以及新型农业经营主体与农户之间发展不平衡，存在较大差异。地区差异方面，河西地区农业保险事业发展明显好于其他地区，张掖、武威两市不仅起步较早（2007 年开始），而且发展势头良好；不仅使政策性农业保险得到较好实施，而且积极参加了商业性农业保险（如玉米制种、肉牛养殖、设施蔬菜等）。生产经营主体差异方面，龙头企业、种养大户、专业合作社等新型农业经营主体明显较单个农户从政策性农业保险实施中得到更多更大的实惠。

（四）部分地区农业保险实施效果不够理想

部分市州农作物投保面积、养殖业种群投保数量较小，未能做到应保尽保。如临夏州 2018 年中央财政补贴保险品种实际落实情况相对较好，而省

级财政补贴品种大部分未能完成参保任务指标，有些品种的参保情况与任务指标差距较大，甚至产生中央、省级财政农业保险保费补贴结余的情况，中央和省级财政补贴品种实际参保落实情况均不理想。

（五）市州及县区农业保险财政补贴压力较大

河西地区各市县农业保险补贴经费总体到位率较高，但部分县区也有拖欠情况；临夏州及其各县区政策性农业保险经费补贴总体到位率较低，部分县区无力组织实施"一县一（多）品"特色产业保险品种项目，补贴经费到位率参差不齐。如东乡族自治县财政自给率仅1.9%，无论是中央、省级补贴品种，还是"一县一（多）品"保险品种，县级财政配套补贴经费筹措困难重重、压力很大。

（六）保险公司对农业保险业务技术创新不够

在农业保险政策宣传方面，还没有充分利用手机客户端等新媒体或各种媒体融合技术开展业务工作；在病死畜禽的现场勘验、无害化处理等环节，未能有效利用手机视频、流动处理车、体长与体重换算等技术手段来提高工作效率、降低费用成本；在承保家畜的识别方面，仍采用逐一打耳标的老办法，牛脸识别等技术还未得到实质性应用，畜禽种群全员承保的简单化保险模式有待开发应用，农业保险工作成效有较大提升空间。

（七）政府对农业保险监管的体制机制创新方面还需加强

一是政策性农业保险要求保险公司"保本微利"，而有些商业性保险公司要求企业利益最大化，两者之间存在较大矛盾；二是从目前实际情况看，各地保险公司综合赔付率普遍为50%～70%，利润空间较大，而除畜禽保险必须按死亡数量如实理赔外，农作物受灾理赔普遍未能完全落实保险标的，有的只是进行象征性赔付（略高于农户所交保费，如玉米、小麦每公顷只赔付225元）；三是参与农业保险业务的各类保险公司在承保区域、保险品种方面存在无序竞争、理赔标准不一等情况；四是部分商业性保险公司利用政策性农业保险措施帮助贫困户精准脱贫的政治责任心有待强化；五是银保监会及政府职能部门对农业保险业务如保险合同完善情况、受灾（受损）理赔时限、赔付标准及落实情况的组织协调、监督管理工作有待增强。

五　甘肃省农业保险事业高质量发展的对策建议

（一）进一步优化农业保险政策措施

一是建议甘肃省政府向国家相关部委提出申请，将全省苹果、中药材两大特色优势产业列入中央财政补贴的政策性农业保险品种，进一步促进中西部地区农业产业发展及贫困地区农民致富步伐。二是建议甘肃省对政策性农业保险的中央补贴品种和省内补贴品种均适当提高省级财政补贴标准；并根据不同地区经济社会发展基础和自然灾害发生频率，对省级财政补贴实行地区差异化补贴标准。如对临夏等市州及深度贫困县区，省级补贴标准从40%提高至50%～55%，对其他地区省级补贴标准从40%提高至45%～50%，以有效降低贫困地区市县财政补贴压力。

（二）强化政策性农业保险组织实施体系建设

农业保险政策的实施效果关键在于落实，建议甘肃省政府从组织层面强化农业保险实施体系建设。由于政策性农业保险中80%左右的保险费由各级政府实施财政补贴，建议以省、市、县三级财政部门作为政策性农业保险实施牵头单位，组织全省各级农业主管部门、联合各类商业保险公司，共同承担起当地农业保险的组织实施主体责任，强化各级政府部门在政策性农业保险业务中的宣传引导、组织协调、监督管理等职能。同时优化保险机构布局，明确商业性保险公司承担实施政策性农业保险业务的具体责任及其职能定位，并赋予人保财险或其他实力较强的保险公司一定的政策性农业保险业务实施组织管理权限；加强对农业保险机构的规范管理，建立以保险服务能力和实际工作成效为导向的保险机构动态考评制度；通过行业管理措施，强化保险公司在政策性农业保险实施中的政治责任和社会责任意识，加强对商业性保险公司开展农业保险业务的过程管理和目标考核。同时积极探索新型农业经营主体特别是服务型企业进入农业保险领域的可行性及适应新型农业经营主体保障需求的农业保险创新发展路径，进一步探索优化产值保险、效益保险、价格指数保险、耕地地力指数保险、农产品质量保证保险、综合保险等多种农业保险新险种，采用商业化保险经营模式的灵活机制，充分利用好政策性农业保险的优惠条件，使政策性农业保险更好地发挥出应有的作用效果。

（三）加强农业灾害预警及防控体系建设

实施农业保险政策的宗旨是化解农业风险、降低灾害损失、稳定农民收入，因此必须提高风险防范意识，做到"预防为主"。建议由各级政府牵头，农业、林草、气象、财政、保险等行业或部门共同参加，组建省、市、县三级农业预警及灾害防控工作领导小组，通过大数据分析，加强对灾害性天气的预警预报，实施区域联防联控，通过技术创新和人工干预天气等措施的运用，强化对农业产业发展的服务职能，尽最大可能防止或降低灾害损失。

（四）建立健全省级农业保险基金制度

建立省级农业保险基金制度的重要作用有三个方面：一是合理确定商业性保险公司在开展政策性农业保险业务中的利润指标，如正常年份利润率超过10%或15%的部分，统一上缴省级农业保险基金会，进入"风险基金池"；二是风险基金可用于大灾或巨灾年份农户灾害补偿及保险公司保费补贴；三是风险基金还可以直接用于省级财政保费补贴或增加补贴品种等。

（五）合理拓宽扶贫专项资金使用范围

随着2020年我国全面建成小康社会战略目标的实现，今后反贫困的主要任务是逐步解决相对贫困地区和相对贫困人群的高质量发展问题，扶贫资金可适当向产业扶持倾斜，除专项用于产业发展、兜底保障、生态移民、基础设施建设等项目外，可部分用于农业保险保费补贴及增加补贴品种，或用于提高深度贫困地区的农业保险补贴标准，以及县、乡农业保险业务网点建设和村级农业金融工作室建设经费补贴，并对无保险赔付的农业生产经营者实施"以保代补"、对兜底保障的农户实施保费减免政策，进一步促进政策性农业保险的高质量发展。同时为了保障粮食安全，稳定粮食作物播种面积，在落实粮食生产直补政策的基础上，粮食作物保险费间接补贴，使粮农得到更多实惠，激发农户从事粮食生产的积极性。

（六）加强农业保险政策及相关技术研究

由于我国农业保险相关研究整体滞后，甘肃省在农业保险研究方面基本处于空白状态，因此建立省级农业保险研究中心十分必要。建议由省级农业科研院所与相关保险公司联合组建"甘肃省农业保险研究中心"，近期主要研究内容可从以下六个方面着力。一是对甘肃省现行农业保险政策和相关法律进行研究，提出全面建成小康社会后农业保险政策的相对稳定性建议和优化改进措施；二是对甘肃省六大农业特色优势产业的农业保险现状进行调研分析，提出针对六大产业保险的政策优化改进建议，并研究提出其他产业保险需求及政策建议；三是从促进产业发展和农业保险实施视角，对农业保险在全省脱贫攻坚和乡村振兴中的作用进行分析评估和可持续性发展研究；四是对甘肃省主要农作物时空布局风险及家畜养殖风险的发生特点进行研究，特别是对主要作物和家畜保险的规律性进行研究，提出科学合理的保险策略和技术措施；五是进行农业保险的赔付效果分析评估，并开展政策宣贯、技术勘察、损害评估等工作；六是开展农业保险信息技术集成、道德风险防范、组织实施措施等方面的研究。

（七）完善农业保险基础设施建设

目前，甘肃省农业保险已走上快速发展之路，但相关基础设施尚难满足高质量发展需要，信息化水平与农业保险提质增效的要求差距较大。因此，必须以信息化建设为重点，有效提升农业保险高质量发展水平，具体建设内容可从三个方面着手：一是着力构建甘肃省农业生产风险地图，完善全省农业保险费率拟订机制，实现农业保险品种区域差异化定价；二是加强农业保险信息共享，促进农业保险政策实施效果提升；三是完善风险防范机制，特别是有效防范和化解农产品价格波动引发的市场风险和社会风险。

参考文献

庹国柱等：《中国农业保险研究》，中国农业出版社，2017。

龙文军等：《健全农业保险制度研究》，中国农业出版社，2016。

刘布春等：《农业保险理论与实践》，科学出版社，2010。

本刊编辑部：《服务农业现代化和乡村振兴 加快推动农业保险高质量发展——财政部有关负责人就推进落实〈关于加快农业保险高质量发展的指导意见〉答记者问》，《当代农村财经》2020 年第 1 期。

胡莹莹：《我国农业保险发展空间巨大》，《新农业》2019 年第 12 期。

夏萍：《新时期农业保险机制优化的路径分析》，《中国农业会计》2019 年第 12 期。

财政部等：《关于加快农业保险高质量发展的指导意见》，《农技服务》2019 年第 11 期。

王学君等：《日本农业收入保险的实施：因由、安排与启示》，《农业经济问题》2019 年第 10 期。

郑伟等：《农业保险大灾风险分散体系的评估框架及其在国际比较中的应用》，《农业经济问题》2019 年第 9 期。

赵将等：《美国农业风险管理政策体系构建及其应用效果——兼对 2018 年美国新农业法案动向的观察》，《农业经济问题》2019 年第 7 期。

叶朝晖：《关于完善我国农业保险制度的思考》，《金融研究》2018 年第 12 期。

吴东立等：《改革开放 40 年我国农业保险制度的演进轨迹及前路展望》，《农业经济问题》2018 年第 10 期。

张哲晰等：《参加农业保险能优化要素配置吗——农户投保行为内生化的生产效应分析》，《中国农村经济》2018 年第 10 期。

丁少群等：《适应新型农业经营主体保障需求的农业保险创新发展路径研究》，《保险理论与实践》2018 年第 10 期。

甘肃省人民政府办公厅：《甘肃省人民政府办公厅关于印发〈甘肃省 2018～2020 年

农业保险助推脱贫攻坚实施方案〉的通知》，《甘肃省人民政府公报》2018 年 8 月。

张若瑾：《农业保险保费补贴政策的激励实效研究》，《华南农业大学学报（社会科学版）》2018 年第 6 期。

董彦明：《农业保险的扶贫模式与发展思路——基于人保财险公司在甘肃的实践》，《甘肃金融》2018 年第 4 期。

卢飞等：《政策性农业保险的农民增收效应研究》，《保险研究》2017 年第 12 期。

王洪波：《不同新型农业经营主体的农业保险需求研究》，《农村金融研究》2017 年第 2 期。

庹国柱：《正确认识农业保险发展中的几个重要问题——写在中央财政支持农业保险十周年之际》，《中国保险》2017 年第 1 期。

段淇斌等：《甘肃农业保险发展现状及制约因素》，《财会研究》2016 年第 12 期。

乔培寿：《甘肃省农业保险发展现状及问题探究》，《农业科技与信息》2016 年第 11 期。

盛和泰：《保险服务型新型农业经营主体的路径和机制》，《清华金融评论》2016 年第 8 期。

乔德华等：《甘肃苹果产业发展优势及提质增效对策》，《中国农业资源与区划》2016 年第 8 期。

谢凤杰等：《美国 2014 年新农业法案中农业保险政策改革及其启示》，《农业经济问题》2016 年第 5 期。

陈俊聪：《农业保险发展与中国农业全要素生产率增长研究》，《农业经济》2016 年第 3 期。

汪生忠等：《我国农业保险保费补贴效率及其影响因素分析——基于 2010～2013 省际面板数据》，《保险研究》2015 年第 12 期。

虞锡君：《农业保险与农业产业化互动机制探析》，《农业经济问题》2005 年第 8 期。

尹成杰：《关于推进农业保险创新发展的理性思考》，《农业经济问题》2015 年第 6 期。

肖卫东等：《公共财政补贴农业保险：国际经验与中国实践》，《中国农村经济》2013 年第 7 期。

侯玲玲等：《农业保险补贴政策及其对农户购买农业保险影响的实证分析》，《农业经济问题》2010 年第 4 期。

张跃华等：《1935 年以来中国农业保险制度研究的回顾与反思》，《农业经济问题》2006 年第 6 期。

顾海英等：《政策性农业保险的商业化运作——以上海农业保险为例》，《中国农村经济》2005 年第 6 期。

方言：《建立与市场经济相适应的农业风险管控机制》，《农民日报》2020 年 7 月 18 日。

李纯：《加强农业风险管理研究 力争关键领域理论突破》，《农民日报》2020 年 6 月 15 日。

龙成：《筑牢脱贫致富的保险屏障》，《农民日报》2020 年 1 月 17 日。

苏望月：《我国农业保险迈入高质量发展新时期》，《中国财经报》2019 年 10 月 31 日。

赵光辉：《中国农业保险进入高质量发展新时期》，《中华合作时报》2019 年 10 月 25 日。

梁发芾：《农业保险要为脱贫攻坚加把劲》，《甘肃日报》2019 年 6 月 21 日。

薛砚：《甘肃省农业保险为农户发展产业"护航"》，《甘肃日报》2019 年 5 月 14 日。

李越等：《让农业保险真正支持到小农户》，《农民日报》2019 年 4 月 22 日。

刘振远：《农业保险：稳产业更需稳自身》，《农民日报》2018 年 9 月 12 日。

吴本建等：《以政策性农业保险促进农民脱贫增收》，《光明日报》2017 年 7 月 18 日。

潘洪洋：《加快创新完善农业保险制度》，《农民日报》2017 年 2 月 18 日。

李辉尚：《建立产业稳定的风险防范和管控措施》，《农民日报》2016 年 12 月 13 日。

李振东：《发展农业保险为"三农"保驾护航》，《甘肃日报》2016 年 5 月 16 日。

李洪嵩：《农业保险产品升级值得期待》，《农民日报》2015 年 11 月 25 日。

黄延信：《促进农业保险发展的十条政策建议》，《农民日报》2011 年 12 月 22 日。

李文博：《农业保险：还需再加把力》，《农民日报》2015 年 6 月 16 日。

李京：《农业保险迎来战略发展机遇期》，《农民日报》2012 年 10 月 20 日。

开 放 篇

Topics of Opening up

G.7

"一带一路"背景下甘肃涉农企业
外向型发展报告

王建连　闫沛峰　段淇斌　赵冬青　张自华*

摘　要：　"一带一路"倡议深化实施,国内农业企业借势而为,通过
　　　　对外直接投资、农产品进出口贸易、农业技术交流合作等方
　　　　式,拓展了我国与沿线重点国家的农业合作关系,也为促进
　　　　农业高质量发展发挥了重要作用。甘肃涉农企业把握"一带
　　　　一路"发展契机,借助独特的通道功能和枢纽作用,农产品
　　　　资源特色优势充分发挥,境外农业投资区域逐步拓展、主营
　　　　业务类别多样、投资规模逐年增加,农产品贸易在全省对外

---

* 王建连,甘肃省农业科学院农业经济与信息研究所经济师,主要研究方向为区域农业经济及
特色产业发展;闫沛峰,甘肃省农业农村厅外经外事处处长,主要研究方向为农业对外合作,
农村产业融合发展;段淇斌,研究员,甘肃省农业农村厅外资项目管理办公室一级调研员,
主要研究方向为农业农村综合发展;赵冬青,研究员,甘肃省农业农村厅外资项目管理办公
室主任,主要研究方向为农业经济、生态环境保护;张自华,甘肃省农业农村厅外经外事处
二级调研员,主要研究方向为农业国际合作和农业走出去等。

贸易活动中的地位明显提升，出口目标市场多元化拓展；同时，涉外农业企业综合实力不强、境内支持政策少、境外限制条件多等问题长期存在，严重影响了企业正常运营和境外业务的稳定开展。基于此，本报告从强化政策扶持引导、提升企业综合实力、拓展政府服务功能等方面提出了相应的政策建议。

关键词：　"一带一路"　涉农企业　对外投资　农产品贸易　甘肃省

农业"走出去"是国家对外开放战略的重要组成部分。古丝绸之路将农业技术交流和农产品贸易活动作为主要内容，带动了沿线国家的农作物品种资源、生产技术、农产品等交流传播，使中西方农业文明交流互通、发扬光大。2013年，国家主席习近平借用古丝绸之路的历史符号，首次提出共建"丝绸之路经济带"和"21世纪海上丝绸之路"（以下简称"一带一路"）合作倡议，这一伟大倡议得到了国际社会的广泛关注，农业作为"一带一路"建设的主要内容，成为沿线国家打造利益共同体和命运共同体的最佳结合点之一。

甘肃地处丝绸之路经济带黄金段，是联结中亚、西亚各国贸易往来和文化交流的重要交通枢纽，也是全国关键的生态安全屏障和特色农产品生产加工基地。丝绸之路在甘肃境内东西横贯1600多公里，随着国际陆海贸易新通道建设进程的加快，甘肃又成为"一带一路"的重要交汇点。甘肃境内区域特色农产品种类丰富，为农业对外交流合作奠定了良好的产业基础，甘肃涉农企业充分利用本土化的特色农业优势，搭乘"一带一路"倡议快车，积极走出国门，创新思维、拓宽对外合作渠道，对提升农产品国际竞争力、推动农业高质量发展、拉动区域经济增长、促进沿线国家农业共同繁荣意义重大。

一 国家对农业外向型发展的相关支持政策

2015 年，农业部制订了《落实"一带一路"建设战略的实施方案》，明确了在"一带一路"框架下推动农业合作的总体思路；2016 年，《国务院办公厅关于促进农业对外合作的若干意见》（国办发〔2016〕29 号）印发，自改革开放以来首次对农业对外合作做出全面部署；2017 年，农业部出台《关于推进农业供给侧结构性改革的实施意见》（农发〔2017〕1 号），要求落实农业对外合作规划，创新农业对外合作部际联席会议运行机制，统筹外交、外经、外贸措施协同发力，提升对外合作水平；2018 年，农业农村部、山东省人民政府共同印发《农业农村部 山东省人民政府关于印发〈潍坊国家农业开放发展综合试验区总体方案〉的通知》（农外发〔2018〕3 号），提出要建立与日本、韩国、澳大利亚、新西兰及"一带一路"沿线国家检验检疫互认机制，推动建立东亚地区农产品、食品安全合作机制和检验检疫证书国际联网核查机制，助推企业"走出去"。

二 国内涉农企业外向型发展现状

农业企业肩负农业"走出去"战略的主体责任。"一带一路"倡议积极推进，农业领域双向开放不断加深，为农业企业外向型发展增添了新动力，企业通过对外直接投资、农产品进出口贸易、项目合作等方式，深化拓展了我国与沿线重点国家的农业合作关系，为通过国际农产品市场调剂国内余缺提供了现实可能和操作空间，也为促进沿线国家农业高质量发展发挥了重要作用。

（一）企业类型多，业务范围广

截至 2017 年底，我国共有 681 家境内投资主体在境外投资设立农业企业 850 家。投资主体含国有企业、集体企业、股份有限公司等 10 多种企业类型。非传统农业企业逐渐发挥生力军的作用，2017 年在境外投资设立的850 家农业企业中，221 家由非传统农业企业投资设立，投资流量占当年流量的 22.2%；民营企业投资活跃，已发展成为我国农业对外投资合作的中坚力量，2017 年，农业"走出去"前 100 家企业中，民营企业占 75%，766家农业企业由民营企业投资设立，投资流量占当年流量的 76.9%。

我国境外农业企业投资领域以粮食产业和经济产业为主，涵盖农作物种植、禽畜养殖、渔业生产、农副产品加工等 10 多个行业，涉及农业生产、加工、仓储、物流、科技研发、贸易、服务等产业链的多个环节。种植业仍是企业对外投资的主要业务，2017 年我国从事种植业的境外投资企业为 405家，占境外投资企业总数的 47.6%，投资流量 9.3 亿美元，占总投资流量的 45.2%；种植品种主要有玉米、小麦、水稻、大豆、棉花、棕榈油等，对外投资领域产业链已由初级的单一型产业链环节，发展到加工、仓储、物流等多环节共建的局面。

（二）对外投资规模不断扩大，直接投资存量逐年增加

我国农业对外投资遍布全球六大洲的 100 多个国家，投资区域以亚洲、欧洲为主，逐步向"一带一路"沿线国家聚集。2017 年，在"一带一路"沿线 38 个国家投资设立的 500 多家涉农企业中，投资额 500 万元以上的农业项目数量较上年增长 5.4%，累计投资超过 100 亿美元；中国进出口银行累积为 107 个农业"走出去"项目放贷 272 亿元；"扬帆出海"培训工程累计培训 2300 多人次，"猎英行动计划"累计提供涉农工作岗位 1.5 万个。

据 2018 年度《中国对外直接投资统计公报》数据，中国农业企业对外直接投资呈现逐年上升的趋势，2013～2018 年，中国农林牧渔行业对外直接投资存量增加 115.9 亿美元，增长率为 161.4%（见图 1）。

（三）农产品贸易额增长明显，与"一带一路"国家贸易额增幅较大

随着"一带一路"倡议感召力和影响力的不断提升，中国与沿线国家

图1 2013～2018年中国农业对外直接投资存量

资料来源：2018年度《中国对外直接投资统计公报》。

坚持共商共建共享的原则，持续深化务实合作，有效推进了农产品贸易的发展。商务部统计数据显示，2013～2019年，我国农产品贸易总额增长趋势明显，贸易逆差程度逐步缩小，尤其与"一带一路"沿线国家贸易额增幅较大，出口额逐年增长，但总体贸易逆差常态化趋势仍未改变（见图2、图3）。2019年，我国农产品进出口总额为2284.3亿美元，同比增长5.5%，其中

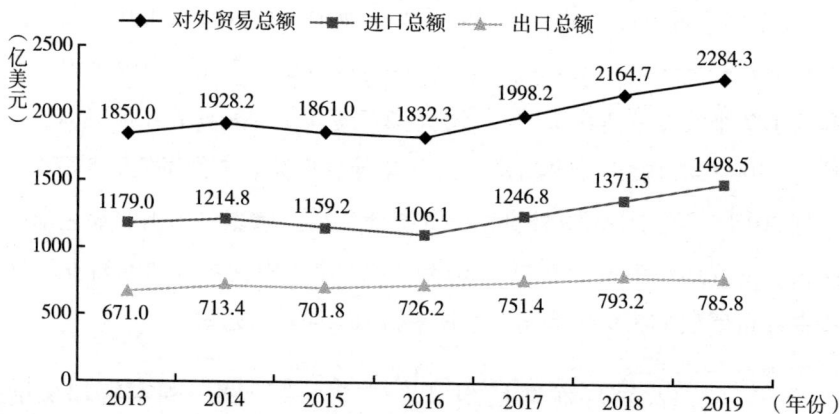

图2 2013～2019年中国农产品对外贸易总体情况

出口总额为 785.8 亿美元，同比下降 0.9%，进口总额为 1498.5 亿美元，同比增长 9.3%；我国与"一带一路"沿线国家农产品进出口额为 604.5 亿美元，同比增长 16.9%，其中出口额同比增长 9.2%，进口额同比增长 24.0%。

图3 2013～2019 年中国与"一带一路"沿线国家农产品贸易情况

资料来源：商务部对外贸易司 2013～2019 年《中国进出口月度统计报告（农产品）》。

（四）合作区域分布特征明显，合作方式因地制宜

我国农业对外投资区域选择动因主要包括：一是基于地缘因素，以资源利用和风险规避为导向，选择东南亚、中亚等周边邻近国家投资；二是基于外援项目，以资源利用和市场潜力挖掘为导向，选择非洲、南美洲等中国农业对外援助项目受援国投资；三是基于技术优势，以科技交流合作和市场竞争力提升为导向，选择欧美等发达国家投资。我国涉农企业与"一带一路"沿线国家的农业合作方式因地制宜，呈现多样化发展态势。如与东盟国家合作，以科技交流及建立合作生产基地为主；而相对农业基础较为薄弱的非洲地区则偏向于援助性质，主要以绿地投资的方式，通过与东道国在自然资源合作开发利用、农业基础设施建设等方面进行投资合作，以改善当地农业生产环境、提升就业率，进而扩大企业规模和影响力。

119

三　基于"一带一路"倡议的
甘肃农业外向型发展机遇

（一）为涉农企业拓展国际市场搭建了平台

甘肃涉农企业借助"一带一路"发展契机，有效释放国际贸易合作潜力。自 2016 年至 2020 年 8 月，甘肃省涉外企业在"一带一路"沿线国家和地区共设立了 12 个境外商务代表处，在泰国、越南、白俄罗斯、哈萨克斯坦、美国等 30 多个国家和地区创建设立批发中心、海外仓等国际营销服务网点 111 个，搭建国际营销服务公共平台 5 个。甘肃涉农企业借势迅速拓展国际市场，兰州市与白俄罗斯格罗德诺州互设商品展览中心，为省内农产品进出口企业提供特色农副产品展示服务；甘肃某大型农产品出口企业，在保证传统的东南亚出口目标市场的同时，积极拓展欧洲、北美、中东等国际市场，有效降低单一的出口市场依赖风险；甘肃某公司的巴西和印度海外仓运营中心，2019 年实现入库货物 4366.42 吨，有效促进省内优质农产品卖得出、卖得好；甘肃某果品出口企业，通过视频连线、线上产品展示等方式，2020 年初成功与中东等新兴市场客户签订外贸订单 500 吨，同时与达曼、吉达等城市客户达成果品出口意向，力争全年出口额突破 1 亿元大关。

（二）为扩大农产品贸易范围、提升贸易能力奠定了基础

在推进"一带一路"倡议实施中，甘肃省被打造为"丝绸之路经济带"的黄金通道，借助独特的通道功能枢纽作用和深厚的农耕文化底蕴优势，以牛、羊、菜、果、薯、药及现代种业为代表的地方特色农产品贸易范围持续扩大，促进了与相关国家和地区经济的紧密联系。同时，因基础设施建设和经济发展的密切关联，甘肃省加快国际物流通道重要节点的建设，积极创建兰州、敦煌、嘉峪关三大国际空港，全面开创交通通达的物流枢纽。目前，甘肃农产品通过中国－新加坡互联互通项目，南向国际贸易物流通道运输已

实现常态化运营；随着对外开放程度不断深化，甘肃省外贸企业协会在伊朗、白俄罗斯等国家创建驻外商务代表处，开拓了对外联络渠道，并和多个境外商会创建合作机制。2019年1~6月，甘肃省蔬菜、水果、中药材、瓜菜种子等出口额均较往年大幅提升，出口货值分别为8027万元、26000万元、837万元、11000万元，成为甘肃省外贸新的增长点。

（三）为优化农业产业布局和强化农产品质量安全创造了条件

当前，甘肃正着力构建生态产业体系、推动实现绿色发展崛起。为使甘肃农业深度融入"一带一路"建设，实现绿色发展和高质量发展，甘肃省着力发展集约高效、环境友好的戈壁生态农业，并将河西走廊地区打造为中亚、西亚、南亚地区富有竞争力的"菜篮子"产品生产供应基地；已发展形成河西走廊地区和沿黄灌区（以兰州为中心）两大新鲜蔬菜优势出口产区；积极创建了凉州区出口皇冠梨、渭源县出口中药材、礼县出口大黄等3个国家级出口食品农产品质量安全示范区；创建了民勤县、甘州区、民乐县3个省级有机产品认证示范区。同时，兰州海关持续提升支持支撑能力，加强对农产品生产加工过程的监控，保障出口农产品质量安全，目前全省共有出口蔬菜备案种植场73家，注册登记出境水果果园177家，出境水果包装厂72个，专供港澳活牛育肥场1家，生猪、肉鸡备案养殖场23家；建成全国第一个国家级外繁种子检疫重点实验室，为甘肃种子产业发展提供专业快捷的公共技术服务，依托综合技术中心的技术支撑，指导出口企业提高检测能力，确保特色农产品质量安全。

四 甘肃省涉农企业外向型发展现状

（一）企业涉外农业投资现状

当前，国际形势变化多端、日趋复杂，涉农企业的对外投资面临新的挑战，风险与机遇并存，甘肃省涉外农业投资企业呈现出主体多元化类型、多样化特征，产业化龙头企业是甘肃涉外农业投资的主体企业，非农企业转型参与农业投资逐渐成为一种趋势；甘肃省对外农业投资的重点区域仍然是"一带一路"沿线的亚洲和欧洲国家，投资主营业务仍以生产为主，并逐步向储藏、加工及物流等多业务类别发展。

1. 投资主体企业类型趋于多元，投资区域逐步拓展

随着"一带一路"倡议的深化实施，农业"走出去"的领域不断拓宽、合作模式不断创新。甘肃涉外农业投资主体企业以股份有限公司、有限责任公司、农业合作社及其他性质的新型农业经营主体为主；企业类型含国家级农业产业化龙头企业、省级农业产业化龙头企业、其他类型的农业企业、非农业企业等，其中产业化龙头企业是甘肃涉外农业投资的主体企业，非农业企业转型参与农业投资将逐渐成为一种趋势；境外投资设立的企业主要分布在亚洲、欧洲、北美洲、非洲等区域，重点投资区域向"一带一路"沿线的亚洲和欧洲国家地域广泛发展。

2. 境外企业性质多样，经营业务类别丰富

甘肃境内企业在境外投资设立了农业企业，设立方式有子公司、联营公司、分支机构及其他，企业性质其中包含独资企业、合资企业及其他合作企业；业务范围涉及种植、畜牧养殖、农副食品加工、农林牧服务等行业，业务类别主要有生产、加工、仓储、物流及其他等，部分企业兼营多个业务类别。涉外企业在投资国主要种植作物有粮食作物、油料作物、蔬菜、水果、酿酒葡萄、牧草等，养殖业以牛羊为主，生产加工产品主要有葡萄酒、菜籽油、食用菌、干酪素、芒果干等，仓储及物流主要涉及苹果、芒果及部分蔬菜。

3. 投资规模逐年增加，不同业务类别投资规模差异明显

甘肃企业涉外农业投资年底累计投资额逐年增加，就不同业务类别的投资规模而言，经对经营状况较好的 10 家甘肃境外投资企业的主营业务投资规模分析，截至 2019 年底，从事生产业务的累计投资额占累计投资总额的81.32%；从事加工业务的累计投资额占累计投资总额的7.40%；从事仓储业务的累计投资额占累计投资总额的9.55%；从事物流业务的累计投资额占累计投资总额的0.89%；从事其他业务的累计投资额占累计投资总额的0.84%。

（二）农产品出口贸易现状

1. 农产品贸易优势凸显，出口规模占比增速明显

统计数据表明（见表1），自2013年"一带一路"倡议实施以来，以牛、羊、菜、果、薯、药及现代种业为代表的甘肃地方特色农产品资源优势和地域优势充分发挥，农产品贸易额增长明显，尤其以2013～2015年增速较大，农产品出口额增长27.78%，进口额增长71.44%。2016年以来，受国际贸易大环境的影响，在国内贸易监管政策强化等因素的作用下，甘肃省出口贸易总额下降趋势明显，农产品出口量相对下行，与2015年相比，2019年甘肃省农产品出口额下降12632.1万美元、农产品净出口额减少12585.6万美元（见图4、图5）。然而，随着"一带一路"倡议的深入实施，甘肃省农产品贸易优势凸显，对外贸易越发活跃，进出口均呈增长态势，国际竞争优势及贸易顺差的格局长期保持，农产品贸易在全省对外贸易活动中的地位也明显提升。2013～2019年，甘肃省农产品进出口贸易额在全省进出口贸易总额中的占比由3.69%提升至6.88%，增长率为86.45%；农产品出口额占全省出口贸易总额的比重也由7.27%提升至16.05%，增长率为120.77%（见图6）。

表1　2013～2019年甘肃省农产品进出口贸易规模及全省占比

单位：万美元，%

年份	农产品进出口额	农产品出口额	农产品进口额	农产品净出口额[①]	全省进出口贸易总额	农产品贸易占比[②]	全省出口贸易总额	农产品出口占比[③]
2013	38110.9	33807.8	4303.1	29504.7	1034006	3.69	464845	7.27
2014	45772.2	39473.1	6299.1	33174	856550	5.34	530342	7.44
2015	50575.7	43198.4	7377.3	35821.1	793797	6.37	580991	7.44
2016	36626.9	34656.8	1970.1	32686.7	681253	5.38	404671	8.56
2017	35123.6	32298.5	2825.1	29473.4	481560	7.29	170041	18.99
2018	34625.1	30295.1	4330.0	25965.1	599860	5.77	219713	13.79
2019	37897.1	30566.3	7330.8	23235.5	550699	6.88	190476	16.05

注：①农产品净出口额＝农产品出口额－农产品进口额；②农产品贸易占比＝农产品进出口额/全省进出口贸易总额；③农产品出口占比＝农产品出口额/全省出口贸易总额。

资料来源：商务部对外贸易司2013～2019年《中国进出口月度统计报告（农产品）》；甘肃省统计局《2019甘肃发展年鉴》，中国统计出版社，2019。

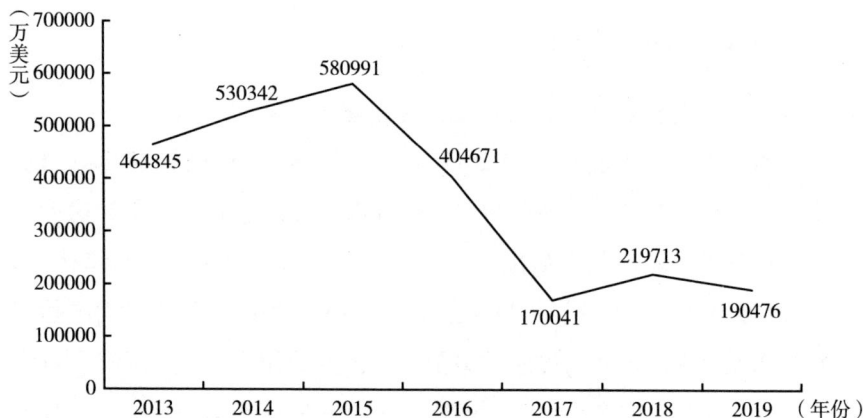

图4　2013～2019年甘肃省农产品出口贸易总额变化趋势

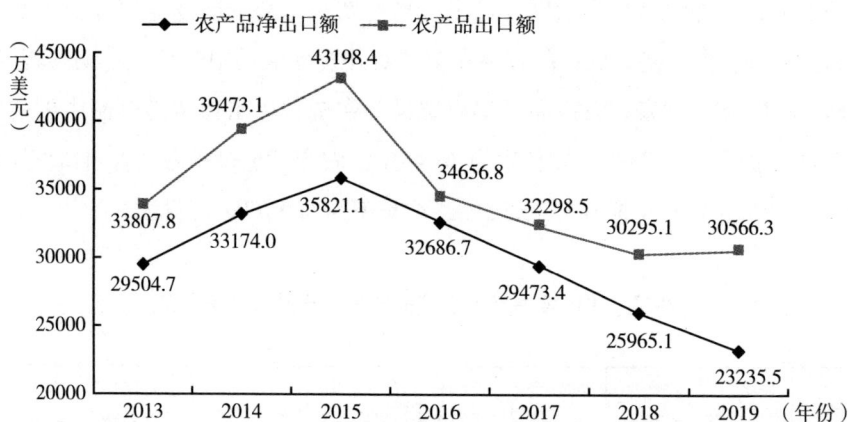

图5　2013～2019年甘肃省农产品出口额和净出口额变化趋势

2. 出口农产品区域特色鲜明，出口目标市场多元化拓展

甘肃省农产品出口业务基本以私营企业为主，据兰州海关报道，2019年1～9月，甘肃省民营企业农产品出口量占全省农产品出口总量的89.5%，国有企业农产品出口量占全省农产品出口总量的9.6%。就主要出口农产品及其生产区域而言，目前，甘肃省出口的鲜苹果、苹果汁、肉牛、白瓜子、黄花菜等特色农产品生产区域主要集中在天水、平凉、

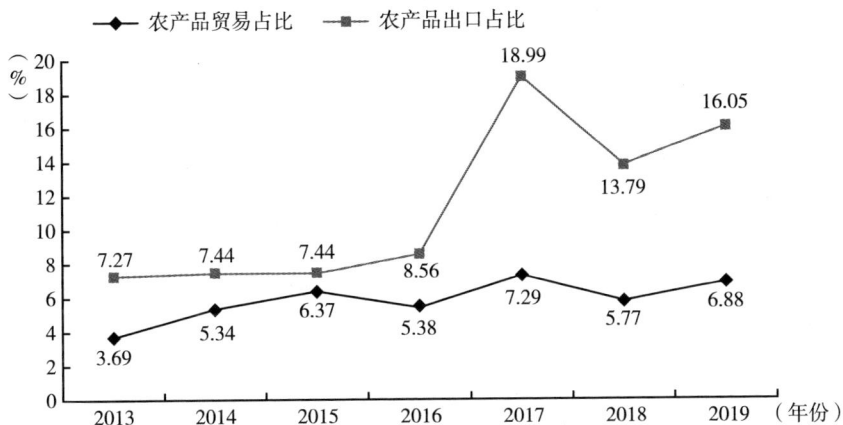

图6 2013～2019 年甘肃省农产品贸易及出口全省占比变化

资料来源：商务部对外贸易司 2013～2019 年《中国进出口月度统计报告（农产品）》；
甘肃省统计局《2019 甘肃发展年鉴》，中国统计出版社，2019。

庆阳一带；出口的牦牛乳系列产品、羊绒纺织产品、藏中药材、羊肚菌、干酪素、肠衣、山野菜等畜牧产品及山地特色农产品生产区域主要集中在甘南、临夏、陇南等市（州）；出口的高原夏菜、马铃薯原原种、中药材、羊肠衣以及羊肠套管、食用菌、百合系列产品等生产区域主要集中在兰州、白银、定西一带；同时，以嘉峪关、酒泉、张掖、金昌、武威为主的河西走廊戈壁农业"菜篮子"产品生产供应基地也初具规模，主要出口农产品有瓜菜及花卉种子、脱水蔬菜、新鲜蔬菜、番茄制品等。2019 年，甘肃鲜苹果出口居全国第三，出口量为 91554.4 吨，占当年全国苹果出口量的 9.43%，出口额为 9417.1 万美元，占当年全国苹果出口额的 7.56%。就出口国别而言，2019 年 1～9 月，甘肃省农产品出口已涵盖全球六大洲共计 85 个国家，出口量排名前五位的分别是尼泊尔、荷兰、美国、德国、泰国，出口额分别为 23000 万元、12000 万元、8377 万元、8020 万元、7862 万元。"兰州百合""定西马铃薯""平凉金果"等陇货精品已源源不断地迈出国门、享誉世界，有效带动了"一带一路"沿线国家出口贸易的增速发展。

五　甘肃涉农企业外向型发展面临的主要问题

（一）企业综合实力弱

1. 资金压力较大

民营企业是甘肃涉外农业企业的主力军。相对于国有企业，民营企业规模普遍较小，自身融资能力相对有限，银行等金融机构融资门槛较高，融资成本较高；同时，由于农产品生产周期长，投资回报率低，开展农业投资需要长期性的资金支持，企业开辟国际市场所承担的资金压力较大，有些企业有市场没资金，难以形成规模。

2. 境外发展信息渠道单一

甘肃涉农企业外向发展还处于初级阶段，部分企业境外发展信息来源多以熟人朋友介绍为主，获取涉外农业发展的信息渠道单一，企业涉外业务偶然性和投机性较强，因信息缺乏导致发展地域扎堆、主营业务聚集重叠，易造成市场产能过剩、产品竞争压力增大、企业发展受阻。

3. 复合型经营管理人才缺乏

甘肃农业发展的现代化程度较低，受工作环境和工作条件限制，涉农企业中综合性经营管理人才严重不足，尤其缺乏有跨国经营管理经验、熟悉投资国法律法规、精通小语种、专业技术水平高的复合型经营管理人才。

（二）境内支持政策少

近年来，甘肃省在扶持农业"走出去"方面陆续出台了一些政策，但尚未形成系统的支持体系，对企业发展具有直接支持引导作用的金融政策、保险政策、税收政策及技术政策、产业政策等相对欠缺，企业在目标确定、行业选择、区域布局、战略谋划等方面缺乏支持引导，部分企业对国家农业外向合作的整体战略、支持政策了解不足，将境外发展规划纳入国家战略进行整体布局的意愿不强，境外农业投资活动多以单打独斗的方式开展，加之对外农业投资企业相关商会等机构缺乏，企业发展规划部署不清晰，对目标国的政策法规、贸易环境、市场准入政策、农业特征、风土人情、市场风险等信息了解不足，易造成不必要的投入和损失。

（三）境外限制因素多

近年来，受国际经济大环境的影响，"一带一路"沿线部分国家政治环境、经济环境变化较大，个别国家政局动荡，社会治安较差；部分国家经济运行不平稳，人民币汇率改革、外汇管制及金融政策变化频繁；有些国家对外商投资的地方保护主义政策壁垒、产业政策壁垒依然存在，在产品准入、税费征收、签证期限等方面限制条件多，增加了企业外向发展的经济风险，影响了企业境外投资合作的正常运行。

六　政策建议

（一）强化政策扶持引导

构建农业"走出去"扶持机制，对外向发展企业的基础设施建设、生活设施建设、农机具购置等方面给予一定的补贴；建立常态化的信息通报及风险预警机制，对企业外向发展目标国的政治局势、自然灾害、安全风险等进行信息通报和科学预警；健全农产品仓储冷链设施，开展跨国农产品物流业务，拓展国际商务合作。构建对外投资的风险管理机制，加大农业对外投资金融支持力度，支持鼓励有条件的企业进入国际资本市场直接融资，拓宽农业"走出去"融资渠道。强化宏观调控，引导企业依据省内资源特色和地域优势，借助"一带一路"倡议的平台和商机，结合目标国农业产业基础和市场需求，充分发挥甘肃省特色农产品优势，打造有国际竞争力的农业主导产业和农产品品牌。

（二）提升企业综合实力

鼓励农业新型经营主体发展农业产业化联合体，鼓励企业构建战略联盟，整合资源，探索集群式"走出去"模式，实现"抱团出海"、错位竞争、协调发展，壮大农业企业集团的经济实力和综合竞争力。实行优势先行的主体发展战略，探索跨国经营的成功模式，加大对农业产业化龙头企业的扶持力度，在国家级龙头企业和有条件的省级龙头企业中，选择一批竞争力较强的典型涉农企业，围绕国家和省级农业对外投资合作的整体布局，制定明晰的企业发展战略规划，并将企业外向发展作为本地现代农业建设的重要组成部分，与国内农业发展同步规划、同步实施，实现两个市场两种资源相互促进、共同发展。

充分利用科研、教育资源，借助人才培训平台，强化跨国经营人才培训，加快对外农业合作人才队伍建设。鼓励支持企业与国内外培训机构及相关高等院校建立合作机制，有针对性地开展急需人才培训，为农业企业国际市场拓展、境外资源开发和技术研发合作、农产品加工等提供智力支持，增强其跨国经营能力。

（三）拓展政府服务功能

采取政府主导和市场培育相结合的方式，加快培育境外投资合作服务性商业机构，对企业境外活动提供风险评估、信息咨询、资金融通、财税法律等专业性服务；充分发挥相关政府职能部门的平台作用，支持建立相关商会、行业协会等涉农外向发展企业互动交流平台，建立及时有效的联系机制和沟通渠道，扩大企业信息来源；构建完善的外向发展重点区域综合评估体系，对投资合作目标国（区域）的气候条件、资源要素、政治经济环境、基础设施建设、产业政策、市场开放程度等进行综合评估和科学预测，为企业提供科学有效的外向发展信息。相关部委可与使领馆或外交官协调，针对重点投资国情况对企业进行相关培训和投资国政策解读，帮助企业解决语言沟通和政策适应不畅等突出问题，激励企业补齐短板、拓展国际视野，拓宽对外合作路径，提高企业在全球价值链中的地位。

参考文献

李治、王东阳、胡志全：《"一带一路"倡议下中国农业企业"走出去"的现状、困境与对策》，《农业经济问题》2020 年第 3 期。

商务部、国家统计局和国家外汇管理局：《2018 年度中国对外直接投资统计公报》，2019。

农业农村部国际合作司、农业农村部对外经济合作中心：《中国农业对外投资合作分析报告（2018 年度总篇）》，中国农业出版社，2019。

汪永峰：《"一带一路"背景下甘肃的区域经济发展能力提升路径研究》，《现代营销（经营版）》2020 年第 2 期。

杨光、柏娜、陈瑞剑：《我国农业对外投资合作的特点及形势分析》，《农业经济》2019 年第 11 期。

顾阳：《通关"加速度"助甘肃农产品"飞出"国门》，《经济日报》2019 年 8 月26 日。

周虹：《"一带一路"背景下新疆涉农企业对外贸易发展问题研究》，《经济论坛》2017 年第 7 期。

商务部对外贸易司：《中国进出口月度统计报告（农产品）》2013～2019 年。

甘肃省统计局：《甘肃发展年鉴》，中国统计出版社，2019。

徐瑞瑞：《"一带一路"背景下我国农业企业"走出去"研究》，安徽大学硕士学位论文，2016。

林京：《"一带一路"背景下甘肃省出口贸易发展问题研究》，《中国市场》2020 年第 2 期。

邸菲、胡志全、安岩：《中国农产品出口现状及竞争力分析》，《中国农学通报》2019 年第 9 期。

G.8
甘肃南向通道建设与农业发展研究

罗 哲*

摘 要： 南向通道建设有效促进了甘肃与南向通道沿线各省区及国家
间的互联互通和经济合作，降低了物流成本，为甘肃农业外
向发展搭建了良好的国际合作开放平台，也从农业发展环境
条件、农业产业链条拓展、综合性交通运输基础设施功能完
善、农村人力资源合理配置、农产品标准化生产等方面提出
了新的要求和挑战。本研究认为，甘肃农业融入南向通道建
设的着力点在于：立足区域资源禀赋条件与农业特色优势产
业，系统整合关键要素资源，合力构建与农业外向化发展相
适应的产业支撑体系；立足特色优势农业区域化布局，系统
优化农业全产业链布局，全面促进农业产业链各环节协作，
有效实现价值链延伸；强化产品精深开发与区域品牌建设，
将资源禀赋及特色优势跃迁为以技术整合和产品创新能力为
基础的产业链竞争优势。

关键词： 南向通道建设 农业发展 甘肃省

南向通道是联通西部内陆、世界各地的国际陆海贸易新通道，其建设顺
应了中国西部地区开放发展的需求，促进了西部地区传统物流格局的变革，

---

* 罗哲，经济学博士后，研究员，甘肃省社会科学界联合会副主席，主要研究方向为区域经济
与城市经济。

甘肃省作为"一带一路"的重要枢纽,迎来了发展和开放合作的重大契机。基于此,本文在分析甘肃南向通道建设为农业发展带来机遇及挑战的基础上,提出甘肃农业融入南向通道建设的着力点。

一 甘肃南向通道建设为农业发展带来新机遇

2017 年 8 月,在商务部等国家部委的统筹指导下,以重庆市为中心,以广西、贵州、甘肃等省(区)为关键节点,强化四省市区之间的联动协作,积极探索并启动中新互联互通项目南向通道建设,旨在通过铁路、公路、水运、航空等多种运输方式的联动,打造一条向西通过中欧班列联通中亚、欧洲,向南经由广西北部湾等沿海沿边口岸连接东盟,进而辐射南亚、中东、澳洲等区域的新贸易圈及多元化、高端化的对外开放平台,沿线国家和地区可借此实现产能、市场等要素的共享,不断加大周边货源组织力度,并实现与客户有效对接。2018 年 4 月发布的《甘肃省合作共建中新互联互通项目南向通道工作方案(2018～2020 年)》,进一步明确了甘肃南向通道建设的战略举措和发展方向。

甘肃省东西跨度大、气候类型多样,大部分区域气候干燥,太阳辐射强,光热资源充足且昼夜温差大,复杂的自然条件和特殊的资源禀赋造就了发展特色农业和生产优质绿色农产品得天独厚的先决条件,经过多年的实践与探索,林果、蔬菜、中药材、草食畜、马铃薯、玉米制种等农业特色优势产业区域化布局基本形成,生产规模稳步扩大,基地建设成效显著,存储加工能力逐步提升,农业现代化发展取得初步成效。加之,甘肃地处古丝绸之路咽喉要道和商埠重地,其"坐中联七、濒疆临藏"的地理位置和"承东启西、南拓北展"的廊道功能及交通枢纽地位,具备发展外向型农业的坚实基础和优越条件。

南向通道建设战略布局为甘肃农业外向化发展带来了前所未有的契机,其中:信息网络技术建设有效促进了甘肃与南向通道沿线各省区及国家间的互联互通和经济合作,物流网络体系的形成通过控制农产品运输和仓储成本有效降低物流成本,交通基础设施建设及运输联动机制为甘肃农业外向发展搭建了良好的国际合作开放平台。近年来，甘肃省与沿线各省区及国家间的农业发展合作交流日益频繁，制种玉米、苹果、高原夏菜、马铃薯、中药材、啤酒原料、小杂粮等特色农产品备受东南亚消费者青睐，成为农产品市场的"俏货"。2020年上半年，甘肃省农产品出口11.4亿元，同比增长15.8%。今后，南向通道建设的深入推进将进一步推动甘肃农业在更高水平、更高层次和更大格局中开放发展。

二　南向通道建设中甘肃农业发展面临的挑战

（一）农业发展环境及条件不利，农产品生产面临诸多自然风险

甘肃省境内山脉沟壑纵横交错、海拔高度相差悬殊、地形地貌组合复杂、耕地资源严酷贫瘠、水资源极度稀缺、气候类型多样善变，年降水量稀少且地区分布不均，年蒸发量几乎是年降水量的4倍，地表水资源存量少，农业发展环境及条件极为不利。近年来出现的地下水位下降、湖泊退化、河水断流、雪线上升、冰川退后等现象，进一步加重了水资源短缺对农业发展的威胁；加之，长期以来形成的干旱环境又是农业发展的先天性不足因素，几乎每年都有不同程度的旱灾发生，同时，在全球气候变暖的影响下，气温的持续升高会使土壤中的水分蒸腾加快，干旱灾害的增加日趋明显，特别是春末夏初频繁发生的"卡脖子"旱情对农作物生长早期影响很大；另外，过度开发资源所造成的水土流失、土地沙化、泥石流、滑坡及面源污染等自然灾害，以及频繁出现的风沙、暴雨、霜冻、冰雹、干热风等气象灾变，进一步加剧了农业生产面临的自然风险。

（二）产业链中低端徘徊，产品竞争力不强

甘肃省特色农业区域化种植面积可观，但经营格局分散且规模偏小。近年来，农民合作社、家庭农场等新型农业经营主体的不断成长，不仅有效地发挥了桥梁与纽带的作用，而且进一步促进了现代农业的发展，但其普遍存在规模小、实力弱、影响力不够、带动力不强等问题，而农业产业化龙头企业或是规模不大、或是正在规划，且以初级产品生产与粗简加工为主，产品

附加值不高，在规模化经营、产业化发展、先进技术应用、商业化创新等领域步履维艰，种植、养殖、购销、加工等环节连接不紧密，有效利益共同体尚未形成，产业要素集聚能力弱，农业产业链长期处于中低端徘徊状态，农产品市场的竞争力普遍不强。

（三）交通运输基础设施建设滞后，农产品流通效率不高

甘肃省地处西北内陆，地形地势复杂，综合性交通运输基础设施功能还不够完善，向南直接延伸的运输通道尚不够通达。与此同时，以商贩运销为流通主体、以商贸集市与批发市场为主要载体、以初级产品和粗简加工品为主要流体、以现货交易为基本方式的农产品物流格局，导致农产品物流成本高、规模小、效率低。加之，农业农村信息化基础设施建设相对滞后，也缺乏及时、有效、全面的信息共享与公共服务平台，农产品市场信息联通集成度不高、市场反应灵敏度不够、流通效率不高。

（四）农村人力资源配置失衡，农业科技含量不高

虽然甘肃省农业人口占总人口的比重较高，但是农村劳动力资源结构性短缺和人力资本供给不足一直是制约农业转型升级的关键性因素，农村中大量受教育水平相对较高的青壮年劳动力常年外出务工，农业生产妇女化、老年化及半劳力化问题日渐突出，严重阻碍了农业科技知识的普及和新技术的推广与应用，尤其是有知识、懂专业、会管理的综合型人才的短缺，严重阻碍着外向型农业产业链的延展，再加上农产品储运加工技术及设施装备的落后、系列化产品开发及创新能力不足等因素的制约，导致农业发展中存在先进技术推广不力、现代科技应用不足、农业科技贡献率不高，产品科技含量不够、附加值不高、市场适应能力不强等问题。

（五）农业标准化建设及质量安全水平不高，农产品出口面临非关税贸易壁垒阻力

随着经济社会的快速发展及人们生活质量的不断改善，人们的消费倾向

以及对农产品质量安全的诉求也在不断升级，但是在农产品生产过程中长期存在大量甚至过量的无机投入，以及短期性趋利行为所引发的农产品质量安全信任危机，产品出口更是频频遭遇绿色贸易壁垒。甘肃农业产业价值链以中低端为主，产业链条较短且精深加工企业较少，产品的科技含量与附加值不高，标准化程度低，农产品质量安全、农药残留、化肥施用等多项指标与国际市场农产品检验检疫和质量安全标准还有较大差距，农产品出口面临着严格的绿色贸易壁垒、环境贸易壁垒等技术性非关税壁垒的严峻考验。

三　甘肃农业融入南向通道建设的着力点

（一）系统整合要素资源，合力构建农业外向化发展支撑体系

立足区域资源禀赋条件与农业特色优势产业，从政产学研用协同创新与技术研发推广、标准化生产加工与质量安全体系建设、新型职业农民培育与农村人力资源供给结构优化等方面，系统化整合要素资源，合力构建与农业外向化发展相适应的产业支撑体系。

1. 推动政产学研用紧密合作，加强协同创新与技术研发推广

搭建多部门共同参与、多渠道整合资源的政产学研用紧密结合的协同创新与技术推广联盟，深化政产学研用更紧密的合作，瞄准农业外向化发展亟须解决的关键问题，加大 R&D 投入，加快基础应用研究，加强核心关键技术联合攻关，尤其要注重农业多功能开发与系统集成，产品精深加工与现代包装仓储、标准化生产与品质提升，绿色有机与环保无污染等现代科技的推广应用，努力提升农业科技贡献率，提高农产品科技含量和附加值，夯实农业外向化发展基础。

2. 构建现代化经营服务体系，提升农业可持续发展能力

依托公益性服务机构，联合新型农业经营主体和其他社会力量，构建公益性服务与经营性服务相结合、专业化服务和综合性服务相协调的现代化经营服务体系，为农业产前、产中、产后等生产经营全过程提供优质、高效、

全面、配套的一条龙服务，重点关注农业产业化短板，选择发展需求强烈、市场化机制还未形成的关键环节，针对性地开展社会化服务试点，以此激发市场主体的动力和活力，最终在内外因素双向驱动下打破产业链中低端徘徊状态。

3. 推进标准化生产与加工基地建设，健全产品质量安全追溯体系

围绕区域农业特色优势产业，构建新型经营主体与农户更紧密的合作机制，并结合耕作制度优化改进和新技术推广应用，努力推进标准化生产与加工基地建设，强化农产品生产各个环节的质量安全追溯体系建设，对产品质量、特色、安全、卫生等多项指标进行严格规定与检测，从源头保证农产品食用安全，实现从资源特色优势向市场竞争优势的转变。

4. 加强新型职业农民及经营骨干培育，优化农村人力资源配置结构

拓宽培养口径与范围，既要注重实用技能培训，也要强调基于全产业链的现代化经营理念与科学技术普及性教育，培养有知识、懂技术、善经营的"新型职业农民"，尤其要加强新型农业经营主体负责人及骨干的培育，既要加强针对现代科技知识的培训，更要强化职业素养、经营能力与管理水平提升等方面的培养，培养一批集经营管理、技术推广、创新创业能力于一体的现代化农业经营骨干，全面提升农村人力资本水平和优化劳动力供给结构，充分发挥人才对农业发展的支撑作用。

（二）优化农业全产业链布局，构建大格局农产品流通体系

加快甘肃农业"走出去"的关键是立足特色优势农业区域化布局，系统优化农业全产业链布局，并通过构建大格局现代化农产品流通体系，全面促进农业产业链各环节协作，有效实现价值链延伸。

1. 培植壮大农业产业化联合体，系统优化农业全产业链布局

在相关政策引导和市场竞争驱动双重作用的基础上，推动各类新型农业经营主体间通过要素流动和互相协作形成农业产业化联合体，并通过对产业链横向一体化拓展、纵向一体化整合、多元一体化融通等空间系统的整合和关键环节的规范引导及政策扶持，引导涉农产业经营主体通过专业化分工与协作，把生产、加工、流通、社会化服务等不同过程中的利益主体联结起来，

最终形成横向耦合、纵向固接、协同共生的大农产业生态群，打造从田间地头到厨房餐桌"一条龙"的现代化农业全产业链布局，有效实现价值链增值。

2. 构建稳定利益联结机制，优化产业链各环节收益分配

在充分发挥龙头企业和新型经营主体带动作用的基础上，通过加强市场监管和规范市场秩序，引导产业链各环节经营主体推行契约化管理和规范经营行为，构建"利益共享、风险共担"的利益联结机制与组织模式，并通过惠农政策扶持、项目资金倾斜、分配机制优化、联户助农模式创新等方式，重视广大农户在产业链运行中的基础性地位，切实保障农户能够合理分享产业价值链增值收益。

3. 提升农业物流现代化水平，构建大格局农产品流通体系

大力推进移动互联、大数据、物联网等现代化信息技术与农业物流深度融合，并从产品规格、信息编码、仓储管理等行业标准化入手，全面提升物流体系运行自动化、数据信息可视化、设施设备智能化水平，打造综合性电商服务平台、线上线下协同交易中心、供应链金融服务中心和质量控制（检验）中心，大力推进电子商务、直供直销、代理配送等农产品销售新业态，加快建设集仓储物流、电子商务、供应链管理于一体的现代化物流配送中心，形成立足产区、辐射面广的现代化物流网络体系，进一步推动"铁、公、空、海"等多种物流方式无缝衔接，强化冷链物流，加密冷链班列，完善班列场站配套服务设施，并依据特色优势农业产区分布，科学规划与建设多式联运物流中心和保税仓库，系统整合农业物流信息资源，不断提升农产品物流效率，构建大格局农产品流通体系。

（三）强化产品系列化精深开发，提升农业区域公用品牌影响力

在全球竞争由产品竞争向产业链竞争转变，农产品市场竞争由价格产能竞争向品质品牌竞争转变的大背景下，提升甘肃农业竞争力的关键是将资源禀赋及特色优势跃迁为以技术整合和产品创新能力为基础的产业链竞争优势，其中产品精深开发与区域品牌建设是关键。

1. 加大农产品系列化精深开发力度，有效拓展价值链增值空间

在生活节奏加快和食品消费多样化、高端化、便捷化与日俱增的背景下，农产品系列化精深加工品必将成为市场刚需并逐步融入人们的日常生活中，发展前景广阔、增值空间巨大。应进一步加大政策扶持力度，培育壮大农业产业化龙头企业，提升龙头企业自主创新能力，并通过产品核心功能和消费价值链的有机整合，加快农产品系列化精深开发，有效拓展价值链增值空间。

2. 构建共生联动协同机制，提升农业区域公用品牌影响力

区域公用品牌建设是决定特色农产品市场竞争格局的关键因素，但其具有公共产品属性，须由相关利益主体的共同联合与协作，才能发挥其最大优势。应通过调整品牌战略目标与加强品牌资源整合，努力推进企业自有品牌与区域公用品牌实现交互式良性发展，其他各类涉农产业链经营主体承担着协同共建、维护和推广区域公用品牌的责任，应通过构建共生联动机制，充分发挥协同作用，全方位促进区域公用品牌的建设。与此同时，还要充分发挥行业（产业）协会的协作共商、洽谈交流等对话机制，通过制定颁布行业规范和奖励机制严格行业自律，推动各类经营主体积极采用地理标志产品专用标志和自有品牌相结合的方式，实现产地良性竞争、对外"抱团"突围，凸显产区特色优势，扩大区域公用品牌知名度和市场影响力。

参考文献

张建：《中新南向通道助贵州扩大对外开放》，《国际商报》2017 年 11 月 13 日，第 B04 版。

罗哲：《建设好南向通道的着力点》，《甘肃日报》2018 年 12 月 7 日。

潘欣：《以"一带一路"南向通道建设推动西部开发新格局》，《中国经贸导刊》2018 年第 6 期。

G.9
甘肃农业科技国际合作与交流

郭天文 闫沛峰 班明辉 张自华 孔学夫 朱子婷*

摘　要：　本文总结回顾了20世纪40年代至今，甘肃省农业科技国际合作交流的进展与取得的成效、存在的不足，提出了今后甘肃省农业科技国际合作与交流的重点领域。甘肃省现代农业科技对外合作交流大致可分为起步、逐步开展、快速发展三个阶段。在世界经济全球化的大背景下，甘肃省开展了宽领域、多层次、全方位的农业科技对外合作与交流，在引进国外先进技术、方法、资源的基础上，通过消化、吸收、再创新，不断提升科技创新水平，有效地推进了全省农业科技进步。特别是改革开放以来，甘肃省引进了一批作物种质资源，选育出一批特色鲜明的作物新品种，提高了作物科学研究水平，拓展了旱作农业研究领域，迅速提升了土壤肥料与节水农业、植物保护、畜牧学、园艺学的科学研究水平，为科技创新注入新的活力，促进了全省农业产业的发展；同时大力开展国际合作成果转移转化，助推服务"三农"和精准扶贫，拓展了国际合作范围。下一步重点加强同"一带一

* 郭天文，甘肃省农业科学院科技合作交流处处长，二级研究员，甘肃省优秀专家，甘肃省领军人才第一层次，主要研究方向为土壤与植物营养、旱地农业等；闫沛峰，甘肃省农业农村厅外经外事处处长，主要研究方向为农业对外合作、农村一二三产业融合发展；班明辉，甘肃省农业科学院合作交流处副研究员，主要研究方向为特色林果研究与技术推广；张自华，甘肃省农业农村厅外经外事处二级调研员，主要研究方向为农业国际合作项目和农业"走出去"等；孔学夫，甘肃农业大学国际合作与交流处处长，副教授，主要研究方向为绿洲农业研究；朱子婷，甘肃省农业科学院科技合作交流处研究实习员，主要研究方向为葡萄与葡萄酒管理。

路"沿线国家的科技合作交流，瞄准国际前沿，做好高端技术、农业装备和高端人才引进；立足国内领先技术及自身优势，积极开展技术产品输出和科技合作；围绕现代丝路寒旱农业，加强与发达国家、港台地区现代农业科技合作与交流，积极探索农业新兴产业国际合作，推动现代农业主导产业升级。

关键词：　农业科技　国际合作交流　甘肃省

在世界经济全球化的大背景下，农业科技的国际合作与交流作为我国农业发展和外交工作的重要组成部分，在提高我国农业生产水平和农业科技水平、促进农业和农村经济高效可持续发展等方面发挥了重要作用。甘肃省农业的科技合作与交流工作采取宽领域、多层次、全方位的工作措施，在引进国外先进的研究思维、资源、技术、方法、模式、经验的基础上，通过消化、吸收、再创新，不断提升科研创新水平，有效地推进了全省农业科技进步。研究总结全省农业科技合作与交流工作，对促进农业高质量发展、巩固拓展扶贫成果、全面实施乡村振兴具有重要意义。

一　甘肃省农业国际合作与交流进展

甘肃省是我国最重要的农作物物种驯化地之一，农业对外合作交流历史悠久，至今许多农作物物种名称还有外来物种的痕迹，如胡麻、胡萝卜。与全国大体相同，20世纪40年代至今，甘肃省农业科技对外合作交流大致可分为起步、逐步开展、快速发展三个阶段，而真正广泛开展对外合作与交流始于改革开放以后。

（一）起步阶段（1944～1978年）

20世纪40～70年代，甘肃省的对外合作交流极少。1944年6月，美国副总统华莱士访华，向时任甘肃省建设厅厅长、甘肃省农业改进所所长、著名经济学家张心一赠送美国"甜蜜瓜"良种，该品种始称"华莱士"，后更名为白兰瓜，至今享有盛誉。

1948~1949年，甘肃省农科院的前身甘肃省农业改进所与甘肃省水利林牧公司引进了美国玉皮等3个小麦新品种试验成功，在甘肃中部和河西地区种植，均较当地主栽品种增产20%左右。1948年，甘肃农业大学以资助路费和部分学费的方式，选派谢铮铭、陈北亨等4名教师分别到英国和美国进修深造，回国任教后在动物医学的学科建设和人才培养上做出了突出贡献。

20世纪50年代，甘肃省农业科技对外合作主要与苏联及东欧的社会主义国家之间展开学术交流。1952年8月，苏联专家伊凡诺夫应邀在甘肃农业大学做了关于"培养农学家的问题"的学术报告；之后，苏联兽医专家彭达林可、高教部顾问苏联专家叶尔绍，以及保加利亚兽医科学试验研究所所长伊凡诺夫院士等专家学者应邀到甘肃省开展学术交流。甘肃农业大学也选派21名骨干教师赴苏联和东欧国家攻读副博士学位和留学进修，其中大多数留学人员成为不同学科的学术骨干和学科带头人。

（二）逐步开展、储备筑基阶段（1979~2007年）

党的十一届三中全会后，我国开始实行对内改革、对外开放政策。改革开放的春风吹拂着陇原大地，甘肃省对外农业科技合作交流也迎来了春天，国际合作交流迅速增加。由于甘肃省农业科技水平较低，这一阶段主要为引进国外先进理念、技术、方法。特别是1997~2007年，甘肃省农业系统采取"派出去、请进来"的方式，通过承担实施国际合作项目，利用双边、多边和民间等多种渠道开展有组织的对外交流与合作工作，国际科技合作交流快速发展。

仅甘肃省农科院就先后接待国外专家学者、国际组织代表、政府官员等198批350多人（次），选派由中高级职称科技人员和业务骨干组成的出访团组132个160余人（次）赴20多个国家或地区考察、访问、学习，先后引进各种农业新技术 20 多项，各类农作物种质资源 1.5 万余份。国际合作与交流领域涉及种质资源收集利用与新品种选育、旱地农业、土壤肥料、畜牧与动物健康养殖、饲草料加工与秸秆饲料化、农业可持续发展、设施农业及保护地栽培、农业环境控制与生态修复、重大农作物病虫害预防与控制、农产品加工、农业信息技术、农业生物技术、生物质能源等 20 多个专业学科。在对外交流与合作的过程中，争取到各类国际科技合作项目 116 个，引进了一批急需紧缺的研究设备和仪器，对改善科研手段、加速人才培养和提高科研创新能力起到了显著促进作用。

同时，甘肃省争取到多个国际援助项目，其中省农牧厅承担了联合国世界粮食计划署（WFP）项目、国际农业发展基金（IFAD）项目、全球环境基金（GEF）保护生物多样性项目、世界银行（WB）贷款甘肃牧业发展项目、中加可持续农业发展和动物健康推广服务项目、全球环境基金（GEF）甘肃牧业发展项目、中欧奶类项目、神内甘肃生态农业发展基金项目、日本政府粮食增产援助项目（第一、二期）等国际援助项目。教育部、农业部也设立了"春晖计划""国际先进农业科学技术项目"，重点引进国外先进技术，极大地促进了甘肃省农业科学技术和农业生产水平的快速发展。

在农业部国际先进农业科学技术项目（"948"项目）的支持下，甘肃省农业科研教学推广机构引进了大量农作物新品种、新技术和新装备，先后开展实施了"扁桃引种及栽培技术""国外优质小麦品种引进推广""国外抗锈小麦品种及种子产业化技术引进推广""食葵 DK119 新品种引进""抗除草剂油菜品种资源引进与利用""饲用甜菜新品种的引进与推广""抗病小黑麦品种及关键栽培技术引进""草坪草和优良牧草种子产业开发工程""短期兼用绿肥作物优良品种引进""肉用种羊的引进""引进优良种猪改良地方猪种"等项目。陆续从美国、意大利、法国、加拿大、俄罗斯、土耳其、西班牙、巴西、莫桑比克、马来西亚、德国等国家引进了扁桃及其砧木、小麦、小黑麦、马铃薯、亚麻、食葵、甜菜、草坪草原种和苜蓿、箭筈豌豆等作物新品种；从美国、新西兰引进了大约克夏、杜洛克猪种，波德代（BORDERDALE）、无角陶赛特（POLL DORSET）肉羊新品种，以及美国三倍体虹鳟、鲟、镜鲤、罗非鱼等鱼类新品种；引进了节水灌溉与沙化控制技术、小麦及马铃薯丰产栽培综合技术、小麦条锈病防治技术、马铃薯标准化生产技术、玉米丰产栽培综合技术、油菜综合生产技术、肉羊标准化养殖、虹鳟鱼养殖、河西走廊作物固定道保护性耕作农业技术等系列生产技术；引进了 SDM－3 型柳原式荞麦脱壳制粉机、SPM－1520 型药材清洗机、SPM－SPECIAL 型药材斜片切药机、SPM－208 型直片切药机、TJDL－15WA 型药材干燥烘箱、德国深松犁等农产品加工和生产设备。

在此期间，甘肃省农业科研教学机构也开始与国际科学基金（IFS）、世界粮农组织（FAO）、全球环境基金（GEF）、国际玉米小麦改良中心（CIMMYT）墨西哥总部、土耳其分中心（CIMMYT－ICARDA）、国际干旱地区农业研究中心（CGIAR）等国际科研机构签署了农业科技合作协议，使得甘肃省国际合作交流逐步步入正轨。

（三）巩固提高与快速发展阶段（2008年至今）

2008 年以来，国际合作交流进入快速发展时期。甘肃省内各涉农科研院所、大专院校、技术推广部门及涉农企业积极贯彻落实"引进来、走出去"措施，通过争取和承担引智和国际合作项目，邀请国际知名专家学者开展合作研究，组织参加出国（境）技术培训，参加国际学术会议，赴外技术研修、学术交流，广泛开展对外农业科技合作与交流。围绕甘肃省特色农业发展，依托引智项目，邀请国外农业专家举办农业科技培训班 540 多期（次），培训农业科技人员、农村实用人才 5 万多人（次）。2008～2017 年，仅甘肃省农科院就接待来访外国专家学者 322 批 551 人（次），派出出访团组 211 批 423 人（次），引进国外先进技术 50 多项，引进国外种质资源 2.63 万份，与 30 多个国际组织、政府和企业建立了长期友好关系。在国家科技部、农业部、外专局以及省科技厅、外专局的支持下，组建了中国干旱半干旱地区工业污染土壤管理中—荷技术转移中心、"干旱灌区节水高效农业"国际科技合作基地、"小麦条锈病基因控制"国家引智示范基地、"海智计划"甘肃海智基地工作站等国际科技合作平台，进一步提升了甘肃省对外农业科技合作交流的能力和水平。同时，开展了"国外无刺花椒新品种引进与种植示范推广""藜麦种质资源引进与示范推广""国外彩棉优质新品种引进与产业化开发示范推广"等一系列省级引智示范推广项目。兰州大学、中国农科院兰州兽医研究所、甘肃农业大学、甘肃省农科院、甘肃水利科学研究院等大专院校和科研院所取得了国家科技部、经贸部发展中国家技术培训班项目承办单位资质，并面向非洲、中亚、东南亚国家开展了技术培训和技术推广，使甘肃省对外合作交流进入了实质性技术输出阶段。特别是党的十八大以来，在习近平总书记大国外交思想的指引下，甘肃省农业科技对外合作交流日益频繁，国际合作交流的深度和质量大幅度提高，农业科研教学机构、农业龙头企业加快了对外合作交流的步伐，先后与国际研究机构、国外知名大学及大型企业正式签订了多项国际合作框架协议，合作内容包括联合申报科研项目、科研人员互访、合作培养青年科技人员与研究生、交换作物种质资源等方面。这些合作协议的签署为贯彻落实国家"一带一路"倡议和甘肃省委省政府打造新"丝绸之路"甘肃黄金段战略部署、进一步加强国际合作交流奠定了基础。

二 甘肃农业科技国际合作交流的
主要领域与取得的成效

（一）引进了一批作物种质资源，选育出特色明显的作物新品种

育种工作是甘肃省农业科研工作的重点，创制优异种质资源，选配优良杂交组合是选育新品种的基础性工作。长期以来，坚持"高""精""新""准"的原则，先后从美国、匈牙利、日本、墨西哥、法国、西班牙等国家引进粮、棉、果、菜以及小杂粮等各类植物种质资源数万份，并利用这些种质资源培育出了一批高产、优质、抗病的农作物新品种及优异种质材料。

甘肃省农科院、甘肃农业大学及市州农科院所等科研教学机构在与加拿大圭尔夫大学、意大利新技术能源环境委员会（ENEA）、国际玉米小麦改

良中心（CIMMYT）以及澳大利亚悉尼大学植物育种研究所、美国农业部等进行国际合作中，利用引进的小麦、玉米等国外品种资源筛选出了多份具有抗条锈病、高蛋白和高赖氨酸等突出特点的育种材料，通过消化、吸收和自主创新，育成了陇春系列、兰天系列、陇鉴系列等一大批抗病、抗旱小麦新品种。其中兰天15号、陇春28号分别获得2011年、2013年甘肃省科技进步二等奖，"抗条锈小麦品种的育成与推广"获得2012~2013年中华农业科技二等奖，"CIMMY种质资源引进与创新利用"获得2016年国家科技进步二等奖。定西市农科院利用从乌克兰苏梅国立农业大学先后引进的冬小麦种质资源选育出优质抗旱抗寒冬小麦新品种陇中系列小麦新品种4个，获省部级科技成果奖2项、市厅级奖5项。利用匈牙利引进的啤酒大麦种质资源，先后培育出法瓦维特及甘啤系列啤酒大麦新品种，这些品种不仅高产、抗病、节水，而且酿造品质优异，是国内公认的优质酿造啤酒大麦原料，成为西北麦区甘肃、内蒙古、宁夏、青海、新疆等省（区）的主栽品种，占甘肃省啤酒大麦种植面积的95%以上、新疆啤酒大麦种植面积的40%以上。利用引进材料育出陇薯、甘农薯、武薯、天薯四大系列40多个马铃薯新品种；引进了俄罗斯、土耳其等国亚麻新品种15个，筛选出Prompt、Linton、Dufferin三个既抗枯萎病又抗锈病的双抗材料；从CIMMYT引进小黑麦品种9个，鉴选出适宜甘肃省种植的CTSS92Y1081、SWTY87246两个品种；从新西兰引进的波德代（BORDERDALE）、无角陶赛特（POLL DORSET）等肉羊新品种，有效促进了甘肃省草食畜牧业的快速发展。

甘肃省农科院土壤肥料研究所、旱地农业研究所与国际豆类干旱研究中心（叙利亚）合作，引进筛选出抗旱性极强、速生、产量高、养地效果明显的短期兼用绿肥品种FILIP和针叶豌豆新品种MZ1。经济作物与啤酒原料研究所利用从德国引进的Beta-red、Beta-yellow两个饲用甜菜新品种，选出适宜甘肃省种植的饲用甜菜新品系LC1；利用从美国引进的彩色棉材料，杂交选育出"陇绿棉1号"、"陇绿棉2号"及"陇棕棉1号"，其中"陇绿棉1号"是国内第一个审定定名的绿色棉新品种，并加工出国内第一批彩色棉服装及其他制品，丰富了我国棉花遗传资源，为解决我国棉花育种资源不足、基因库狭窄问题积累了物质储备。

进入 21 世纪以来，为适应市场需求，突出了优质专用加工品种的引进与选育。甘肃省农科院马铃薯研究所利用从德国、加拿大、美国引进的马铃薯抗病资源和优质加工型资源，获得了马铃薯抗病毒基因，育成了一批高产、优质、加工专用型马铃薯新品系，克服了国外直接引用品种产量低、不抗本地病虫害、生产成本高、难以大面积推广等缺点。畜草与绿色农业研究所先后引进国内外藜麦种质资源 100 余份，采用系统育种结合栽培驯化的方法，选育出了"陇藜"系列藜麦新品种，引进国外专家及其藜麦栽培管理技术，在甘肃省及我国西北地区试验研究，制定出适合西北地区气候特点的藜麦高效栽培技术规程，为西北地区藜麦产业的发展奠定了技术基础和品种保障。

国外优异种质资源的引进与利用，丰富了基因资源，拓宽了育种领域，不仅提高了甘肃省育种技术水平，而且有力地推动了种植业结构调整，实现了农业增效、农民增收，为甘肃省农业产业化发展注入了新的活力。

（二）提高了重点学科的研究水平，增强了科技创新能力

1. 提高了作物科学研究水平

甘肃省科研教学机构在与墨西哥国际小麦玉米改良中心（CIMMYT）近 20 年的合作过程中，从单纯的小麦种质资源交流与鉴定，逐步拓展到小麦、大麦、玉米、小黑麦等多种作物的品种改良、栽培技术和基础材料，野生资源的利用研究等领域，提高了甘肃省作物育种和栽培技术研究水平。定西市农科院在荷兰、加拿大专家的精心指导下建立了全省第一家马铃薯病毒检测实验室，解决了营养液配方、栽培基质配方、质量检测标准等技术难题，促进了马铃薯脱毒快繁技术的快速普及与推广，该院"马铃薯脱毒种薯生产基地"也被国家外国专家局确定为甘肃省第一家国家级引智成果示范推广基地，促进马铃薯产业成为带动地方经济发展的主导产业。

2. 拓展了旱作农业研究领域

在联合国开发计划署（UNDP）援助项目"中国西北旱作地区持续农业体系的研究示范与推广"实施期间，UNDP 派遣 20 多位官员和专家来甘肃

进行技术指导，甘肃省农科院、甘肃省机械研究院选派 10 余名科研人员分别赴美国、以色列、加拿大等国研修，总结提出了在旱地作物需水关键期进行补充灌溉的旱农研究新思路。随着国际合作范围的逐步拓展，旱农研究不断深化，从自然降水的高效拦蓄与利用，到作物抗旱筛选指标体系的建立，以及滴灌、渗灌设备的改良研究都取得了明显成效，为甘肃省旱作地区农业生产持续发展和生态环境综合治理开辟了新途径，取得了良好的社会、生态和经济效益。

3. 提升了土壤肥料与节水农业研究水平

"九五"以来，甘肃省农科院长期与加拿大钾磷肥研究所（PPI/PPIC）、国际植物营养研究所（IPNI）合作，先后开展了"北方土壤供钾能力及钾肥高效施用技术研究""平衡施肥技术研究""甘肃主要养分限制因子与养分管理策略研究""甘肃省油用向日葵 4R 钾肥管理研究""甘肃省中东部旱作区主要作物养分管理与平衡施肥技术"等科技项目，掌握了以系统研究法为基础的土壤养分状况综合评价、平衡施肥等先进技术。项目实施期间，甘肃省农科院先后有 3 人赴加拿大萨斯喀彻温大学参加了土壤肥料信息技术、GIS 技术及远程教育等方面的学习培训，在甘肃省中部贫困地区和河西灌区开展了以系统研究法为基础的测土推荐施肥、土壤养分状况综合系统评价、"3S"技术、土壤养分精准管理技术的研究与示范推广工作，为甘肃贫困地区提高土壤养分利用率、有效实施平衡施肥提供了科学依据。与美国德克萨斯理工大学农学院建立了稳定的合作交流关系，并通过农业部"948"项目"节水农作制度关键技术引进与创新"的实施从美国引进了土壤和作物参数监测预报技术、农田水分自动监测技术和节水种植技术，建立了适合甘肃省干旱灌区的实用性水分信息处理技术，促进了节水农业学科的发展；通过赴澳技术培训，与澳大利亚国际合作中心建立了友好合作关系，联合开展了"灌区固定道保护性耕作水肥资源高效调控技术研究"，提升了甘肃省土壤与植物营养学研究水平。

4. 提升了甘肃省畜牧学科研究水平

甘肃农业大学、甘肃省农科院和在国际畜牧研究领域具有极高声誉的美国德州农工大学、美国俄克拉荷马州立大学、美国南达科他州立大学和美国奥本大学，在草地管理和放牧家畜生产研究领域知名的澳大利亚悉尼大学、查尔斯特大学，以及美国农业部农业研究中心平台（USDA ARS）、德国联邦动物卫生研究所等建立了稳定的合作关系。在与美国瑞科营养公司合作的基础上，成功研发出高纤维作物秸秆饲用化促进剂2个、牛羊TMR日粮次生发酵毒素灭减剂1个，研制出肉牛品质育肥技术TMR配方3个、羔羊育肥料配方5个、羔羊代乳料配方3个。通过国际科技合作，组建了中—美草地可持续发展研究中心、中—澳ACIAR农业研究项目和中—德牦牛骆驼基金会3个合作研究平台。畜牧专家吴建平教授利用担任中—美草地可持续发展研究中心中方主任的身份，在中美草地可持续发展研究中心、中—澳ACIAR农业研究项目、中—德牦牛骆驼基金会等国际科技合作平台，以及国家外专局高端引智项目的资助下，引进了在草地畜牧业管理具有重要影响力，担任第22、23届世界草地大会执行主席的David R. Kemp教授；在世界转基因动物研究领域具有重要影响力，德国弗里德里希·吕弗勒研究所农场动物遗传学研究所所长Heinrich J. Niemman教授；美国动物科学出版物协会主席奥本大学教授James L. Sartin先生等专家人才。在这些专家的帮助指导下，甘肃省的畜牧科学水平迅速提升，引进的外国智力资源也在西北乃至全国畜牧领域得到了广泛的辐射和共享。

5. 园艺学科技水平得到大力提升

依托农业部948项目、国家及省级引智项目的实施，引进了一批蔬菜、果树新品种和智能日光温室控制与生产新技术，迅速提高了甘肃省园艺生产技术水平。甘肃省农科院果树所从美国和欧洲引进了鲜食和无核葡萄品种40多个，选育出适合甘肃发展的葡萄新品种16个，推动了甘肃葡萄酿酒品种和鲜食品种的更新换代以及葡萄学科的发展；通过邀请西班牙科学院果树育种专家来华访问的机会，与其建立长期合作关系，每年春季由西班牙寄送优异杏花粉资源，与甘肃省地方杏资源进行杂交选育，选育自花结实率高、抗性强的杏新品种，目前已筛选出了杏新品（系）2个；依托引智项目支持，与日本早稻田大学、广岛大学等合作，引进日本花椒专家、先进技术和无刺花椒品种，通过技术改良，选育出适合甘肃本地栽植的无刺花椒新品种6个，普遍表现出无刺或少刺、早果、大粒、高产、质优、耐涝、抗旱、抗病等优点，为解决花椒采摘困难、成本居高不下等问题提供了技术途径；引进俄罗斯沙棘品种40多个，从中筛选出楚伊、向阳等优质抗病、放牧型、观赏型大果沙棘品种14个，建立了良种采穗圃、育苗圃和试验示范园，为甘肃省退耕还林还草、生态环境建设增添了新的物种。蔬菜研究所利用从荷兰引进的花椰菜杂交种选育出了早熟、高产、优质、抗病的花椰菜新品种祁连白雪；从法国引进的2份厚皮甜瓜材料中，获得了完全单性花材料，为选育新类型甜瓜杂交种奠定了基础。

通过国际合作交流，引进、消化、吸收、再创新，促进了甘肃省果树蔬菜产业迅速发展，一大批新品种、新技术的研发和应用，使现代果树蔬菜育种与栽培技术得到大力提升，降低了生产风险，提高了农民收入，为甘肃省果树蔬菜优良新品种选育和产业发展奠定了基础。

6. 为科技创新注入新的活力

支持在外留学人员以多种方式报效祖国并为其创造必要条件，1997年国家教委开始实施"春晖计划"，对海外留学人员回国开展合作科研项目、学术交流进行专项经费资助。自1997年以来，甘肃省共承担教育部资助"春晖计划"项目30多项。其中，1997年7月"春晖计划"重点支持的第一个重大项目"留法学者支持西部建设项目"在甘肃的实施，拉开了留学人员参与西部大开发的序幕。甘肃省农科院通过项目实施，引进、鉴定、筛选和选育各类农作物新品种190个，研制果蔬保鲜剂、新农药及小麦、玉米专用肥等新产品9个，开发各类果品蔬菜贮藏保鲜、集雨节灌工程和配套节水灌溉、农药混配施用、节能日光温室果树栽培等新技术12项，6项成果获甘肃省科技进步奖，累计推广应用面积近70万公顷，取得了较好的经济和社会效益，为科研工作注入了生机和活力。

7. 促进了农业科技产业的发展

甘肃省农科院与美国孟山都公司、瑞士汽巴嘉基公司合作开展了小麦根病防治、生物农药在无公害蔬菜生产中的应用等技术研究，筛选出了

Mon65500、Tlit 种子处理剂和无公害农药 Spisonad 等新型药剂，研发出的"麦根宁"种子包衣剂可有效控制小麦根病危害。筛选出的2.5%菜喜胶悬浮剂、15%安打悬浮剂和68.75%易保水分散粒剂等3种农药，具有高效低毒、广谱性强、作用速度快、对环境和生物友好等特点，成为当时无公害蔬菜生产中病虫害防治的理想药剂。这些成果的取得不仅推动了甘肃省农业特色产业的发展，同时也增强了甘肃省农业科技产业发展的后劲。

（三）大力开展国际合作成果转移转化，助推服务"三农"和精准扶贫

甘肃省广大科研技术人员在对外交流合作中从自身科研实际出发，以全省农业生产的现实需求为主，针对甘肃省农业生产中的热点、难点，坚持"需什么、引什么""缺什么、引什么"，极大地提高了技术引进的应用效率和科技合作交流的工作成效。把遍布全省不同生态类型区的农村基点和综合试验站作为外引科技成果的转化平台，充分发挥外引新技术、新品种的辐射源和示范带动作用，不仅丰富了甘肃省引进技术成果示范推广的内容，提升了服务"三农"的水平和能力，而且促进了地方区域经济的发展和农民的增收。

甘肃省农科院承担的引智项目"陇中半干旱区萨福克羊引种繁育、杂交改良技术研究与示范"，在萨福克肉羊品种性能观测、人工授精、胚胎移植等方面取得了显著进展，通过肉羊暖棚饲养管理等技术的集成示范推广，产生了良好的生态、经济和社会效益。利用从德国、加拿大、美国引进的马铃薯抗病资源和优质加工型资源，育成了陇薯7号、LK99等一批高产优质全粉加工专用型马铃薯新品系，累计推广面积超过210万公顷，新增纯收益80亿元以上。引进选育的丰产优质多抗胡麻新品种在全国油纤兼用亚麻主产区年种植面积超过11万公顷，占全国同类地区种植面积的30%，成为我国新的胡麻主要栽培品种。承担的国家引智项目"国外无刺花椒品种引进筛选及新育成品种高产优质栽培关键技术研究与示范推广"，在甘肃省贫困区人口集中的陇南市武都区汉林乡、徽县伏家镇、文县高楼山、秦安县王窑

乡、镇原县方山乡、积石山县关家川乡、东乡县河滩镇等地建立无刺花椒试验示范站（点）11 处，带动当地农民发展无刺花椒产业，为项目实施区贫困农民脱贫致富发挥了重要作用。依托环县黎美种养殖产业合作联合社，通过"企业＋村党支部＋合作社＋贫困户"的运作模式，建立了旱地藜麦种植试验示范基地，通过种植藜麦带动当地贫困户稳步增收。依托"春晖计划"留法学者支持西部建设项目，从引进的法国油葵杂交种中鉴选出抗病性强、含油率高、丰产性好，适合甘肃省大面积种植的油葵杂交种法 A15，含油率达 48%～54%，单产可达 3000～5250 千克/公顷，成为甘肃省种植业结构调整的重要油料作物之一，并辐射推广到宁夏、内蒙古等省（区）。

（四）拓展国际合作范围，加强同"一带一路"沿线国家的科技合作交流

在习近平总书记"一带一路"倡议的指引下，甘肃省依托自身农业科技优势，也开始逐步将陇薯系列马铃薯、陇椒系列辣椒、陇亚系列胡麻等新品种，"121"集雨补灌、垄作沟灌、全膜覆土穴播栽培技术，蔬菜设施温室建造及高效栽培技术，非耕地设施种植技术等成熟农业新技术，马铃薯、蔬菜、中药材、苹果、小杂粮等特色农产品，SiOx 纳米保鲜果蜡、马铃薯抑芽剂、玉米种衣剂及马铃薯、啤酒大麦、花卉等农作物专用肥新产品，有目标、有步骤地向"丝绸之路"沿线国家进行技术推介和产品输出。许多大专院校、科研院所纷纷行动起来，积极组织选派农业专家赴埃塞俄比亚、塔吉克斯坦、哈萨克斯坦、尼泊尔、蒙古国等国家开展援外技术培训、技术推广和新成果、新技术推介活动。

随着科技发展、社会进步，特别是全球经济一体化进程的加快，科技进步的重要性越来越凸显。加强国际农业的科技合作与交流成为推进科技进步的重要手段，采用双边、多边和民间国际合作交流方式，围绕增加农产品的有效供给和稳定增加农民收入两大战略，利用国外资金、技术、资源推动农业快速发展，既是多年对外科技合作的成功经验，也是今后加强农业科技合作交流的努力方向，引进的国外智力和技术成果已在陇原大地上开花结果。

甘肃省农业科技对外合作交流虽然取得了喜人的成绩，但也存在许多不足，面临诸多挑战。主要表现为：一是国家整体对外开放程度快速增强与西部信息相对闭塞矛盾突出，国际合作平台基地不足，合作交流信息不对称。二是国际合作项目总量不足，专项资金缺乏，实质性合作研究不多，结构不尽合理；短期出访培训的人数多、请进来培训的少，中长期留学深造归国工作的更少。三是国际合作交流主要以技术引进为主，技术输出数量还远远不足。四是农业国际合作专门人才缺乏，结构不尽合理，实际锻炼机会不多，影响深度交流与合作。

三　农业国际合作与交流的重点与展望

今后，我们要按照习总书记构建的"人类命运共同体"的伟大构想，积极响应落实"一带一路"倡议和甘肃省委、省政府推进向西开发以及"丝绸之路"经济带甘肃黄金段建设的战略构想，抓住甘肃农业资源、气候、生态、科技等方面的优势，在夯实自身基础的同时，不断创新体制机制，抢抓机遇，努力扩大农业科技对外开放，促进全省开放型农业不断向深度和广度拓展。以市场为导向，利用多种途径、采取多种方式，"请进来，走出去"，广泛深入开展农业科技国际合作，积极争取承担各类国际合作项目，认真研判国情省情，精准开展国际合作交流。

（一）瞄准国际前沿，做好高端技术、农业装备和高端人才的智力引进

立足甘肃省特色农业实际，有目标、有计划、有针对性地引进国外知名专家学者，坚持"高""精""新""准"，引进一批具有全局性、系统性、能够解决瓶颈性问题的顶端、关键性核心技术。主要围绕小麦、玉米马铃薯等主要农作物，继续加强与国际玉米小麦改良中心（CIMMTY）土耳其分中心（CIMMYT-ICARDA）、秘鲁马铃薯国际研究中心（CIP）等机构的深度合作，广泛引进知名专家学者，开展交流互访及培训授课。科研人员要长期派

出学习深造，重点加强基因编辑技术及国外优异种质资源引进、鉴定和利用，为选育高产、优质、多抗、专用的优良换代新品种奠定基础；围绕马铃薯、酿酒原料、蔬菜、小杂粮、中药材、特色林果等特色产业，加强与美国、法国、澳大利亚、新西兰、日本、以色列等发达国家的科技合作，引进先进技术，建立和完善具有优势的规模化制种技术平台和良种繁育基地，支撑马铃薯、中药材、酿酒原料、瓜菜、花卉等特色产业和现代种业发展；以科技为支撑，以市场为导向，围绕牛、羊、猪等主要动物品种改良和农畜产品优质化、区域化和规模化生产目标，加快甘肃省动物良种快繁基地建设，提升牛、羊、猪等产业化开发的科技含量，不断提高畜产品附加值。

同时，注意引进一批掌握国际前沿农业科学理论、尖端技术的专家学者，积极加强与国际组织（如联合国粮农组织（FAO）、粮食计划署（WFP）、国际农业研究磋商组织（CGIAR）等）高端管理人员的交流，引进一批生态农业、现代农业、智慧农业发展急需的管理理念、技术与装备（如生态农业监控系统、作物生长环境智能诊断与调控系统、中药材机械化育苗装备与技术、农业智能化控制装备与技术、优质农产品贮藏保鲜及精深加工技术等）。

（二）立足国内领先技术及自身优势，积极开展技术产品输出和科技合作

主要面向独联体、中西亚地区等"一带一路"沿线国家，依托甘肃省农作物新品种选育技术优势，将陇薯系列马铃薯、甘啤系列啤酒大麦、陇亚系列胡麻、陇椒系列辣椒等作物新品种，旱作农业、盐碱土改良、病虫草害防治、全膜覆盖栽培技术、垄作沟灌技术、果树水肥高效利用、蔬菜设施温室建造及高效栽培、食用菌栽培、戈壁设施种植等成熟农业技术，以及农产品加工保鲜技术、马铃薯抑芽剂、玉米种衣剂、专用肥料等农业科技新产品，有目标、有步骤地在"丝绸之路"沿线国家或地区进行产品和技术输出。

同时，开展特色农作物品种选育试验、优质农作物高产试验示范和推

广、农业技术和管理人员培训。积极探索组装集成成套农业产业技术，赴外建立甘肃农业技术示范中心、农业技术转移中心、农业产业加工示范园等。抢抓"一带一路"发展机遇，深度开展农业种质资源、科研项目、人才交流合作。

依托与俄罗斯沃罗涅日国立大学联合开展的重大国际合作专项"中俄马铃薯种质资源创新利用及产业发展关键技术转移与示范"，强化示范和区域带动作用，逐步向周边国家拓展，重点是逐步深化与具有前期合作基础的塔吉克斯坦、乌克兰、白俄罗斯、吉尔吉斯斯坦的农业科技合作。充分发挥国家经贸部、科技部立项的"发展中国家技术培训班"的作用，加强与非洲、中东欧、中亚、东南亚等国家的合作交流和技术转移，推广有效实用的农业新技术、新成果，培养国际合作人才，促进国际合作交流走向深入。继续与印度就"饲用甜高粱种质引进及育种新技术研究"、与国际玉米小麦改良中心印度分部就植物保护、与泰国就辣椒种质资源及辣椒疫病防治开展深度合作研究，加强与南非在作物种质资源交换、新品种选育技术、大豆种质资源领域开展合作交流，拓展国际合作技术研究空间。

（三）围绕现代丝路寒旱农业，积极探索农业新兴产业国际合作

发挥甘肃省寒旱地区农业资源和科技优势，以小麦抗条锈病理及防治，高原夏菜生产，棉花抗虫转基因，牛、羊等家畜胚胎移植，桃、杏、葡萄、梨胚培养，胡麻、花椰菜、西甜瓜分子育种技术以及中药材精深加工技术等为重点，积极寻求国际合作新途径，加强生物技术研究与应用，促进现代生物技术与全省特色产业发展深度融合，积极探索农业新兴产业关键技术，推动现代农业主导产业升级。

（四）加强与港台地区的现代农业科技合作与交流

进一步加强与港台地区的农业科技合作，重点学习和借鉴现代生物技术、种业生产技术成果，以及现代农业装置装备和特色产业发展新技术，努力提高生物技术和现代产业发展技术水平。积极服务国家战略，全力配合国

家和甘肃省委省政府积极宣传精准扶贫、精准脱贫取得的重大成果，全省乡村振兴和现代农业发展的巨大成就，打造甘肃特色农产品宣传品牌，推广"丝绸之路"甘肃黄金段特色农业产业文化，讲好甘肃精彩故事。

参考文献

沈慧、张东伟：《甘肃省农业科技国际合作与交流研究报告》，《甘肃农业科技》2018 年第 12 期。

杨旖旎：《提高我国农业科技国际交流与合作能力的路径初探》，《农业科技管理》2015 年第 4 期。

彭少兵：《如何提高我国农业科技人员的国际影响力》，《农业科技管理》2015 年第 2 期。

田力：《甘肃农业大学国际交流与合作的现状及发展对策》，《北京农业》2013 年第 12 期。

甘肃省农业展会研究报告

展宗冰*

摘　要：　农业展会是会展业的重要组成部分，主要指与农业相关的展
览、会议及其相关活动。农业展会是农业农村发展成果展
示、农产品贸易流通、农业品牌培育、农业交流合作拓展的
重要桥梁。本报告通过阐述甘肃农业展会现状，分析甘肃农
业展会发展存在的主要问题，借鉴品牌展会成功经验，探索
甘肃农业展会发展的对策，培育展会品牌。

关键词：　农业展会　成果交流　品牌培育　甘肃省

农业展会是会展业的重要组成部分，是会展经济与现代农业结合的产
物，主要指与农业相关的科技成果展览、特色农产品展销、成果推介会及学
术研讨会等相关活动。现代农业的发展离不开农业会展业的宣传展示和推
介。随着农业生产的发展和农产品贸易的增长，农业会展业必须紧跟时代步
伐，拓展发展渠道，创新发展模式，更好地为"三农"服务。

一　农业展会分类及作用

农业展会是以展览和会议为主要形式，以农业信息交流，农业新技术、

---

* 展宗冰，甘肃省农业科学院科研管理处副处长，副研究员，主要研究方向为农业信息化研究
与科技管理。

新品种、新产品和农业生产资料展示及农产品展销为主要内容的综合性活动。农业展会属于服务型产业，其服务对象是农业及其相关产业。农业展会通过展示农业发展成就，解析现代农业发展形势，为外界了解当地农业发展搭建了平台。

（一）农业展会分类

随着农产品市场的扩大开放和农业产业化进程的推进，农业展会在推进农业信息传播交流、促进农产品贸易、带动农业产业升级等方面的作用越来越大。农业展会按照不同标准可大致划分为以下几类。

按照展会目的划分，可分为农业展览、农业会议和农业大型活动。农业展览是指以农产品、农资生产资料等展示、营销和交易为目的的活动；农业会议是以农业领域重大问题为主题举办的学术论坛、研讨会和各类农业年会等；农业大型活动是指具有广泛社会效应的宣传和庆祝活动等，如农产品交易洽谈会、农民丰收节等。

按照展会规模划分，可划分为区域农业展会、国家农业展会和国际农业展会。

按照展会主题划分，可划分为专业性农业展会和综合性农业展会。专业性农业展会是针对某个农业问题或某类产品专门举办的展会，特点是专业性强，参展商和参会人员大多集中在特定领域；综合性展会的参展商和参会人员来自多个农业领域，观众不特定，产品范围广。

（二）农业展会的作用

展会经济有良好的经济效益和明显的社会效益。农业展会主题涉及农业各个领域及相关产业，已成为促进农业农村经济发展的新生力量，在稳定市场调控政策、促进农产品贸易、传播农业信息、培育农业品牌、加强合作交流等方面都有着重要的作用。

1. 农业展会是促进农产品贸易的平台

农业展会参加人员众多，有政府官员、专家学者、科技人员、企业代表、普通民众等，聚集了大量的供给方和需求方，为参展商和采购商搭建了贸易平台，为参会人员提供了交流学习的平台，为农产品和农资产品供求信息提供了交流渠道。特别是以农产品推介展示为主的农业展会，地方政府和参展商各显其能，不仅商品琳琅满目，还有农产品评奖活动，大大激发了企业的参展热情，对促进农产品的贸易和流通发挥了重大作用。同时，农业展会还可以提高农产品的国际交易水平，是当地农产品走向国际市场的一个重要途径。

2. 农业展会是培育农业区域品牌的平台

加快品牌农业建设，有利于弘扬华夏农耕文化，有利于促进农业高质量发展，有利于树立农产品良好国际形象，有利于提升对外合作开放水平，增强农业在国际市场的竞争力和影响力。农业展会是打造企业形象、创建品牌的重要平台，与其他载体相比，具有成本低、效率高、覆盖面广等优势。

3. 农业展会是农业信息传播的媒介

当前，世界经济紧密相连，信息网络化高度发展，农业展会以其高度的展示功能对外界提供多种多样的农业发展信息。农业展会以其采集信息便捷、传播速度迅速、交流反馈及时等特点，让广大观众直观地了解农业发展的最新动态。

二 甘肃农业展会发展现状

甘肃是中华民族发祥地之一，有农耕文明源远流长、地形地貌复杂、气候类型多样、资源禀赋独特、环境容量较大等特征。甘肃是全国知名的种业大省、草畜大省、中药材和马铃薯种植大省及全国葡萄酒核心产区。甘肃立足资源优势，大力发展现代丝路寒旱农业，生产出了许多绿色有机、品质优良的农产品。如兰州百合、苦水玫瑰、天祝白牦牛、陇南油橄榄等"独一份"农产品；岷县当归、文县党参、陇西及武都红（黄）芪等药食同源道地中药材和定西马铃薯、武都花椒等"特别特"农产品；静宁苹果、平凉红牛、环县羊肉等"好中优"农产品；高原夏菜等"错峰头"农产品。这些"独一份""特别特""好中优""错峰头"的特色农产品为甘肃农业展会经济提供了强大的动能。

随着甘肃农业农村经济的发展，农业展会经济也得到了蓬勃发展，农展会在改善软硬件环境、提升展会质量和品牌建设方面都取得了较好的成绩，甘肃农业展会总体上由快速增长向平稳增长、质量提升和规范发展转型。一个以甘肃农业博览会、兰洽会为龙头，带动甘肃农业展会"百花齐放"的格局正在形成。据农业部门统计，2018年全省各地共举办和组织参加各类农业展会200多场次（见表1），现场销售额44亿元，签订合同金额260亿元，促进农民增收5.6亿元。

表1 甘肃省2018年大型农业展会及农产品营销促销活动统计

活动名称	主办单位	时间	地点
2018第十一届甘肃农业博览会	甘肃省人民政府 中国绿色食品协会 中华全国工商联农业产业商会	2018.9	甘肃国际会展中心
2018第二十四届中国兰州投资贸易洽谈会	甘肃省人民政府	2018.7	甘肃国际会展中心
2018首届酒泉现代种业博览会	酒泉市人民政府 甘肃省农业农村厅	2018.8	酒泉市
2018年甘肃省农业产业联合会	甘肃省农业产业联合会	2018.7	兰州市
2018年甘肃省农业科技创新联盟会议	甘肃省农业科学院 甘肃省科协	2018.3	兰州市
2018中国·定西马铃薯大会	甘肃省人民政府 农业农村部	2018.10	定西市
2018第五届丝绸之路国际生态产业博览会暨绿色有机产品(张掖)交易会	中国国际贸易促进会甘肃省委员会 甘肃省工商业联合会	2018.9	张掖市

同时，甘肃会展基础设施条件也得到了较好的改善。2008年动工修建了规模较大的甘肃国际会展中心，各地州市也相继修建了设施完好的会展中心；成功举办了12次甘肃农业博览会、25次兰洽会等大型展会。"甘味"特色农产品受到了众多国内外客商及消费者的青睐，农业会展经济成为新的经济活动形式，为城乡产业发展注入了新的活力。

三 甘肃农业展会发展中存在的主要问题

（一）农业展会"陇原"特色不够鲜明

就农业展会举办情况而言，甘肃很多地方特色农业优势没有被充分挖掘出来，尤其是赴省外参加的一些大型展览活动，"陇原"特色还不够鲜明，农产品基本处于初始状态，深加工链延伸不够，附加值不高，地方特色农产品的品牌和名片效应不明显。比如马铃薯在甘肃年种植面积超过 1000 万亩，但在农业会展中展示的往往以品种介绍居多，深受消费者欢迎的薯片等初加工、深加工产品寥寥无几。

（二）农业展会行业体系不够健全

目前的大型农业展会基本上都是政府部门主导，行业协会和农业企业作用发挥不够，导致农业展会行业体系还不够健全，缺乏统一的行业规范和竞争机制。另外，农业展会的办展收益率低，依托企业和行业协会举办农业展会，在展馆布设、广告宣传等方面投入经费较少，也在一定程度上影响了展会的现场效果和品牌建设，企业积极性不高。

（三）农业展会质量不够高

近几年，甘肃农业展会总体数量和质量都在逐年增加，但高质量的品牌展会数量较少，低水平、综合性的农业展会数量较多，目前影响力较大的展会也仅有甘肃农博会、兰洽会两个。大多数区域性农业展会质量较低，辐射影响力不强。同时，很多参展企业过度关心直接经济利益，没有充分认识到展会平台的长期作用，忽略了后期营销平台的有效维护，使展会作用大打折扣。

（四）专业化的会展人才队伍不够强

我国高校培养专业展会人才始于 2009 年前后，而且会展专业中一半左右是近 6 年内建立的，在 2017 年教育部公布的一流大学 42 所高校中，仅有 4 所大学开设了会展专业。因此，全国尤其是西部欠发达省份会展专业人才普遍匮乏，农业专业展会人才更是紧缺。同时，甘肃农业展会在各类展会中所占比例不到 4%，办会收益也比较低，对人才的吸引力不足，办会时基本上都是临时组织一个会务组，设几个小组就开展工作了，导致农业展会的专业性、服务性和创意性不足，影响了展会的展示效应和可持续力。

（五）农业展会配套服务不够完善

市场上专业性会展公司少，懂农业的会展公司更少，办会机构市场意识不足，导致农业展会会场布置、后勤保障、广告宣传等配套服务跟不上需求，不能完全满足主办方、参展方和观众的期望，严重影响了办会效果和展会体验。

四 甘肃农业展会发展对策

《国务院关于进一步促进展览业改革发展的若干意见》中明确提出，要加快农业展会的转型升级，培育壮大市场主体，坚持市场导向，坚持专业化、品牌化、信息化方向，为农业展会发展进一步明确了方向。甘肃应根据区域优势，发挥牛、羊、菜、果、薯、药和制种农业产业优势，推动农业展会的创新发展。

（一）科学谋划，突出"陇原"特色

要加强政府的宏观调控指导及顶层设计，制定全省大型农业展会发展计划，建立农业类展会评价制度，提高政府管理能力，加大资金支持力度，引导和鼓励会展协会、会展企业举办"陇原"主题鲜明的农业展会，注重展示"陇原"农业发展成果，推广"陇原"农业建设经验，宣传"陇原"农业建设典型。

（二）明确政府定位，健全行业协会体系

推动政府职能转变，严格规范各级政府办会行为。明确政府是展会的倡

导者和监督者，不直接参与市场竞争，让市场在农业展会运行中起决定作用。要进一步健全行业协会体系，发挥行业协会的桥梁纽带作用，充分激发市场活力。

（三）培育品牌名片，提升展会质量

优化展会结构，减少重复性和低层次展会数量，提升专业展会比例，培育品牌展会。以甘肃农博会、兰洽会等品牌展会为基础，重点发展与六大产业密切相关的专业特色展会。展会主办方要对参展商的资质、参展产品质量严格把关，多邀请吸纳实力强、信誉好的龙头企业和科技型企业参展。在展会设计和展台布设方面要有创新意识，将农业与互联网和展会艺术有机结合起来，提升展会创意性、科技性和吸引力。同时，要抓住"一带一路"发展机遇，充分发挥丝绸之路黄金段的作用，加强与沿线国家的交流与合作，积极推动甘肃省品牌农业展会走出国门，向世界展示"甘味"品牌农业，不断提升全省农业展会质量。

（四）重视人才培养，提高农业展会竞争力

展会竞争的核心是人才的竞争，举办高质量的农业展会，要有专业人才支撑。因此，必须重视农业展会专业人才队伍建设，加强省内高校会展专业建设和师资队伍建设，推动更多专业人才投身农业展会事业；要强化高校与农业展会行业协会及龙头企业的合作，畅通农业展会人才输送渠道；要促进人才培训交流，举荐在职农业展会人员到专业机构参加培训，学习专业知识和先进经验，培养创新意识和国际视野，通过农业展会专业人才队伍建设，逐步提升全省农业展会竞争力。

（五）强化基础设施建设，完善配套服务

基础设施是保证农业展会顺利进行的基本保障。要进一步加强会议场馆、交通服务、餐饮住宿、医疗安保、广告宣传等展会配套设施建设，提高服务质量和效率，让八方来客有宾至如归的愉悦感。同时，要注重农业展会

信息化建设，重视"互联网＋"应用，强化农业展会网络信息检索发布服务、多功能互动体验设施、智能讲解等信息化服务手段，给众多参展者良好体验。

参考文献

崔明理：《中国农业展会发展历程》，《农产品市场周刊》2017 年第 3 期。

郭凯敏：《我国农业类展会发展存在的问题及对策》，《乡村科技》2020 年第 4 期。

张卫：《我国首个农业展会发展报告发布》，《中国食品》2015 年第 22 期。

吴林华：《农业会展业的现状及发展趋势——以山东为例》，《中国集体经济》2013 年第 7 期。

解文：《宁夏回族自治区农业展会发展情况研究》，《乡村科技》2019 年第 8 期。

于淼：《我国农业展会发展问题分析与对策研究》，《市场与贸易》2019 年第 5 期。

赵双梅：《新形势下我国农业展会中存在的主要问题及对策探究》，《南方农业》2017 年第 7 期。

周绮：《云南农业会展发展策略研究》，云南大学硕士学位论文，2011。

G.11
甘肃农产品出口研究报告

沈　慧　闫沛峰　张东伟　张自华　王建连　刘锦晖*

摘　要： 本文回顾了近年国内及甘肃省内农产品出口贸易现状，通过对甘肃省农产品出口贸易现状研究，分析了影响甘肃省农产品出口的主要因素为农产品出口产品种类、国别、属地、贸易方式等，发现了甘肃农产品出口存在出口企业数量少、出口企业资金短缺、出口渠道过于集中或单一、出口农产品结构不合理且规模小导致的品牌效应难以形成、出口农产品质量有待提高等问题，并通过对甘肃省农产品贸易未来走势进行分析，提出了拓宽销售渠道、分散出口风险，优化出口农产品结构、分散出口销售风险，健全农产品质量标准体系、提高出口农产品质量，加强进出口贸易人才培养、提高企业自主出口能力，加大农产品出口扶持力度、完善出口政策等促进甘肃省农产品出口的对策建议。

关键词： 农产品出口　贸易增长　出口贸易　甘肃省

---

* 沈慧，甘肃省农业科学院农业经济与信息研究所助理研究员，主要研究方向为农业经济与农村发展；闫沛峰，甘肃省农业农村厅外经外事处处长，主要研究方向为农业对外合作、农村一二三产业融合发展；张东伟，博士，甘肃省农业科学院农业经济与信息研究所副所长、研究员，主要研究方向为生态农业与区域经济；张自华，甘肃省农业农村厅外经外事处二级调研员，主要研究方向为农业国际合作和农业走出去等；王建连，甘肃省农业科学院农业经济与信息研究所经济师，主要研究方向为区域农业及特色产业；刘锦晖，甘肃省农业科学院农业经济研究所研究实习员，主要研究方向为区域农业经济。

一 我国农产品出口贸易现状

自改革开放以来，中国农产品进出口贸易非常活跃，尤其是 2001 年 12 月入世以后，进出口贸易总额增长较快。1998 年，中国农产品进出口金额为 221.4 亿美元（出口金额 138.1 亿美元，出口增长率 - 7.5%），2001 年为 279.1 亿美元（出口金额 160.7 亿美元，出口增长率 2.9%）。入世以后，中国农产品进出口金额呈不断上升趋势，由 2002 年的 305.8 亿美元（出口金额 181.4 亿美元，出口增长率 12.9%）增长至 2018 年的 2168.1 亿美元（出口金额 797.1 亿美元，出口增长率 5.5%）。目前，中国农产品贸易种类繁多，已成为世界第一大农产品进口国和第四大农产品出口国，主要进出口日本、韩国、美国、欧洲等国家或地区。

国际市场供求变化会直接影响农产品进出口贸易格局发生变化。

目前，中国土地密集型产品如粮、棉、油等，出口数量增长放缓，但进口数量增长迅速；劳动密集型产品如畜产品、蔬菜、水果等，出口数量增长迅速，进口数量增长却有所放缓。近几年，中国农产品贸易顺差的种类主要为蔬菜（包括食用蔬菜）、水果、坚果、水（海）产及其制品等；贸易逆差的种类主要为蛋品、乳品、蜂蜜及其他食用动物产品、动植物油脂及其分解产品等；油料、稻草、秸秆、饲料及工业或药用植物等。2019 年，中国农产品进出口总额为 2300.7 亿美元，同比增长 5.7%，其中农产品出口金额为 791.0 亿美元，同比下降 1.7%。2019 年 1~5 月，中国农产品出口金额为 300.0 亿美元，同比下降 3.4%。主要出口亚洲、欧洲及北美洲，出口农产品金额分别为 195.996 亿美元、45.453 亿美元、28.6584 亿美元，占比分别为 65.33%、15.15%、9.55%。

二 甘肃省农产品出口贸易现状

甘肃地形地势复杂，境内分布有高原、平川、山地、河谷、沙漠、戈壁等，独特的地形地貌、充足的光照、多样的气候与土壤，孕育出了多种富有地域特色的农产品，逐步发展形成了草食畜、林果、蔬菜、玉米制种、中药材、马铃薯等六大产业，其中中药材、林果、马铃薯、玉米制种产业规模居全国前列，优势农产品苹果、马铃薯、高原夏菜、中药材等远销东南亚及欧美等市场，成为农民增收的一大来源。同时，由于甘肃省大多地方远离工业区，农产品在资源、品种、品质等方面都很有特色和优势，受到国内外消费者的青睐，未来增加农产品出口数量及种类有着巨大潜力，将给县域经济发展及农民增收带来直接效益。

目前，甘肃省把开拓"一带一路"沿线国家特色农产品出口市场，作为重点工作方向。甘肃省商务厅和各市州商务主管部门积极利用区位优势和资源优势，支持优质特色农产品"走西口"，鼓励企业加大中西亚、中东欧等新兴市场的开拓力度。

2019 年，甘肃省实现外贸进出口总值 379.9 亿元人民币，其中农产品出口 21.2 亿元，同比增长 5.5%。目前，甘肃省已与 155 个国家（地区）成为贸易伙伴，并积极开拓拉丁美洲、大洋洲和"一带一路"沿线国家等新兴国际市场。

2015～2019 年，兰州市特色农产品出口值呈稳中有升趋势。出口值从 2015 年的 18257 万元增加到 2019 年的 21550 万元。主要由 5 家特色优势农产品出口企业自主出口，以及依托外地出口经销商进行出口。

2015～2019 年，白银市农产品出口呈现逐年下降趋势。2015 年农产品出口总额 5594 万元，同比增加 42.99%；2019 年农产品出口总额 489 万元，同比下降 67.68%，农产品出口遇到困难和瓶颈。目前，主要由 7 家农产品出口企业自主出口。

2016 年至 2020 年 5 月，定西市农产品累计出口总额 2.39 亿元。农产品出口呈现逐年上升趋势。出口农产品种类较多，主要由 16 家企业从事农产品出口贸易。2020 年 1～6 月，定西市外贸进出口总额 2.15 亿元，其中农产品出口仍占主导地位，出口金额 2.12 亿元，占出口总额的 98.78%。

2020 年 1～5 月，天水市完成外贸进出口总值 16.4 亿元，同比增长 13.5%，高于全省 24.9 个百分点，居全省第四位。出口总值 9.28 亿元，同比增长 8.2%，居全省第二位，其中农产品出口额 8300 万元。2020 年上半年，天水市实现农产品出口额 4090 万元，与 2019 年基本持平。

庆阳市农牧业对外开放发展以农产品为主，全市有外贸备案企业 120 多户，其中出口创汇企业 12 家，省级外贸转型升级示范基地 2 个。2019 年出口额 136 万元、较上年下降 97.23 万元；2020 年受疫情影响，至目前出口额 23.9 万元，同比下降 43.2%。外贸出口额呈下降趋势。

张掖市出口备案基地达到 28.3 万亩。2020 年 1~5 月出口农产品收益达 8571 万元。目前，主要由 7 家农产品出口企业自主出口。2020 年受疫情影响，部分口岸关闭，国际航班停运，境外物流困难，出口货物不能按时通关，造成农产品出口大幅下降。

酒泉市重点发展现代种业、高效蔬菜、特色林果、食药同源、绿色畜牧、农畜加工六大优势特色产业，全市 187 个农产品获得"三品一标"认证。2016~2019 年，农产品出口整体呈现稳步增长趋势。2017 年出口总额 4.7 亿元，2018 年出口总额 4.85 亿元，2019 年出口总额 4.75 亿元。

嘉峪关市农产品出口主要依托龙头企业进行，近 5 年海关出口数据显示，2016 年出口金额 525.24 万元，2017 年出口金额 625.47 万元，2018 年出口金额 298.07 万元，2019 年出口金额 165.05 万元，2020 年 1~7 月出口金额 203.33 万元。农产品出口呈逐年下降趋势。

甘南州农产品出口贸易主要依托 4 家龙头企业进行。以出口高原特色农产品为主，出口产品数量稳中有升。但由于国际贸易环境的变化以及疫情影响，农产品出口数量急剧下降，出现了农产品积压在库，仓储成本、管理费用、人力资源调配利用等成本明显增加的现象，造成一定损失。

临夏州以"牛、羊、菜、果、薯、药、油菜、百合"等八大特色产业为重点培育对象，积极培育了一批特色优质农产品。主要从事进出口外贸的企业有 9 家，农产品近几年出口情况如下：2015 年进出口金额 9850 万元；2016 年进出口金额 4121 万元；2017 年进出口金额 1841 万元；2018 年进出口金额 1070 万元；2019 年进出口金额 1410.3 万元。

三 甘肃省农产品出口贸易分析

（一）农产品出口产品种类分析

从主要出口产品种类方面分析，2019 年前三季度，甘肃省农产品出口排名前五的商品种类为鲜苹果、蔬菜、肠衣、干豆、苹果汁。全省由民营企业出口的农产品金额为 10.2 亿元，同比下降 6.8%，占全省农产品出口总值的 89.5%；由国有企业出口农产品金额为 1.1 亿元，同比下降 19.7%，占全省农产品出口总值的 9.6%。

（二）农产品贸易方式分析

从农产品贸易方式分析，2019 年前三季度，以一般贸易方式为主，出口金额为 11.3 亿元，同比下降 3.9%；以保税区仓储转口方式为辅，出口金额为 305 万元，同比下降 91.4%。

（三）农产品出口属地分析

依托甘肃多样的气候类型和土地分布情况，目前已形成了四大农产品出口产业聚集带，主要包括：以天水市、平凉市、庆阳市为主的东部农产品出口产业聚集带，重点形成了鲜苹果、苹果汁、肉牛及干果出口基地；以武威市、张掖市、酒泉市为主的西部农产品出口产业聚集带，重点形成了制种、酿酒葡萄、番茄酱、脱水蔬菜出口基地；以甘南州、临夏州、陇南市为主的南部农产品出口产业聚集带，重点形成了中药材、牦牛乳系列产品、牦牛绒及羊绒纺织产品、羊肚菌、高原夏菜、干酪素、肠衣、蚕豆、苹果、茶叶、山野菜、豆制品出口基地；以兰州市、定西市、白银市为主的中部农产品出口产业聚集带，重点形成了马铃薯原种及其深加工、高原夏菜、花卉、食用菌、冷冻猪肉、菊粉、番茄酱、葡萄籽油、杂粮、中药材、沙棘果油、羊肠衣以及羊肠套管、玫瑰化妆品系列产品、兰州鲜百合系列产品、明胶等出口加工基地。四大农产品出口产业聚集带形成了一定出口规模，促进了全省农产品出口的增长，使其在国际市场占有一席之地。

（四）农产品出口国别分析

从出口国别分析，2019 年甘肃省农产品出口全球六大洲共 85 个国家，前三季度，排名前五位的国家分别是尼泊尔、荷兰、美国、德国、泰国，对应出口值分别为 2.3 亿元、1.2 亿元、8377 万元、8020 万元、7862 万元，其中，对尼泊尔、荷兰、泰国出口分别增长 1.7%、26.9%、33.7%，对美国、德国出口分别下降 46.7%、21.7%。以天水市、平凉市、庆阳市为主的东部农产品出口基地出口目标国家或地区主要为：欧盟、泰国、美国、印度、阿联酋（迪拜）、俄罗斯、孟加拉国、缅甸、尼泊尔、泰国、马来西亚、新加坡、印度尼西亚、荷兰、土耳其、以色列、沙特阿拉伯等；以武威市、张掖市、酒泉市为主的西部农产品出口基地出口目标国家或地区主要为：日本、美国、德国、意大利、法国、比利时、荷兰、俄罗斯、印度尼西亚、马来西亚、哈萨克斯坦、加拿大、阿曼、菲律宾、波兰、约旦等；以兰州市、定西市、白银市为主的中部农产品出口基地出口目标国家或地区主要为：美国、英国、加拿大、意大利、法国、新西兰、比利时、西班牙、巴基斯坦、墨西哥、新加坡、德国、瑞士、越南、挪威、日本、韩国、马里、老挝、澳大利亚、泰国、阿联酋、哈萨克斯坦、马来西亚、吉尔吉斯斯坦、印度尼西亚、伊朗等；以甘南州、临夏州、陇南市为主的南部农产品出口基地出口目标国家和地区主要为：欧盟、美国、尼日利亚、韩国、阿联酋、哈萨克斯坦、中东及东南亚等。

四 甘肃省农产品出口存在的主要问题

中国自改革开放以来，对外开放力度不断加大，农产品贸易自由度越来越高，未来甘肃省农产品贸易总量在国内外大环境中将在现有基础上保持不断增长。但由于 2020 年初新冠肺炎疫情暴发冲击了全球市场，全球经济发展出现一定程度萎缩，原有运行秩序打乱，国际贸易供应链可能会发生深度调整。针对这次突如其来的疫情，甘肃省商务厅紧急采取各项措施稳定外贸。设立专项资金，扶持受疫情影响较大的 15 家外贸企业共计 580 万元；为外贸企业提供贷款优惠政策；在疫情防控期间设立重点保障企业专项贷款政策，已推荐 81 家外贸企业享受该政策；落实助企纾困"四个清单"，省商务厅建立了重点外贸企业"一对一"联系机制；联合保险公司开展疫情防控综合保险，助力商贸流通服务企业复工营业，多举措、全方位地应对疫情影响。

另外，突发疫情也凸显了甘肃省从事进出口贸易的企业在经营理念和方式上存在一定问题。

（一）出口企业数量少

全省各市州现有特色农产品出口企业有 4～9 家，部分涉农企业没有出口对接市场，对出口手续及程序不清，只能采用依托外地出口商的模式进行销售，增加了中间环节运营成本，提高了产品价格，削弱了国际竞争优势，使得产品出口数量不能得到进一步提升，甚至出现下滑趋势。

（二）出口企业资金短缺

受各大银行"收缩银根、压缩贷款、抽贷"政策的影响，各出口企业呈现不同程度的资金紧张、设备更新不及时、新市场开拓慢等问题。尤其是银行实施的抽贷清息，致使某些企业生产经营严重受挫，导致流动资金出现短缺。流动资金不足、融资难一直是制约企业生产经营和扩大再生产最突出的问题，也是严重制约扩大出口规模的直接因素。

（三）出口渠道过于集中或单一

甘肃省从事进出口贸易经营企业除个别龙头企业外，均存在长期固定一个国家或大洲进行出口，过于集中的市场格局，容易受制于对方进口政策和其他突发因素影响，处于被动局势，降低了抵抗出口风险的能力，遭遇疫情影响必然会使全省农产品出口受到更大的冲击。

（四）出口农产品结构不合理

甘肃省农产品出口大多以初级产品形式销售，产品科技含量低，附加值不高，一般贸易出口占据了主要方式，占比达 99.9%。初级农产品及粗加工产品，即使出口数量多，但创汇少、利润低，易受国际市场的影响。

（五）出口农产品规模小，品牌效应难以形成

甘肃省从事农产品出口贸易的企业，以中小型企业居多，龙头企业偏少。因此，生产经营上普遍存在生产规模小、专业化程度不高、产品结构单一、对国际市场洞察力不足、同质化严重、缺乏著名商标认定等现象。以上现象使得甘肃省独特的自然优势和产品优势难以发挥，品牌效应难以形成，并缺乏法律层面的有效保障，面临的经营风险较大，经济效益受到严重影响。

（六）出口农产品质量有待提高

各国为达到保障国家安全、保护消费者利益和保持国际收支平衡的目的，会通过颁布法律、法令、条例、规定，建立技术标准、认证制度、检验程序、卫生检验检疫制度，以及制定包装、规格和标签标准等，提高对进口产品的技术壁垒，增加进口难度。目前，由于甘肃省出口的农产品以鲜食和初加工产品为主，有些产品农药残留、激素类生长剂、抗生素存在超标现象，甚至还存在病虫害现象，受到技术贸易壁垒的限制较大。

（七）外贸人才缺乏，企业自主出口能力不足

目前，甘肃省从事外贸出口的企业普遍存在缺少专业型外贸人才现状，业务人员素质整体偏低、不熟悉精通涉外业务、语言交流水平欠佳、缺乏涉外律师等问题极大地阻碍了出口企业的发展，企业自主出口能力较差。

（八）宣传力度欠缺，名优农产品知名度不高

甘肃省依靠得天独厚的自然环境，生产的独具特色的名优产品种类繁多，但由于存在生产规模不够大、产品质量标准不统一、品牌化建设投入不足、宣传力度欠缺等问题，造成国际市场知名度不高，缺乏市场认可。

五　甘肃省农产品贸易未来走势分析

受疫情常态化影响，未来甘肃省农产品出口贸易仍将面临复杂多变的国际环境，但随着全球对疫情的逐渐控制，全球经济会逐步恢复原有秩序，未来全省农产品贸易总量仍将在波动中保持总体增长趋势。未来主要农产品的出口走势如下。

（一）蔬菜、水果等劳动密集型农产品出口前景好

目前，甘肃省主要农产品的生产成本低、物美价廉。因此，劳动密集型农产品如水果、蔬菜及其制品，尤其是有机产品、名优品牌的果蔬及其制品，在未来一段时期内有较强出口竞争优势，出口总量将继续增长，市场前景看好。

（二）畜产品在未来一段时间有较大提升空间

甘肃省出口的畜产品以牛羊肉为主，还有一定量的其他冻杂碎，主要出口韩国等。与畜禽生产成本高的韩国、日本等国家相比，甘肃省畜产品在国际市场上有较强的价格竞争优势。人们生活质量不断提高，全球消费者对食品安全更加关注，各国会提高检测标准，畜产品会因疫情突发、药物滥用、抗生素超标等因素受到绿色壁垒制约，导致出口受阻。未来几年，只要不断完善畜产品质量安全控制体系，甘肃省畜产品出口数量有较大增长空间。

六 促进甘肃省农产品出口贸易增长的对策措施

（一）拓宽销售渠道，分散出口风险

在保持原有出口市场基础上，积极拓展多种销售渠道。依托全省六大特色农产品优势，多渠道多方式开拓国际潜在市场。有针对性地组织企业参加国内各类专业博览会、推介会和展览展销会，引导企业开拓中西亚、中东欧、非洲等新兴市场。在培育壮大国际市场的同时，积极开拓国内一线城市销售渠道，打造高端产品销售网络，创建国内外双循环销售体系。充分发挥电子商务优势，以农产品跨境电商销售渠道多元化为目标，面向国内国际各批发商、零售者及连锁店等，可实现小批量、高频率销售。目前国际市场瞬息万变，销售渠道的多元化可有效分散销售渠道过于集中或单一所存在的风险，确保农产品及时销售，有效维护生产经营者的经济利益。

（二）优化出口农产品结构，分散出口销售风险

继续发挥现有的"牛、羊、菜、果、薯、药"等特色农产品优势，力争延长产业链，带动产业链上下游共同发展，不断开发深加工产品、特色精品，增强国际市场竞争力，增加农产品附加值。丰富多样的农产品更能满足消费者需求，分散出口销售风险，确保出口企业经济利益不受损失。

（三）壮大特色农产品出口规模，加大宣传力度，培育农产品名优品牌

继续发挥四大农产品出口产业聚集带优势，为外贸企业提供金融优惠政策，鼓励其扩大生产经营规模，积极培育大规模出口龙头企业，可有效带动当地农业产业发展，增加就业机会，促进农民增收。注重龙头企业核心竞争力培育，建立研发团队，不断提升农产品附加值，以高品质、多样

化农产品为基础，逐步培育特色名优品牌，并积极参加贸易会展，提高甘肃省名优特农产品品牌知名度，增加国内外销售市场份额，提高产品出口量。通过电视、网络、报纸等多种平台及渠道，加大名优特农产品宣传力度。同时，企业应增强保险意识，依托各类出口保险对突发事件进行风险转移，如短期出口信用保险、关税保证保险等，减少出口企业损失，助力企业提效降费。

（四）健全农产品质量标准体系，提高出口农产品质量

根据国际市场需求，完善农产品质量标准体系及质量可追溯体系，助推农业标准化生产，为国际市场提供无残留、无污染的高质量绿色农产品。同时，完善出口农产品质量监控体系，健全出口农产品检验检测、安全监测体系，有效应对国外技术壁垒、绿色壁垒，降低出口风险，提高国际市场竞争力。

（五）加强进出口贸易人才培养，提高企业自主出口能力

依托甘肃省政府有关业务职能单位及社会培训机构，积极组织全省出口贸易单位技术人员进行集中培训，以外贸交流谈判技巧、专业术语、专业知识、法律法规等培训内容为主，提高技术人员外贸专业水平，进而提高企业自主出口能力。

（六）加大农产品出口扶持力度，完善出口政策

依托甘肃省政府已出台的相关支持政策，实现农产品生产全过程监测及农产品质量可追溯，确保产出的农产品符合出口国要求，降低出口风险。建议继续设立甘肃省农产品出口发展基金，帮助出口企业有效应对国际市场变化、重大自然灾害及疫情疫病所带来的风险；同时，继续加大金融扶持力度，优先为进出口龙头企业提供信贷支持，尤其在长期防疫时代，为出口企业提供多样化金融支持，减少出口企业信贷压力。密切关注目前疫情常态化形势下国际市场变化情况，及时调整和优化现有农产品进出口政策，有效降低企业进出口成本。

参考文献

陈俐伶：《甘肃农产品对外贸易现状和问题及对策》，《甘肃科技》2011 年第 24 期。

陈银：《2019 年上半年中国农产品进出口贸易现状分析》，https：//www. huaon. com/story/454624。

邸菲、胡志全、安岩：《中国农产品出口现状及竞争力分析》，《中国农学通报》2019 年第 9 期。

翁鸣：《我国农产品进出口贸易基本现状及原因分析》，《AO 农业展望》2007 年第 4 期。

《2019 年中国农产品产量及农产品进出口贸易发展趋势分析［图］》，https：//www. huaon. com/story/511689。

中国产业信息网：《2019 年中国农产品进出口贸易现状及主要贸易方式分析［图］》，https：//baijiahao. baidu. com/s？id＝1659471447246096598。

甘肃省商务厅：《我省农产品出口俄罗斯、中亚市场取得重大突破》，《甘肃商务专刊》2016 年第 21 期。

《2019 年甘肃省外贸进出口总值达 379.9 亿元》，http：//www. gov. cn/xinwen/2020 -02/15/content_ 5479094. htm。

王耀：《甘肃农产品全球畅销 出口 6 大洲 85 个国家》，http：//gsnmb. gansudaily. com. cn/system/2019/11/08/017291752. shtml。

甘肃省商务厅：《1～2 月甘肃省农产品进出口实现"双增长"》，《甘肃商务专刊》2020 年第 7 期。

G.12
甘肃省各市州农业产业竞争力评价报告

魏胜文　宋琰　张东伟　汤瑛芳　董博*

摘　要： 甘肃省农业地域特征较为明显，但区域发展不平衡。科学分析评价甘肃省农业竞争力对发展甘肃农业具有重要的指导意义，有助于甘肃省各市州发挥农业资源优势，提高农业产业核心竞争力。本文基于2018年的相关农业数据，构建了甘肃省农业竞争力评价指标体系，包括农业基础竞争力、农业市场竞争力、农业产业化竞争力3个一级指标和12个二级指标，通过层次分析法确定了各指标的权重，利用模型公式，实证分析了甘肃省14个市州的综合农业竞争力和各要素竞争力，结果表明，酒泉、武威、金昌、张掖4个市农业竞争力较强，白银、兰州、嘉峪关、庆阳、定西、平凉、天水7个市农业竞争力中等，陇南、甘南、临夏3个市州农业竞争力较弱。

关键词： 农业产业竞争力　层次分析法　甘肃省

一　引言

农业竞争力是涵盖了一个国家或地区农业发展的基础条件、水平和潜在

* 魏胜文，博士，研究员，甘肃省农业科学院党委书记，主要研究方向为宏观农业政策及区域社会经济发展；宋琰，甘肃省农业大学硕士研究生，主要研究方向为农业经济管理；张东伟，博士，研究员，甘肃省农业科学院农业经济与信息研究所副所长，主要研究方向为农业经济管理和生态经济学；汤瑛芳，甘肃省农业科学院农业经济与信息研究所副研究员，主要研究方向为农业经济与农村发展及农业工程规划等；董博，博士，甘肃省农业科学院旱地农业研究所副研究员，主要研究方向为农业资源利用与GIS应用。

能力的综合概念，主要包括对农业资源的利用效率、农产品的市场占有率、农业科技创新能力、不断适应社会变化的可持续发展能力，是关乎一个国家或地区农业现代化和可持续发展的重要问题。农业产业竞争力是指某个地区农业产业相对于其他地区农业产业在生产效率、满足市场需求、持续获利等方面所体现的竞争能力，农业产业的竞争优势最终体现在农产品、农业企业的市场实现能力上。

改革开放以来，我国农业经济获得了长足的发展与进步，农产品供给能力不断提升，农村居民的生活质量有了很大的改善。而今，农业发展也正在由传统农业向现代农业过渡，改革进入深水区，面临如何继续深入发展的巨大挑战。农业竞争力的提高是我国经济长期稳定发展的战略支柱，也是发展现代农业的重要目标之一，有助于我国农民从总体上由兼业小农转变成职业农民，从根本上解决城乡分化问题，实现城乡一体化。甘肃是一个传统农业大省，但农业生产的基础条件较为薄弱，农业经营规模普遍较小，农业劳动者素质普遍较低，基础设施较为落后，社会化服务体系不健全，农业持续增收困难。研究甘肃省各市州农业竞争力有助于为转变农业增长方式、提高农业整体实力、加快甘肃农业现代化发展提供参考。

在农业竞争力的内涵界定和理论基础研究上，因为学者们分析问题的角度不同，所以对农业产业竞争力的解释有很大差异。大卫·李嘉图（David Ricardo）从比较优势理论出发提出了关于农业竞争力的概念，在此之后有学者对比较优势原理进行了补充（简称 H－O 理论），补充后的比较优势理论认为大部分发展中国家所具有的传统比较优势在国际竞争中并不具有现实的竞争优势，这也是本文在运用层次分析法进行指标排序时没有把农业基础竞争力放在第一位的重要理论依据。美国著名经济学家迈克尔·波特（Michael Porter）通过对产业集群的研究，创立了竞争优势理论和著名的"钻石模型"。波特教授认为传统的比较优势理论和规模优势理论都不能有力地说明竞争力的来源，他指出必须采用竞争优势理论来解释产业竞争力的问题。国内学者在对竞争力的研究上相较于外国早先的研究理论来说没有较大的突破，但也形成了符合中国国情和发展特色的理论成果。唐仁健（2001）提出农业竞争力的本质是农产品的竞争力，农业竞争力的强弱主要是由农产品中所包含的农业生产者的劳动素质、专业生产技能的掌握程度以及生产组织管理效率等因素决定。游士兵等（2005）提出农业竞争力是指一个国家或地区在较长时期内不断适应外部变化、合理运用农业资源、提供农产品与服务过程中形成的发展能力，是各个地区相对而言的一种综合优势。罗必良（2020）提出农业产业及其经济增长是农业经济的核心，但现代农业经济不应该局限于"生产的农业"，更需要关注"生命的农业"，农业竞争力是一个复杂的综合系统，其中农艺技术、减量技术、供应链技术、价值链技术、网络交易技术、大数据与机器学习技术都是影响农业竞争力的重要因素。

在农业竞争力的定量分析方法上，大多数学者采用了层次分析法、熵值法、主成分分析法、因子分析法等定量化模型和方法。在评价指标体系的构建上，很多学者使用的是修正后的波特钻石模型，同时学者们根据农业竞争力在不同时期的不同内涵，从多种维度构建了评价指标体系。在已有研究文献中，学者们对一级指标的分类角度不同，但所涵盖的解释指标差别不大。因为不同时期区域农业的发展禀赋也不同，所以在指标构建的时候会因时制宜、因地制宜。陈卫平、赵彦云（2005）尝试性地构建了农业竞争力综合评价的指标体系，其中包括七大要素和38项指标，定量描述了各省的农业竞争力。韩守富等（2010）在竞争力理论、区域经济理论的基础上，建立了一套农业经济综合竞争力评价指标体系，运用主成分分析法和聚类分析法对所研究区域农业综合竞争力做了科学定量分析研究。李晓甜等（2016）在研究中构建了包括农业产出效益竞争力、农业基础竞争力和农业结构与成长竞争力三个层面的指标体系，运用因子分析法的基本原理对农业竞争力进行定量分析。姚爱萍（2017）运用简单相关分析、二阶偏相关分析和一阶偏相关分析分别对农业省域竞争力显示性指标与农业生产要素、农业生活条件及科技与教育水平等省域农业竞争力解释性指标的相关性进行了研究。魏素豪等（2020）认为，在评价农业竞争力的时候不能将农村生活要素纳入评价体系，他认为农业竞争力是一个国家或区域综合运用现有农业生产要素获得最大产出的能力，是在农业的生产、经营、组织管理等过程中所表现出来的相对优势。农业产业竞争力是由劳动者素质、生产技能掌握程度、农产品价格等生产要素共同决定的，是一种综合的比较生产力，农业竞争力包括现实的市场竞争力和潜在的市场竞争力。本文着眼于甘肃省各市州既有生产能力、产出效率、技术水平等现实要素，对各市州的农业竞争力进行实证分析。

二 甘肃省各市州农业产业竞争力评价指标体系与模型构建

（一）甘肃省各市州农业产业竞争力评价指标体系构建

1. 指标体系构建

本文根据农业竞争力的本质内涵和甘肃省农业产业发展禀赋特征构建了客观、系统的评价指标体系，在指标选取时注重各指标之间的相关性，力求每个指标可以从不同的角度来侧重反映甘肃省各市州农业产业竞争力的发展现状和趋势。同时，利用现有统计数据，明确各指标的经济含义和计算方法，保证测算结果的科学性与准确性。基于此，本文从三个方面选取了 12 个指标，建立了甘肃省各市州农业产业竞争力综合评价指标体系。

其中，第一方面是农业生产基础条件，主要反映了当地农业生产的基础要素条件，包括土地资源、生态环境、劳动力素质等方面；第二方面是农业的市场竞争力，主要反映的是该地区利用自然资源和基础条件的能力，包括劳动生产率、人均经营性收入、绿色食品认证数量等细分要素；第三方面是农业产业化竞争力，产业化竞争力是衡量一个地区农业生产标准化、规模化、科技化的重要指标，包括人均农业机械动力、农业信息化率、农业科技进步贡献率等方面。

2. 权重的确定

本文运用层次分析法进行权重的确定，首先将问题进行层次划分，分解成一个多层次的分析结构模型，由技术、管理、政策等相关领域专家对每一层指标元素进行打分，给出相应的定量数值，然后再加权平均确定各指标的权重值，在此基础上进行定量与定性的分析。本文邀请了 5 位从事相关研究的专家学者对指标进行打分，最终计算结果见表 1。

表 1　甘肃省各市州农业产业竞争力评价指标体系

目标层 A	一级指标 B	权重	二级指标 C	权重
甘肃省各市州农业竞争力	农业基础竞争力（B1）	0.5711	人均耕地面积（B11）	0.2598
			家庭非文盲人口比重（B12）	0.1507
			自然灾害发生率（B13）	0.0872
			有效灌溉率（B14）	0.0733
	农业市场竞争力（B2）	0.3093	土地生产率（B21）	0.1299
			劳动生产率（B22）	0.0833
			人均经营性收入（B23）	0.0566
			绿色食品数量（B24）	0.0395
	农业产业化竞争力（B3）	0.1196	人均农业机械动力（B31）	0.0508
			农业信息化率（B32）	0.0354
			农业科技进步贡献率（B33）	0.0185
			农民合作社参与度（B34）	0.0150

对于二级指标，由专家对组内指标的相对重要性进行对比，给出重要程度的排序并评定等级，记为第 i 因素相对第 j 因素的重要性数值，然后构造两两比较的判断矩阵。其判断标准见表 2。

3. 指标含义、计算方法

本文基础数据主要来源于《2019 甘肃农村年鉴》《2019 甘肃发展年鉴》，部分基础数据由相关行政管理部门提供，同时由课题组通过实地调研对部分数据做了补充。在获得基础数据后，再通过相关计算得到指标的标准值。

表 2　重要性标度含义

重要性标度	含　义
1	表示两个元素相比,具有同样的重要性
3	表示两个元素相比,前者比后者稍重要
5	表示两个元素相比,前者比后者明显重要
7	表示两个元素相比,前者比后者极其重要
9	表示两个元素相比,前者比后者强烈重要
2、4、6、8	表示上述相邻判断的中间值
倒数	若元素 i 和元素 j 的重要性之比为 aij,那么元素 j 与元素 i 的重要性之比为 $aji = 1/aij$

（1）人均耕地面积为耕地面积/农村人口。耕地是最基础的农业生产资源,人均耕地面积的多少直接影响着农业产值的提升空间。

（2）家庭非文盲人口比重是初中及以上文化程度人口/农村人口,反映农业劳动力素质。

（3）自然灾害发生率是成灾面积/受灾面积,它反映的是一个地区的农业生产抵抗自然灾害的能力。

（4）有效灌溉率是有效灌溉面积/耕地面积,反映耕地类型以及抗旱能力,同时体现水资源的综合利用效率。

（5）土地生产率可由单位耕地面积农林牧渔业增加值来表示,为农林牧渔业增加值/耕地面积,考虑到甘肃的耕地特点以及水资源利用等农业生产实际情况,所以用农作物播种面积代替耕地面积,资料来源于《2019 甘肃发展年鉴》。

（6）劳动生产率即劳动农林牧渔业增加值,为农林牧渔业增加值/农林牧渔业从业人员。

（7）人均经营性收入反映农村居民的经营性收入水平。

（8）绿色食品是指无污染食品,其对于保护生态环境,提高农产品质量,促进食品工业发展,增进人民身体健康,增加农产品出口创汇,都具有现实意义和深远影响。

（9）人均农业机械动力是机械总动力/农村人口，是反映农业装备的重要指标。

（10）农业信息化率是反映农业利用现代化信息技术来推进农业产业化和现代化发展程度的重要指标，用3G、4G覆盖率来代替农业信息化发展水平，资料来源于甘肃省通信管理局。

（11）农业科技进步贡献率是反映农业在生产环节、销售环节、经营管理、决策等方面科学技术对其的推动作用。本文数据是根据《甘肃14市州"十二五"农业科技进步水平综合评价》中的测算数据，参照近6年的科技贡献率增长速度，按照0.1%的增速估算而得。

（12）农民合作社参与度是合作社成员总数/农村人口数，农民合作社是农业新型经营主体的重要组成部分，农民参与合作社的程度是农业产业化竞争力的重要体现。

（二）甘肃省各市州农业产业竞争力评价模型构建

1. 数据标准化

由于农业产业竞争力各项指标数据的度量单位不一致，为了去除这种数据单位限制，本文采取阈值法对指标进行无量纲化处理，以使指标之间具有可比性，计算公式如下：

$$对于正向指标: X = X_{ijk} - X_{ij\min} / X_{ij\max} - X_{ij\min}$$
$$对于反向指标: X = X_{ijmax} - X_{ijk} / X_{ij\max} - X_{ij\min}$$

其中，X 代表第 k 个市州在第 ij 指标上经过无量纲化处理后的所得值；X_{ijk} 代表第 k 个市州在第 ij 个指标上的原始值；X_{ijmax} 代表所有市州在 ij 个指标上的最大值；$X_{ij\min}$ 代表所有市州在 ij 个指标上的最小值。

2. 评价模型

计算出各指标的标准化值后，建立综合评价模型以对农业竞争力各子要素竞争力与综合竞争力进行评价，评价内容主要包括计算各省农业竞争力子要素得分与排名和总体得分与排名。本文运用的综合评价模型表达式为

（1）竞争力子要素的评价模型

$$B_1 = \sum_{j=1}^{4} wij \quad Bij(i = 1,2,3)$$

（2）农业竞争力综合评价模型

$$A = \sum_{i=1}^{3} wiB_1$$

其中，B_1 为子要素竞争力指数；Bij 为标准化值；wij 为第 ij 个二级指标的权重；wi 为第 i 个一级指标的权重；A 为农业综合竞争力的得分值。

三 甘肃省各市州农业产业竞争力综合评价结果与分析

本文通过层次分析法，以甘肃省各市州 2018 年的农业相关数据为基础，对甘肃省各市州的农业产业竞争力进行了定量评价，评价结果及分析如下。

（一）农业产业子要素竞争力评价结果与分析

本文对甘肃省各市州农业产业竞争力子要素进行了具体的分析，其整体评价结果如表 3 所示。

表 3　2018 年甘肃 14 个市州农业产业竞争力子要素得分及排名

市州	农业基础竞争力得分（分）	排名	农业市场竞争力得分（分）	排名	农业产业化竞争力得分（分）	排名
兰州	0.1229	7	0.0341	7	0.0055	7
嘉峪关	0.0787	10	0.0526	4	0.0125	1
金昌	0.1772	3	0.0448	5	0.0104	2
白银	0.1536	5	0.0201	10	0.0054	8
天水	0.0781	11	0.0202	9	0.0051	9
武威	0.1848	2	0.0723	2	0.0061	5
张掖	0.1611	4	0.0561	3	0.0065	4
平凉	0.0961	9	0.0220	8	0.0061	6
酒泉	0.2510	1	0.0753	1	0.0088	3

市州	农业基础竞争力得分(分)	排名	农业市场竞争力得分(分)	排名	农业产业化竞争力得分(分)	排名
庆阳	0.1249	6	0.0092	13	0.0050	10
定西	0.1196	8	0.0050	14	0.0037	11
陇南	0.0643	12	0.0147	12	0.0024	12
临夏	0.0324	14	0.0196	11	0.0011	13
甘南	0.0364	13	0.0358	6	0.0006	14

在农业基础竞争力中排名前三的是酒泉、武威、金昌，根据已得计算数据，这3个市的人均耕地面积和家庭非文盲人口比重这两项正向指标的分值都较高，其中酒泉的农业基础竞争力和农业市场竞争力都排在第一位，而其农业产业化指标则排到第三位，说明农业产业化的发展是其需要着力补齐的短板；而排名靠后的3个市为陇南、甘南、临夏，其人均耕地面积和家庭非文盲人口比重的分值也相应靠后，这说明人均耕地面积和家庭非文盲人口比重的大小直接影响着一个市州的农业基础竞争力。

在农业市场竞争力中，排名前三的是酒泉、武威、张掖，其劳动生产率的分值都较高，只有武威市的劳动生产率在整个农业市场竞争力子要素中排名第二，而酒泉和张掖的劳动生产率分值均排名第一。陇南、定西、庆阳3个市在农业市场竞争力中的排名为后三名，其中除了庆阳外，定西和陇南的劳动生产率和农业市场竞争力中其他三个评价子要素相比排分都是最低的，由此可以看出劳动生产率的高低对农业市场竞争力有着直接的影响。而庆阳的农业市场竞争力之所以排名靠后是因为其整个农业市场竞争力子要素得分都较其他市州低，所以其农业综合竞争力不足主要是源于其市场竞争力较弱。

在农业产业化竞争力中，排名前三的是嘉峪关、金昌、酒泉，这3个市的农业信息化分值都比其他子要素的分值高。排名靠后的3个市州是陇南、临夏、甘南，其中陇南和甘南的农业信息化率在整个农业产业竞争力子要素中的分值是最低的，据此判断农业信息化率对农业市场竞争力的影响较大。而临夏的农业产业竞争力之所以排名靠后是因为其人均农业机械动力和农业科技进步贡献率均比其他 13 个市州的分值低，因此农业机械动力和农业科技进步贡献率是制约临夏农业产业竞争力发展的主要短板。

（二）甘肃省各市州农业产业综合竞争力评价结果与分析

本文对甘肃省 14 个市州的农业产业综合竞争力计算结果如表 4 所示。同时为了方便分析，将所有市州按农业综合竞争力强弱分为较强、中等、较弱三大类（见表 5），其中较强的是得分 0.2 以上的市，从高到低分别是酒泉、武威、金昌、张掖；将分值在 0.1~0.2 的市归类为中等竞争力，包括白银、兰州、嘉峪关、庆阳、定西、平凉、天水；分值在 0.1 以下的则归类为农业综合竞争力发展较弱的市州，分别是陇南、甘南、临夏。

在农业综合竞争力较强的市州中，酒泉市排名第一，其人均耕地面积、家庭非文盲人口比重、劳动生产率、人均经营性收入这四项指标得分均为 14 个市州相应指标中的最高分，说明其农业基础竞争力和农业市场竞争力较强，但是其自然灾害发生率比其他各市州的都高，说明自然灾害是影响酒泉农业综合竞争力提高的短板。排名第二的是武威市，其农业基础竞争力和农业市场竞争力也较强，均排名第二，而其产业化竞争力则排名第五，其中绿色食品数量排名第一，但其农业科技进步贡献率要比其本省内其他各项农业竞争力指标得分都低，所以产业化竞争力的提升是其综合竞争力发展的关键。

在竞争力中等的 7 个市中，白银、庆阳、定西、平凉、天水这 5 个市可分为一类，这 5 个市属陇中、陇东高原，其区域内降水稀少，季节分配不均，生态环境较为脆弱，多数地区属雨养旱作农业区，农业发展基础薄弱。而兰州和嘉峪关 2 市另属一类，其虽总体经济实力较强，产业发展也具有绝对竞争优势，但农业生产份额在其经济体中所占比例较低，农业产业竞争力优势不足，尤其是嘉峪关，属于工业兴城，其农业产业规模较小，农业综合竞争力不强。

在排名最后的 3 个市州中，陇南的人均经营性收入和农业信息化率两项指标的得分比其他 13 个市州在这两项指标上的得分都低，也就是说，这两项指标直接制约了陇南农业综合竞争力的发展；在甘南，其家庭非文盲人口比重和有效灌溉率的得分较其他市州都低，均排在最后一位，这意味着甘南人口的文化水平普遍较低，同时因为特殊的地理环境，所以其土地的有效灌溉率低下，虽然甘南的农业基础竞争力和农业产业化竞争力发展相对较弱，但其农业市场竞争力排名相对居中，这就说明了甘南的农业产业相对竞争优势在于其市场这一块。

而排在最后一位的是临夏州，其人均耕地面积、人均农业机械动力、农业科技进步贡献率这三项指标得分均比其他 13 个市州的低，这三个方面发展的滞后影响了临夏综合农业竞争力的发展。

表 4　2018 年甘肃 14 个市州农业产业综合竞争力得分及排名

市州	得分（分）	排名	市州	得分（分）	排名
酒泉	0.3351	1	庆阳	0.1391	8
武威	0.2632	2	定西	0.1284	9
金昌	0.2324	3	平凉	0.1243	10
张掖	0.2237	4	天水	0.1034	11
白银	0.1791	5	陇南	0.0814	12
兰州	0.1625	6	甘南	0.0728	13
嘉峪关	0.1438	7	临夏	0.0531	14

表 5　农业综合竞争力水平分类

分类	分值范围	市州
较强	0.2 以上	酒泉、武威、金昌、张掖
中等	0.1～0.2	白银、兰州、嘉峪关、庆阳、定西、平凉、天水
较弱	0.1 以下	陇南、甘南、临夏

四　结论与讨论

实证分析结果显示，河西走廊的 4 个省市，其农业综合竞争力较强，除金昌市属于城郊农业类型外，其他以酒泉市为代表的 3 个市都属于河西走廊的戈壁绿洲农业，其农田水利化程度较高，农业信息化水平也较发达，发展路径具有较大的竞争优势。其中酒泉市农业在其发展过程中取长补短，坚持科技引领的创新发展之路，虽然其耕地有效灌溉率在整个农业发展要素中处于短板地位，但其针对这一短板提出并实施了一系列行之有效的措施方案，在发展过程中紧随现代化农业的发展导向，科学规划，打造规模化园区，同时利用各地的资源优势因地制宜地建立了规模化的戈壁产业园区。而嘉峪关虽位于河西走廊区，但因为其区域面积较小，农业生产规模小，农业竞争力优势不明显，所以主要发展的是特色农业，现有资料显示其农业现代化水平居甘肃省第一位，但其属于甘肃省中小型的工业城市，所以其农业综合竞争力在甘肃处于中等水平。同样，在中等类的城市中，兰州虽然总体经济实力较强，但其辖内农业区域的农业资源欠缺，农田产量较低，农业基础设施不完善，所以其农业综合竞争力较弱，在全省位列第六，而其他农业综合竞争力发展中等的市大部分农业生产条件都类似，其所有评价指标得分横向差距不是很大。而排名最后的 3 个市州为陇南、临夏、甘南，其主要短板都在于人均耕地面积少、家庭非文盲人口比重较大、农业信息化率低下，同时这 3 个市州几乎所有的评价指标得分都较低，尤其是临夏和甘南为少数民族聚居地，其农业资源分散且经营模式粗放，所以其农业发展水平滞后。

针对上述实证结果，在无法改变其既有的农业发展先天条件下，就要在其具有较大发展空间的环节发力，进一步提升农业竞争力。甘肃省各市州应该找准自身定位，取长补短，因地制宜，优化区域布局；要转变农业发展理念，重要的是要尽可能地挖掘和发挥区域农业资源的比较优势，发展特色农业；要走农业规模化经营之路，提高农业生产要素的产出能力，实现规模效益；要加快农业现代化的发展步伐，坚持科技先行，用现代化的装备和科学技术来改造农业，同时培养新型农业经营主体，提高农业水利化、机械化、信息化水平，通过降低自然灾害发生率、提高有效灌溉率等来增强农业基础竞争力；要促进可持续农业的发展，应用保护性耕作技术，增加绿色食品数量，打造生态农业，着力加强农业市场竞争力。对于甘肃来说，应把握时机，抓牢"新丝绸之路经济带"发展建设的契机，打造高品质特色农业，树立地方优势品牌，推进甘肃农业产业国际化进程。

参考文献

唐仁健：《从根本上提升我国农业竞争力：中国农业应对 WTO 的宏观思考》，《农业经济问题》2001 年第 1 期。

苏航：《农产品竞争力与农业竞争力的内涵界定》，《经济论坛》2005 年第 24 期。

陈云飞、蔡小勇：《试论产业国内竞争力评价指标体系的构建》，《江苏商论》2009 年第 7 期。

魏世灼：《产业国际竞争力理论基础与影响因素探究》，《黑龙江对外经贸》2010 年第 10 期。

李晓甜、石培基：《甘肃省区域农业竞争力评价与时空演变分析》，《农业现代化研究》2016 年第 2 期。

任璋琦：《新疆农业竞争力评价分析》，《农村经济与科技》2016 年第 22 期。

陈卫平、赵彦云：《中国区域农业竞争力评价与分析——农业产业竞争力综合评价方法及其应用》，《管理世界》2005 年第 3 期。

韩守富：《我国区域农业经济综合竞争力的实证研究》，《经济问题》2010 年第 7 期。

游士兵、肖加元：《农业竞争力的测度及实证研究》，《中国软科学》2005 年第 7 期。

姚爱萍：《中国省域农业竞争力测度及分析——指标体系构建及其相关关系研究》，《农村经济》2017 年第 6 期。

魏素豪等：《中国农业竞争力时空格局演化及其影响因素》，《地理学报》2020 年第 6 期。

杨琨、平瑛：《我国区域农业产业竞争力评估》，《南方农业学报》2012 年第 10 期。

侯彦明、郭振：《农业竞争力评价方法及实证》，《统计与决策》2016 年第 12 期。

汤瑛芳、张正英、白贺兰、高军、张绪成：《甘肃省 14 市州"十二五"农业科技进步水平综合评价》，《中国农业资源与区域》2018 年第 10 期。

罗必良：《构建"三农"研究的经济学话语体系》，《中国农村经济》2020 年第 7 期。

张露、罗必良：《中国农业的高质量发展：本质规定与策略选择》，《天津社会科学》2020 年第 5 期。

特 色 篇

Topics of Featured Agriculture

G.13

甘肃现代丝路寒旱农业发展报告

杨封科　李尚中　马明生*

摘　要： 落实习近平总书记视察甘肃重要指示与讲话精神，针对寒、旱特质气候与脆弱生境叠加制约现代农业发展的实际，从趋利避害入手，研究建立了脆弱生态环境治理、水土保育涵养减灾、生物耐旱耐寒避害、改变微地形下垫面覆盖调温保墒治旱治寒、立式深旋耕耕层结构再造集雨保墒、生物农艺农机融合、寒旱特质作物结构调整与耕作制度改制、中低产田改良、水土资源高效利用和残膜污染防控等减灾技术体系，发展粮改饲农牧复合高效农作模式，探索具有"现代"方向引领、"丝路"时空定位、"寒旱"内在特质的新时代农业发展路子，奠定甘肃省具有寒旱特质特色产业发展基础，有

* 杨封科，博士，甘肃省农业科学院旱地农业研究所副所长，三级研究员，主要研究方向为旱地高效生态农业；李尚中，甘肃省农业科学院镇原试验站站长，研究员，主要研究方向为旱作覆盖集雨农业；马明生，甘肃省农业科学院定西试验站站长，副研究员，主要研究方向为水土资源保育与高效生态农作制。

效助推现代丝路寒旱农业高质量发展。

关键词： 寒旱特质　生态保育涵养　趋利避害　治旱治寒治瘠　残膜污染防控

发展现代丝路寒旱农业，走出一条具有现代科技创新方向引领、丝路时空定位、寒旱内在特质的新时代绿色生态循环高质量农业发展的新路子，是助推甘肃农业高质量发展的重要举措，是甘肃现代农业转型升级的必由之路，是新时代中国特色社会主义思想指引下"科技兴农、质量兴农、绿色兴农"和科技强陇的农业重要战略布局，也是干旱少雨地区农业可持续发展的重要途径。甘肃省地处黄土高原、青藏高原、内蒙古高原三大高原与西北干旱区、青藏高寒区、东部季风区三大自然区域的交汇地带，东西横跨16个经度，南北涵盖陇南山地、中东部黄土高原、甘南高原、河西走廊、祁连山脉、河西走廊以北地带六大生态区；囊括了北亚热带湿润区到高寒区和干旱区的各种气候类型，寒、旱特质气候与脆弱生境叠加严重制约着农业的高质量发展。综合运用脆弱生态环境治理、高效节约用水、中低产田改良、农业减灾和农业面源污染防控新科技，趋利避害减灾是现代丝路寒旱农业高质量发展必由之路。

一　甘肃现代丝路寒旱农业发展现状及存在问题

（一）丝路寒旱农业发展现状

针对250～550毫米降水量干旱半干旱区（甘肃中东部）和降水量400～700毫米寒旱区（青藏高原东部和东北部边缘的甘南及祁连山区）寒旱气候特征，甘肃省自新中国成立后就开始了以抗旱、抗寒为核心的旱作农业及其技术体系研究，70多年的创新与发展实现了由传统抗旱耕作、有机旱作、水保旱作、品种优化施肥旱作、集水旱作、覆盖沟垄机艺一体化耕作旱作农业技术的"六大飞跃"。耐旱耐寒抗逆作物品种实现了 6~7 次更新换代，建立了以旱地耕作、轮作、施肥和抗逆作物及节水品种为支柱，以蓄水保墒、豆科作物轮作和施用有机肥为核心的有机旱作农业；以水土保持和梯田建设为核心的水保型旱作农业；以径流集蓄和关键生育期补灌为主的集水高效农业；以覆盖垄沟耕作为主的生态高效旱作农业。保住天上水、蓄住地里墒、用好地表水，建立了适雨型种植结构，创立了"集水、蓄水、保水、用水、节水"的五大旱作高效用水体系，形成了以"梯田、水窖、地膜、品种、施肥、结构"为主的寒旱农业发展模式，支撑全省粮食总产量稳定突破 1200 万吨大关，用 70% 的耕地、不到 1/2 的人均水资源生产了全省 86% 的粮食、养活了 80% 的人口，历史性地解决了旱地粮食产量长期低而不稳和一方水土不能养活一方人的世界性难题。1949 年至今的 70 多年粮食单产和总产分别增长了 5 倍和 5.5 倍，全省粮食总产量先后跨上了 300 万吨（1954 年）、400 万吨（1970 年）、500 万吨（1978 年）、600 万吨（1989 年）、700 万吨（1993 年）、800 万吨（1996 年）、900 万吨（2009 年）、1000 万吨（2011 年）、1100 万吨（2016 年）和 1200 万吨（2020 年）十大关口，从 2004 年起实现了"十八连丰"。农业科技进步贡献率由 1984 年的 9.7% 提高到 2019 年的 56.3%，每一次旱作农业技术进步都支撑和推动了现代寒旱农业的大跃进。

（二）甘肃省现代丝路寒旱农业发展面临的关键问题

甘肃省气候、生物资源多样，发展以旱地粮油（小麦、玉米、马铃薯、油菜）作物及"牛、羊、菜、果、蔬、药"六大特色产业为特征的丝路寒旱农业，资源条件得天独厚。但由于气候、环境资源禀赋差，寒旱灾害与贫瘠土壤条件叠加，现代丝路寒旱农业高质量发展面临重大挑战。

1. 生态环境脆弱，涵养水土能力差

甘肃省地处黄河流域中上游，是国家西部重要生态屏障功能区。虽然区

域生态环境恶化趋势已基本扭转，但水土流失导致的耕地跑土、跑水、跑肥、质量下降对寒旱农业生产力的提高仍是一大潜在威胁。同时，城镇化发展废弃村庄、撂荒耕地等继发环境损害也不容忽视。

2. 旱、寒叠加是寒旱农业发展的最大威胁

旱寒叠加、旱灾频发是甘肃省固有的天气特征。自 1986 年起，甘肃省气候开始向暖干化转型，年最低温度特别是冬季气温持续升高，致使全省年平均气温升高了 0.7 ~ 1.2℃、年平均降水量减少 28.6 毫米。加上因厄尔尼诺天气事件多发导致的暴雨低温等极端气候事件，使气象灾害呈现季节连旱、年际连旱、旱冻叠加的变化趋势。春末初夏旱、伏秋连旱和早春低温是造成粮食严重减产的灾害类型。旱灾发生率为 65%，以河东地区最为严重，受旱面积率达 79%，年平均受灾面积约为 63.1 万公顷，多年平均成灾面积约为 50.5 万公顷，分别约占播种总面积的 18% 和 14%。旱灾造成粮食年均减产 41.64 万吨，平均减产率达 31.6%。同时，早春低温冷害直接影响作物种子萌发、幼苗死亡、缺苗断垄、落花落果，也是寒旱农业可持续发展的一大威胁。

3. 中低产田面积大，农业生境恶化

一是干旱加重缺水危机。干旱使黄河源区具有"黄河之肾"美誉的黄河玛曲段的水源涵养能力和河流补给量严重下降；使祁连山冰川大幅缩减，雪线上升，冰川积雪的"固体水库"作用削弱，直接导致黄河诸水系来水量和河西绿洲灌区水源补给量锐减，加重了水资源紧缺的危机。

二是干旱使土壤潜在蒸散力持续增强，加剧水分亏缺。研究表明，3 ~ 10 月年平均降水量与干旱受灾面积和粮食减产量呈显著负相关，平均气温与干旱受灾面积和粮食减产量均呈显著正相关。20 世纪 50 年代以来，甘肃省中东部旱作区 0 ~ 200 厘米土壤贮水量持续减少，水分亏缺不断由浅层向深层扩展，导致夏作物生长需水关键期水分亏缺 50 ~ 100 毫米，秋作物亏缺 20 ~ 40 毫米。研究表明，土壤潜在蒸散值随降水量减少而持续增多，最高达到了降水量的 3.2 ~ 4.0 倍；冬春、春末夏初成为土壤严重失墒期，冬季

失墒9%～43%，夏季失墒18%～46%，使主要作物生长需水关键期都处于土壤水分的低值槽区。

三是干旱导致土壤肥力下降、御灾能力减弱。干旱与暴雨叠加加剧了水、土和土壤养分流失，使得耕地质量处于下滑状态。根据长期定位监测数据分析，甘肃省面积最大的黑垆土、黄绵土和灌漠土的有机质含量分别为1.47%、1.15%和1.25%，全氮含量分别为0.104%、0.072%和0.124%，碱解氮含量分别为84.7、68.0和74.6克/千克，速效磷含量分别为24.3、14.8和22.6克/千克，速效钾含量分别为132.8、117.2和174.3克/千克。主要土壤养分绝对含量整体都偏低，除速效磷含量降幅比较大、速效钾含量相对稳定外，有机质、全氮和速效氮含量都处于中下水平。

四是旱、薄叠加导致作物减产歉收、生产力下降、产量走低。旱、薄与作物生长关键时段旱灾叠加，可使小麦产量降低45%，玉米产量降低50%，马铃薯产量降低45%。

4. 地膜面源污染形成潜在威胁

以全膜双垄沟播集雨种植技术为核心的现代旱作农业在提高旱地生产力的同时，地膜过量使用也导致了局部土壤的严重污染。甘肃省年地膜覆盖面积近200万公顷，地膜使用量近16万吨，平均每公顷用地膜85.5千克。覆盖作物涵盖春小麦、玉米、马铃薯、蔬菜、果树等作物，覆盖比超过80%。长期覆膜农田地膜残留量达到了75～210千克/公顷，局部严重区最高残留量已达263.3千克/公顷，已成为仅次于新疆的残膜污染重灾区。研究表明，土壤含残膜达58.5千克/公顷，农作物将减产11%～23%。另外，残膜焚烧处理引发二次污染等危害也不容忽视。

5. 农牧结合互促增效作用发挥不够

甘肃省是农牧结合发展大省，近年来农牧业的快速发展产生了大量的有机肥源（秸秆、粪便、沼肥等），但无害化资源化利用率不足40%。其中，畜禽粪便养分还田率为25%左右，农作物秸秆养分还田率为35%左右、饲料化利用率仅25%左右。有机肥源足但利用率低一定程度上也制约着寒旱农业生产力的提高。

二 甘肃现代丝路寒旱农业研究进展与实践效果

（一）脆弱生态环境治理水土保持减灾技术

20 世纪 80 年代以来，系统开展黄土高原脆弱生态环境的综合治理，取得了"坡沟兼治"的共识，按照工程措施与生物措施相结合的治理原则，提出了"以改土、治水为中心，实行山、水、田、林、路综合治理"的治理方略，建立了"全部降水就地拦蓄入渗，米粮下川上塬，林果下沟上岔，草灌上坡下洼"的水土保持型生态农业和以小流域分区系统治理为核心的生态环境治理减灾模式。

1. 水土保持生态防线减灾模式

（1）黄土高原沟壑区"三道水保防线"减灾模式，即"保塬、护坡、固沟"防护体系。①塬面防护体系。以道路为骨架、条田埝地为中心的田、路、堤、林、拦蓄工程相配套的塬面综合防护体系。②沟坡防护体系。以缓坡修梯田、陡坡整地造林种草，形成以营林种草为主，工程措施与植物措施相结合的坡面防护体系。③沟道防护体系。从上游到下游，从支毛沟到干沟，以坝库、谷坊工程为主，兼搞沟底防冲林，以抬高侵蚀基点，形成以坝库、谷坊工程与植物措施相结合的沟道防护体系。

（2）黄土高原丘陵沟壑区"五道水保防线"减灾模式。①梁卯顶防护体系。主要是防风固土。②梁坡防护体系。主要是拦蓄降水，保持水土，把梁坡变成粮食和果品生产基地。③卯边线防护体系。主要是拦截梁卯坡防护体系的剩余径流，稳定沟边，防止溯源侵蚀。④沟坡防护体系。进一步拦蓄上部剩余径流，固土护坡。⑤沟底防护体系。通过修筑谷坊和小型坝库工程抬高侵蚀基准，营造沟道防护林拦蓄坡面未截留的产沙产流，控制沟道发育。从梁顶到沟底，层层设防，节节拦蓄，形成一整套完整的水土保持综合防护体系。

2. 生态经济带减灾模式

坚持经济、生态、水保综合效益统一的原则，治理与发展农村经济结合，建立了塬面农业生态经济带、塬边林果生态经济带、沟坡草灌生态经济带、沟底水利综合利用生态经济带，形成了生态经济带减灾模式。

3. 多元小生态系统减灾模式

把生态环境治理的总体规划同以一村一户为单元治理措施的具体实施统一起来，综合配置不同效能的各单项措施，通过建设多层次、多功能的水保措施体系，达到综合治理的目的。

4. 全方位综合治理减灾模式

由单纯治理型向治理经营型转变，在空间上，从塬面（或梁顶）到沟道（底），塬（坡）沟兼治；在土地类别上，从农田到"三荒地"，包括村庄、道路全面治理。建立以基本农田为主体的工程措施和以植树种草为核心的生物措施相结合的塬、坡、沟多层次防护体系和农林牧综合发展的农业经济体系。

5. 水土保持型生态农业减灾模式

以土地资源合理利用为前提，强化降水入渗、拦蓄，防止水土流失为中心，以恢复植被、建设基本农田、发展经济林和种草养畜为四大主导措施。建设水保生态农业体系，实现农林牧综合发展、生态经济良性循环的水土保持型生态农业结构模式。

6. 小流域水保减灾模式

依据农业生态系统内各子系统不同生态位之间存在绝对差异性这一基础理论，科学地将定西市安定区高泉小流域划分成荒芜沟坡、农田、村庄道路三个区，并依据"就地入渗""富集叠加"两种学术思想，从解决水问题、以水治旱入手，按照分区治理、系统治理、序性治理、措施对位配置、效益优先的原则，进行了系统治理。将小型集雨工程（反坡台、水平沟、鱼鳞坑）措施与生物治理修复措施（沙棘、柠条、经济林果、苜蓿、水保牧草）捆绑整合，建立荒芜沟坡雨水富集叠加林草高效利用模式；将水平梯田与优质高效作物、覆盖沟垄种植、配方施肥、集雨补灌等节水农艺措施相结合，建立农田雨水就地入渗高产稳产模式；利用路、场、院、屋面集水，发展旱地果园、大棚蔬菜、日光温室、养殖业等，建立庭院雨水集蓄高效利用模式。形成了以"山顶植树造林戴帽子、山坡退耕种草披褂子、山腰兴修梯田系带子、山下覆膜建棚挣票子、沟底筑坝蓄水穿靴子"为主要特征的脆弱生态区环境分区治理"高泉模式"。实践应用三十多年基本上实现了暴雨的资源化和无害化。土壤侵蚀模数由基础数6120吨/（平方公里·年），降为2004年的50.6吨/（平方公里·年），减沙率达99.2%。远低于国际上1000吨/（平方公里·年）的治理标准。治理区生物多样性显著丰富，新发现7个科的植物物种。湿生植物如空茎驴蹄草、红目獐牙菜、毛脉柳叶菜在流域中广泛分布；层间藤本植物、兰科绶草的发现，标志着该流域植物多样性显著提高。遥感监测表明，高泉沟治理区地面植被覆盖度已达到92.5%，林草产出量提高了3.1倍。

（二）集雨治旱高效用水关键技术

1. 生物耐寒旱特质抗旱节水技术

挖掘旱生型作物的耐旱、主动抗旱、适应干旱和避旱特性，以耐旱、耐寒、耐瘠薄、耐密植，节水、水分利用效率高，稳产高产、中早熟，适应农艺农机融合为选育目标。一是选育选用抗旱性强和高水分利用效率的冬（春）小麦、玉米、马铃薯、杂粮、油葵等新品种，发挥生物及品种抗旱防灾潜力；二是选育选用抗寒抗旱性强的覆盖作物及品种（如油菜、绿肥作物等），增加地面覆盖减少秋冬闲期土壤水分无效蒸发损失和土壤风沙侵蚀；三是选育选用需水关键期躲避伏旱、后期生长发育快的玉米品种。通过抗旱耐寒节水作物新品种与高效栽培技术有机匹配实现抗逆节水。

（1）确定作物高效用水评价指标，提出了基于0~2米土壤贮水量变化的抗旱性鉴定思路，选育应用高水分利用效率的抗旱作物品种。选育的耐寒耐旱抗逆性强的冬小麦品种陇鉴301、陇鉴294、陇鉴338，干旱产量指数、丰水产量指数均超过了1，水分高效利用指数1.14~1.22。

（2）以灌浆期冠层温度、穗下节可溶性糖、叶片稳定碳同位素比值为作物高效用水核心评价指标，证明了作物产量、水分利用效率同灌浆期冠层温度呈显著负相关，小麦灌浆中后期穗下节可溶性糖、叶片稳定碳同位素比值（^{13}C）与其产量和水分效率呈显著正相关。借此，先后筛选出了10个抗旱高效用水品种。其中，旱地冬小麦新品种陇鉴294、陇鉴386、陇鉴301，糜子新品种陇糜6、7、8、9号，玉米新品种陇单4、5、6号等，均大面积应用于生产，发挥了生物及品种的高效用水潜力。

2. 雨水治旱技术

（1）改变微地形覆盖集雨保墒技术

基于密植作物地膜覆盖和非耕地集雨补灌两大技术突破，以覆盖集水—保墒—节水为核心，起垄覆膜与不同垄沟比匹配建设农田土壤水库，最大限度地资源化利用作物生育期微小降雨和休闲期集中降雨，通过土壤水库扩容保水增墒抗旱防灾。研究构建了由"生物抗旱高效用水＋田间微工程富集叠加雨水＋覆盖抑蒸提墒＋集雨补灌＋水肥精准调控＋农艺农机融合＋结构调整"为核心技术的改变微地形下垫面覆盖集雨保墒技术体系，变常见性5～10毫米降水为作物可利用的有效水，提高降水资源利用率30%以上，使作物水分利用效率达到1.0～1.5千克/（毫米·亩），粮食增产20%～30%。

（2）旱地集雨高效利用技术体系

提出集水高效农业及旱地农田微集雨种植概念，探明旱地降雨时空富集叠加和作物旱后复水补偿效应，揭示了垄膜沟种可使旱地作物根域无效降雨有效化和小雨量效应倍增化，研发出了道路及庭院集雨作物补灌、棚面集雨温室节灌和农田改变微地形垄膜沟种微集水种植技术体系，显著提高了降水利用率和作物水分利用效率。

（3）农田微集水保墒防灾关键技术

提出以秋覆膜保墒春播、膜侧种植、顶凌覆膜为核心的集雨保墒关键技术，解决了玉米播种出苗难的技术难关。秋覆膜玉米播前1米土壤多贮水25毫米左右，一次5～10毫米降水田间收集效果80%～92%，＜5毫米达到65%～80%，地膜玉米增产20%～30%。利用夏休闲期农田覆膜＋生物覆盖蓄水保墒关键技术，解决了冬小麦夏闲期与越冬期抗旱保墒关键技术。夏休闲期覆膜小麦播前2米土壤多贮水61.9毫米，抗逆减灾作用显著。

（4）农田覆盖垄沟集雨增墒技术

基于农田覆膜集雨保墒根域水温环境变化特征，提出了旱地玉米机械化全膜双垄沟集雨种植技术。查明了秋覆膜、全膜双垄沟集雨保墒效果，证明了苗期增温和昼夜温差小、灌浆期温度偏低等根域水热正效应；明确了全膜双垄沟使土壤冻结期滞后、冻结速率减慢、冻结深度变浅以及融化速率加快、融化期缩短的土壤冻融特征；研发出了起垄覆膜一体机及配件，提出了以"大小沟垄全覆膜、垄集沟蓄增水量、保墒增温高用水"为核心的旱地玉米机械化全膜双垄沟集雨种植技术，解决了小雨量资源化高效利用和秋雨春用抗旱保全苗的关键技术，玉米单产提高25%～45%、水分利用效率达到2.96千克（经济产量）/毫米（降水量）、农田降水利用率73.2%。突破了寒旱生境制约，使玉米种植带向高寒、冷凉区延伸。实施了旱地马铃薯黑色地膜覆盖垄沟栽培技术。采用黑色地膜覆盖＋垄上微沟集雨技术，有效调控昼夜温差，促进马铃薯块茎膨大和淀粉积累；增加集雨面有效汇集降雨径流，增加土壤供水量；改常规15厘米低垄种植为20～25厘米中高垄种植，改善马铃薯薯型、提高商品率；研发出了马铃薯起垄、覆膜、微沟作业一体机，提出旱地马铃薯黑色地膜覆盖垄沟栽培技术。探索实践了旱地小麦全膜覆土穴播技术，揭示了土壤贮水对旱地小麦增产的贡献及地膜穴播的水温效应，研制开发出了覆膜集雨一体机，有效解决了地膜小麦苗穴错位、人工放苗工作量大及放苗难的关键技术，使小麦单产提高20%～30%，农田降水利用率达到71.0%，水分利用效率1.22千克（经济产量）/毫米（降水量）。探索实践了玉米留膜秸秆立茬覆盖一膜两年用免耕技术，制定了旱地小麦机械化高留茬秸秆还田技术规范，降水保蓄率提高到50%～65%。

（5）果园垄膜集雨规模化提质增效技术

揭示了黄土高原果园土壤干层的出现规律及干燥化特征，制定了降低果树无效枝条生长高耗水的树体整形指标和降低化肥氮素用量的测土施肥方案，提出"高垄覆膜集水、垄沟覆草、穴施肥""树盘覆膜、树行覆草"为核心的提质增效关键技术，有效解决苹果需水和降水高峰期深层土壤水库水分的恢复问题。降水保蓄率达到80%以上，增加果园土壤供水100毫米以上，显著增强了果树抗旱性。旱地苹果增产 18.8% ~ 32.3%，优质率提高 15%。

3. 立式深旋耕土壤结构再造集雨保墒技术

研究提出了旱作农田立式深旋耕保墒技术及立式深旋耕作机。立式深旋耕技术打破了犁底层，降低土壤容重和紧实度，实现了"土壤水库"扩库增容，促进土壤水热运移和作物根系生长，有利于土壤水、气、肥的平衡和农作物的生长发育，提高抗旱力。土壤饱和含水量和毛管含水量分别较传统旋耕增加 26.1% ~ 54.4% 和 38.8% ~ 82.9%，萎蔫含水量下降 11.0% ~ 49.0%，田间持水量增加 9.3% ~ 26.0%，土壤有效水贮量提高 25.2% ~ 46.0%。应用于旱地马铃薯、中药材、玉米等作物栽培，增产 30% 以上。

4. 农艺农机融合高效水土资源利用技术

研制出与全膜双垄沟播玉米配套的一体化联合作业机、电动精量播种机，与全覆垄沟种植马铃薯配套的起垄覆膜机、挖掘机，与全膜覆土穴播小麦配套的覆膜覆土播种一体机，以及残膜回收机等实用型农业机械，有效解决了农机与农艺不相适应的关键问题，提出农艺农机融合水土资源高效利用技术，优化了土地、作物、良种、肥料、机具、动力、资金和管理等生产要素配比和农事工艺，降低劳动强度和生产成本，提高了劳动效率、土地产出率、资源利用率和农业抵御自然灾害的能力。

（三）中低产田改良以肥调水减灾技术

黄土高原中低产田主要包括坡地梯改型、瘠薄干旱型、沙化耕地型、盐碱耕地型、障碍层次型、干旱灌溉型等 6 个类型。其中，坡地梯改型、瘠薄干旱型占主体。坡地梯改型主要障碍因子为水土流失严重、土壤结构差、耕层较薄、养分贫乏、土壤保水性能差；瘠薄干旱型主要障碍因子为干旱缺水、降雨量少及季节分布不均、农田土壤肥力低、养分供应缓冲性弱。治旱必治瘠，针对性地改良中低产田，对提升寒旱农业生产力和保障区域粮食安全具有重要的意义。

1. 膜下秸秆还田中低产田改良技术

研究揭示膜下秸秆还田增温保水效应及秸秆腐解、养分释放、培肥增产机理，提出膜下秸秆还田与配方施肥、缓控释肥相结合的地力培肥新模式。膜下还田秸秆腐解率与土壤水温条件成正比。其叠加并放大了地膜覆盖增温增湿和秸秆覆盖调温保湿效应，使 0 ~ 25 厘米耕层土壤温度和 0 ~ 100 厘米土层土壤含水量比露地平均高 3℃和 3.71 个百分点，有效加速了还田秸秆的腐解与养分释放，降低了土壤容重和 pH 值，提高了地力。膜下还田秸秆第二年即显现出提高土壤有机质及速效养分含量的作用。土壤有机质、全氮、速效氮、全磷、速效磷、全钾、缓效钾、速效钾含量平均分别比露地增加了 0.3克/千克、0.016 克/千克、9.3 毫克/千克、0.017 克/千克、1.3 毫克/千克、0.56 毫克/千克、56.3 毫克/千克和 13.4 毫克/千克，增幅分别为 1.19%、3.08%、6.28%、9.14%、1.85%、6.78%、7.10% 和 7.90%，使土壤容重下降了 0.01 ~ 0.07 克/立方厘米，降低 0.78% ~ 3.10%。膜下秸秆还田在低温时的"高温效应"和高温时的"低温效应"有效调控了玉米出苗—拔节期、抽雄—灌浆期的土壤水温环境，均衡生育期水肥资源利用，有效缓解了气温激变对作物生长的伤害，保证了作物良好生长，改善了农艺性状，产量稳定增加。

2. 坡地梯改型中低产田改良技术

针对新修梯田存在土壤结构差、肥力低、保水能力和作物产量低下等问题，研制出以黑矾、腐殖酸、保水剂、碳铵、微肥、阳离子螯合剂等为主要原料的黄土高原旱作区新垦土壤快速熟化剂，并提出以有机肥、小麦秸秆、熟化剂及化肥等多种物料配施的新修梯田/新垦土壤综合培肥改良技术，可增产 10% ~ 30%，缩短培肥时间 2 ~ 3 年。

3. 瘠薄干旱型中低产田改良技术

针对干旱缺水、土壤贫瘠以及农田土壤保水保肥能力差等问题，研究提出以"沼液废渣 + 有机肥 + 腐殖酸 + 秸秆还田 + 立式深旋耕"为核心的瘠薄干旱型中低产田改良技术，使耕层 0 ~ 20 厘米土壤有机质含量提高19.2%，全氮提高 8.4% ~ 16%，全钾提高 13.55% ~ 67.5%，碱解氮提高

9.3%～20%，速效钾提高 7.6%～13.0%，玉米产量及水分利用效率分别提高 27.18% 和 23.57%。

4. 障碍退化型农田培肥与改良技术

研发出防治马铃薯土传病害的生物菌剂产品，建立以"全膜覆盖轮套作＋生物菌剂配施"为主要技术措施的马铃薯连作退化土壤综合改良技术，有效促进土壤中碳氮营养周转速率和能量循环、有毒物质分解、防止土壤地力衰退，维持并提高土壤生态系统稳定性。

（四）种植制度改制趋利避害减灾技术

气候暖干化使春播作物播种期提早；使喜热喜温作物的生长发育速度加快，营养生长阶段提前，全生育期延长；使越冬作物播种期推迟，初春提前返青，全生育期缩短；使喜温作物、越冬作物种植海拔高度提高，种植面积迅速扩大；使作物品种由早熟向中晚熟发展、多熟制向北推移和复种指数提高。但气候变化带来的农业生产优势被严峻寒旱灾害所抵消。

1. 逃旱、避旱，趋利避害，适雨调整农业生产结构

据区域自然降水特征、作物需水规律及市场需求，调减高耗水量作物及品种，高耗水作物与低耗水作物搭配；压缩高耗水、水分利用效率低的作物种植面积，扩大与区域降水季节分布特点吻合，低耗水、节水型、耐旱型作物面积，增加作物种群的多样性，建立适水性和节水型农作制。

（1）适雨调作物布局

以定西为中心，辐射带动兰州、白银、天水、平凉及临夏北部发展马铃薯种植业；以甘南、临夏、河西地区、陇东地区为重点发展草食畜牧业；以河西地区为主发展酿造葡萄、啤酒大麦、玉米制种、蔬菜种植业；以平凉、庆阳、天水为重点发展优质林果业；以定西、陇南为重点发展中药材种植业。

（2）建立抗旱防灾适水种植结构

年降水 350～450 毫米的地区以牧业为主，农林业为副。扩大耐旱和适水高产作物如马铃薯、杂粮杂豆、胡麻等品种，扩种糜谷、豌豆、扁豆等应急救灾作物，增加农田系统作物多样性，提高抵御旱灾的能力；年降水 450～

550 毫米的地区农林牧复合发展，扩大抗旱节水和秋收高产作物面积，大力发展地膜玉米、马铃薯、苹果、冬小麦、小杂粮、特色油料等作物，压夏扩秋；年降水 550 毫米以上地区以农业为主，稳夏扩秋，稳定小麦面积，扩大玉米、蔬菜、果树及复种作物面积。

2. 轮作防灾减灾模式

在半干旱地区，建立玉米/油葵→蚕豆→马铃薯，春小麦→豌豆→胡麻，春小麦→马铃薯→马铃薯，杂粮杂豆→春小麦→马铃薯，小麦→玉米→大豆、小麦→玉米→马铃薯、玉米→马铃薯→蚕豆、小麦→大豆→马铃薯等旱作区高效可持续轮作模式。在半湿润偏旱区，建立冬小麦 + 复种→春玉米、油菜→冬小麦→冬小麦、玉米→玉米的防灾减灾种植模式。

3. 农牧结合减灾增效模式

以"粮改饲"为契机，在寒旱区推广种植青贮专用玉米、推广窖贮、袋贮优质高效青贮技术和播种、收割、粉碎、揉丝、打捆、打包全程机械化作业技术，探索出了"粮饲兼顾、草畜配套、以种促养、以养带种、良性互动"的农牧结合发展模式。甘肃省农业科学院以农田粮改饲与牛羊健康养殖为核心，先后引进瑞普 908、九胜禾 692、陕单 636、京科 728、金穗 661、金穗 771、五谷 704 等 20 个粮饲兼用玉米品种；引进京科青贮 932、北农青贮 368、金穗 1203 等 10 个青贮玉米品种，解决了草食畜牧业发展饲草作物品种匮乏关键问题；以提高饲草粗蛋白饲养当量为目标，研究建立了"良种 + 密度 + 水肥精准控制"与大田粮果间套作牧草高产高效种植技术，如增密扩行、玉米/豆科作物（拉巴豆）套作、优果园间套饲草作物等；研究提出了饲草作物适于青贮和黄贮实时收获、窖池贮藏、打捆青贮、草袋贮存和地面堆贮技术，建立了农牧结合互促增效发展雏形，实现了农牧结合产业转型升级和效益攀升，为脱贫攻坚提供了有力支撑。

（五）残膜污染防控减灾技术

1. 残膜污染形成的原因及防控现状

甘肃省高度重视残膜污染防控，强化污染源头控制。2009 年出台了

《关于加强废旧农膜回收利用推进农业面源污染治理工作的意见》和《省级废旧农膜回收利用专项资金管理暂行办法》；2013 年出台了《甘肃省废旧农膜回收利用条例》；2014 年发布实施了甘肃省地膜生产地方标准《聚乙烯吹塑农用地面覆盖薄膜》（DB62/2443 - 2014）。按照"政府扶持、市场运作、循环利用"的工作思路，省财政设立专项资金，采用"财政贴息、先建后补、以奖代补"，扶持建立了一批工业企业和回收网点，形成了"谁生产、谁回收"的良性机制。残膜回收率达到了 50% ~ 70% 。但由于地膜执行标准低、超薄地膜的长期大量使用，低强度、易老化、寿命短、大残留、难回收、成本高，实际回收利用率较低，还没有形成长效治理机制。

2. 残膜污染防控减灾技术

（1）残膜机械化回收技术与产品

改进现有的滚筒式、弹齿式、齿链式、滚轮缠绕式和气力式等残膜回收机具，研发出与特定作物、特定农艺措施和农业技术匹配，低成本、高田间作业效率的残膜回收机具。

（2）残膜农艺防治及节约型地膜技术

选用厚度适中、韧性好和抗老化能力强的地膜，一膜多用、延期利用，减膜 30% 、减少田间覆盖度，研究建立了不同作物适期揭膜回收技术。并通过作物轮作倒茬及农作制度的改变，建立了减少地膜总投入量的结构调整技术。

（3）新型生物降解功能地膜替代技术

综合利用生物降解和氧化降解技术生产的双降解功能地膜（如德国巴斯夫、日本三菱和广州金发）替代传统地膜，研究建立了与主要作物配套的残膜污染防控技术，在机械性能、土壤水热效应等方面与传统 PE 地膜覆盖基本相当的情况下，实现了作物基本不减产或减产不明显，且能在 2 年内实现全生物降解，凸显降低残膜污染优势。

（4）残膜回收再利用技术

按照循环经济原则和"资源—产品—再生资源"的原则，对废旧地膜进行回收再利用。研究开发回收废弃地膜作为再生塑料的原料、利用回收薄膜生产环境友好型填充母料、利用回收地膜进行燃料提取和作为建筑材料等关键技术。

三　现代丝路寒旱农业发展展望

发展现代丝路寒旱农业必须牢固树立并切实贯彻创新、协调、绿色、开放、共享的发展理念，按照习近平总书记绿水青山就是金山银山、加强黄河流域保护与高质量发展、筑牢国家西部生态安全屏障绿色长城、治出一方绿水碧波等指示精神，坚持生态治理保护优先，生态、环境、经济、脱贫攻坚、美丽乡村建设高度统一。

（一）加强现代丝路寒旱农业发展基础及应用基础研究

探索甘肃省旱作区气候、土壤、环境、生态等方面长期演变趋势、规律与特征，区域生态、经济发展对寒旱农业科技进步的响应与互作机制，探明现代丝路寒旱农业发展的基础与应用基础理论与遵循。

（二）深化生态环境恢复重建理论基础的研究

一是对生态系统退化机理及流域尺度上的生态恢复重建的关键基础理论研究。流域尺度上以生态演替理论和生物多样性恢复为核心，基于生态学过程多层次、时空优化调控植被退化与恢复的过程、机理和演替规律研究；生态恢复过程中天然植被格局与生态水文效应、水文学机制研究。二是加强生态经济服务社会经济发展、区域脱贫功能的研究。三是加强生态水源涵养功能提升研究。

（三）深化集水高效生态农业关键技术研究

深化抗逆高效与加工性优良作物品种选育与生物抗旱节水技术研究。加强耐旱、抗旱、中早熟、弱冬性、高水分利用效率、抗逆作物新品种选育；适宜普通加工（面条、馒头、面包等）品质的作物新品种选育；利用品种的耐旱、适雨特性建立应对气候变化的生物抗旱技术体系。

强化覆盖垄作集雨生态高效耕作技术与制度创新研究。研究创新作物—土壤—地点特定特异的旱作农业生态高效覆盖集雨技术；研发适于我省农业立地条件（山地与梯田）与特定作物（小麦、玉米、马铃薯）配套的中小型农机具；研究调整种植业结构，进而调整农牧果生产结构，建立适应气候、环境、生态的现代旱作农业耕作制度。

深化中低产田改良关键技术与模式创新。研究有机资源循环利用培肥土壤、适雨集雨增墒的土壤耕层结构培育、种植结构调整均衡养分利用等土地用养关键技术，旱地土壤有机碳、氮磷钾养分元素、微生物、土壤动物、土壤微塑料、土壤 pH 容重等理化生物性状演变的分子生物学机制，以及土壤质量演变的响应机制等，以支撑建立旱作农业中低产田改良技术新模式。

（四）加强乡村宜居生态涵养经济高效关键技术与发展模式研究

乡村宜居生态涵养经济高效关键技术研究。在流域尺度上，重点开展退耕撂荒地生态、经济林草、水沙治理工程优化配置水土流失治理与生态涵养关键技术研究；山地水沙治理工程与经济高效发展林草果立地对位配置生态保护经济高效开发关键技术研究；乡村山水林田路系统治理田园综合体建设与发展研究等。

加强农业面源污染防治与循环农业发展关键技术与模式创新研究。重点加强化肥农药残效、化肥农药地膜残留土壤、水体环境污染检测；保持或提高降雨集水保蓄功能，易降解、少环境污染的新型易降解功能覆盖地膜研制、筛选及其作物配套应用技术研究；有机肥替代化肥保量增效与减肥减药减量增效关键技术研究；农业废弃资源（如秸秆、畜禽粪便、沼液、沼渣以及马铃薯淀粉加工等农产品加工废料）肥料化利用关键技术研究；资源循环高效利用、环境友好、经济高效农牧林果复合旱作循环农业发展模式研究。

深化乡村山水林田路系统治理田园综合体建设与发展研究等。

（五）建立甘肃气象灾害预警与应急响应体系

建立甘肃气象灾害预警与应急响应体系，加强对气象灾害的监测与预测预报；建立气象灾害警报预报发布和气象灾害应急系统，提高气象灾害响应处置能力。一是加强干旱灾害和生态环境动态监测预测。建立干旱灾害监测预警基地，研究建立农业水土资源科学评估方法、技术和御旱对策，有效应对自然灾害。二是加强生态环境动态监测与评估，建立地面监测和卫星遥感监测相结合的生态环境立体监测系统，定期和不定期发布干旱生态环境监测预警公报，为防灾减灾宏观决策提供科学依据。

（六）建设完善现代丝路寒旱农业系统体系

针对资源禀赋，坚持现代科技创新引领、"一带一路"时空定位、寒旱资源优化利用，强化优质粮食、草食畜、苹果、蔬菜、种业等产业，按照以"独一份"、"特中特"、"好中优"和"错峰头"为主线的优势布局，构建优势特色产业体系。加强农业基础设施建设、农田水利和雨水利用工程建设，强化支撑发展现代旱作农业、集水高效农业、覆盖农业；严格实行耕地保护制度，防止耕地"非农化"，构建现代丝路寒旱农业发展强基体系。抢抓"一带一路"和乡村振兴机遇，把牢"丝路"时空定位，面向国际国内市场，创新产品与"甘味"品牌，构建融合发展体系。面向世界科技前沿、面向经济主战场、面向国家重大需求、面向人民生命健康，不断创新现代寒旱农业科技，构建科技支撑体系。

通过3～5年系统研究与实践，探明治理、改善寒旱气候，趋利避害高效利用寒旱优势，推动黄土高原生态环境保护和现代丝路寒旱农业高质量发展的理论基础与遵循，建立"以现代科技创新方向引领、丝路时空定位、寒旱内在特质"为特征的"独优特"优质粮食、果薯药、牛羊菜产业高质量发展路子。实行山水田林路、农村面源污染及人居环境综合治理，使水土流失严重的小流域水沙流失率减少90%以上；全省农药、化肥减施30%以上，残留减少80%以上；残膜减少70%以上；农业废弃物（秸秆、畜禽粪便等）肥料化利用率达到 80% 以上；治理改善寒旱危害、减灾减损 30% 以上。整体生态环境得到有效治理，局部实现绿水青山，建成美丽乡村田园综合体发展模式雏形。现代寒旱气候治理改善与优势高效利用科技创新引领，高效融入"一带一路"，合作共赢支撑甘肃省寒旱内在特质特色产业增效 15%～30%，支撑区域经济发展增速达到 20% 以上、农民增收达到 35% 以上。

参考文献

陈波、朱智文、王建兵：《甘肃省蓝皮书：甘肃县域和农村发展报告（2020）》，社会科学文献出版社，2020。

赵诚信等：《黄土高原不同类型区水土保持综合治理模式研究》，《水土保持学报》1994 年第 4 期。

何福红等：《黄土高原沟壑区小流域综合治理的生态水文效应》，《水土保持研究》2003 年第 2 期。

Fengke yang et al.，"Rainwater Harvesting and Agriculture," In Qiang Zhu et al（eds），Rainwater Harvesting for Agriculture and Water Supply. Springer press，2016.

Fengke Yang et al.，"An Approach to Improve Soil Quality：a Case Study of Straw Incorporation with a Decomposer Under Full Film-ulched Ridge-Furrow Tillage on the Semiarid Loess Plateau，China," *Journal of Soil Science and Plant Nutrition*，（2020）20：125－138.

杨封科等：《膜下秸秆还田添加腐解剂对旱地土壤碳氮积累及土壤肥力性状的影响》，《草业学报》2019 年第 9 期。

杨封科等：《土壤培肥与覆膜垄作对土壤养分、玉米产量和水分利用效率的影响》，《应用生态学报》2019 年第 3 期。

尹宪志等：《甘肃省近 50 年干旱灾情研究》，《干旱区研究》2005 年第 1 期。

邓振镛等：《干旱灾害对干旱气候变化的响应》，《冰川冻土》2007 年第 1 期。

杨封科等：《气候变化对甘肃省粮食生产的影响研究进展》，《应用生态学报》2015 年第 3 期。

邓振镛等：《干旱气候变化对甘肃省干旱灾害的影响及防旱减灾技术的研究》，《干旱地区农业研究》2007 年第 4 期。

姚玉璧等：《全球气候变化下黄土高原气候系统变化特征及其生态环境效应》，《中国气象学会 2005 年年会论文集》，2005。

刘广才等：《旱地玉米全膜双垄沟播技术土壤水分效应研究》，《干旱地区农业研究》2008 年第 6 期。

侯慧芝等：《陇中半干旱区全膜覆土穴播小麦的土壤水分及产量效应》，《作物杂志》2010 年第 1 期。

赵天武等：《黄土高原旱地不同保护性耕作措施马铃薯田土壤水温效应及产量的影响》，《干旱地区农业研究》2009 年第 1 期。

邓振镛等：《干旱与可持续发展及抗旱减灾技术研究》，《气象科技》2004 年第 3 期。

杨封科等：《甘肃省黄绵土耕地质量特征及其调控的关键技术》，《西北农业学报》2011 年第 20 卷第 3 期。

杨封科：《半干旱区集水农业高效用水模式研究》，甘肃农业大学博士学位论文，2002。

杨封科等：《甘肃半干旱区集水农业用水模式及深化研究的思考》，《干旱地区农业研究》2003 年第 21 卷第 4 期。

刘广才等：《旱地玉米全膜双垄沟播技术土壤水分效应研究》，《干旱地区农业研究》2008 年第 26 卷第 6 期。

樊廷录等著《旱作覆盖集雨农业探索与实践》，中国农业科学技术出版社，2017。

G.14
甘肃民族地区特色农业发展报告[*]

马小黎 白贺兰^{**}

摘 要： 甘肃历来就是一个多民族聚居地，少数民族多居住在交通不便、自然环境和气候条件相对恶劣的区域，加之受民族传统和宗教影响，少数民族群众无论是在意识形态还是在地区经济发展上，都与其他地区存在较大差距。本报告立足于甘肃不同民族地区的特色和传统，利用2008～2018年不同民族地区农业产业面板数据，通过分析各民族地区的农业特色，按照突出不同民族地区的农业主导产业，努力培育和发展农业特色及优势产业的思路及所面对的问题和挑战，探索符合民族地区实际的科学发展之路。

关键词： 甘肃省民族地区 特色畜牧业 特色种植业

甘肃省是一个多民族聚居的地区，现有 2 个民族自治州、7 个自治县、13 个民族县、32 个民族乡，含有 55 个少数民族成分，其中千人以上少数民族 16 个，东乡族、保安族、裕固族为特有少数民族，主要集中在黄土高原、甘南高原和河西走廊三个区域。2018 年末，甘肃省常住人口 2637.26 万人，

---

* 本文系国家社科基金项目"西北民族地区特色优势产业现状与发展调查研究"（16XMZ067）的阶段性成果。

** 马小黎，甘肃省农业科学院农业经济与信息研究所助理研究员，主要研究方向为农村区域发展、民族地区经济；白贺兰，甘肃省农业科学院农业经济与信息研究所助理研究员，主要研究方向为农业经济。

其中民族自治地方常住人口 331.59 万人，占全省人口的 12.57%，少数民族人口 263.2 万人，占全省总人口的 9.98%，民族区域面积 18 万平方公里，占全省国土总面积的 43%。2018 年民族自治地方生产总值 538.58 亿元，比 2017 年增长 10.61%。

本报告中研究的甘肃民族地区主要包括临夏回族自治州、甘南藏族自治州、天祝藏族自治县、肃南裕固族自治县、肃北蒙古族自治县、阿克塞哈萨克族自治县、张家川回族自治县。根据其分布区域和民族特色，将这 7 个民族地区划分为河西走廊民族区、黄土高原回族聚居区和甘南藏区三个区域。这三个区域在省内分布不连续，所处地域海拔相对较高，地理位置偏远，自然环境特殊，民族文化各异，且多处在甘肃不同河流的上游或源头，是甘肃的"生态之源"，当地生态环境的变化会直接影响到全省乃至全国生态环境的安全和平衡，对生态、经济、社会方面的作用十分重要。

一 甘肃民族地区特色农业发展概况

（一）农林牧渔业产值不断攀升，河西民族地区增长最快

截至 2018 年末，甘肃民族地区农林牧渔业产值为 154.65 亿元，占甘肃省农林牧渔业总产值的 9.32%，与 2008 年相比增长 2.58 倍（见图 1）。近十年来甘肃民族地区农林牧渔业产值不断攀升，经济实力有了进一步提高。从增速看，除了 2015 年和 2018 年外，民族地区的农林牧渔业产值增速一直高于全省。2018 年少数民族地区人均农业产值为 7495.26 元，其中河西地区农林牧渔业产值增长最快，是 2008 年的 3.43 倍；其次是甘南州，是 2008 年的 3.14 倍；回族聚居区是 2008 年的 2.08 倍（见图 2）。

（二）畜牧业发展优于种植业，牛羊产业优势显著

由于民族地区种植业基础条件相对较差，加之受民族习惯和传统的影响，畜牧业比种植业更为发达，是全省主要畜牧业分布区，牧业产值比重一

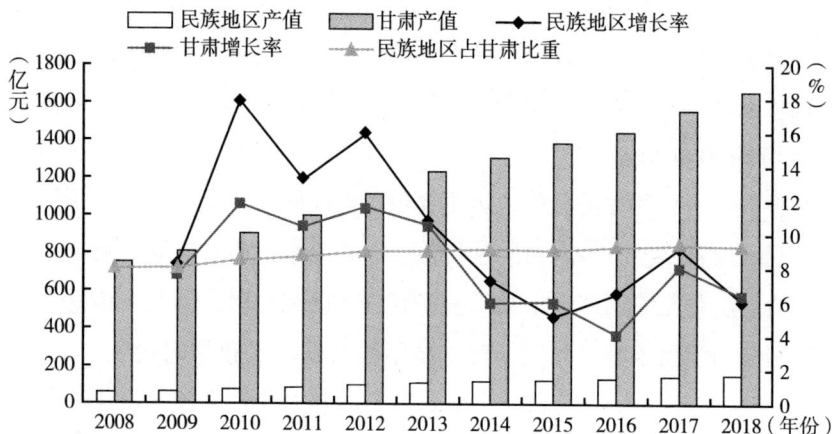

图1 2008～2018年甘肃民族地区与甘肃省农林牧渔业产值及其增长率

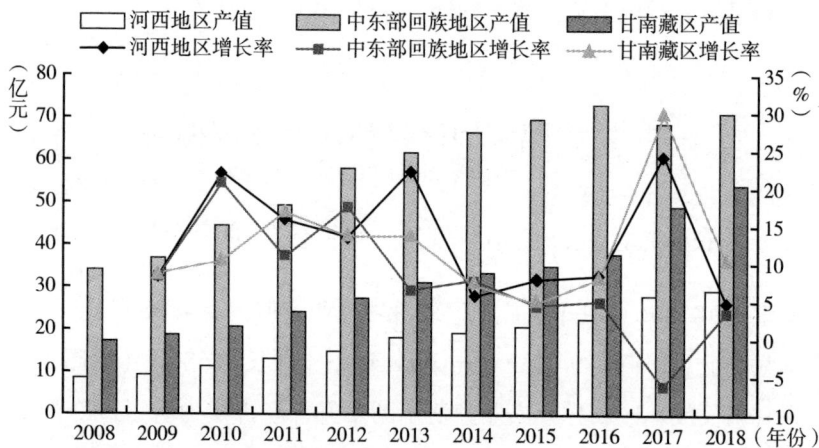

图2 2008～2018年甘肃各民族地区农林牧渔业产值及其增长率

资料来源：《甘肃发展年鉴》（2009～2019）、《中国统计年鉴》（2009～2019）、甘肃民族地区各州（县）统计公报。

直高于农业产值比重（见图3）。2008年民族地区的农业产值仅31.56亿元，占全省农业产值的6.27%，但同年的牧业产值占全省牧业产值的18.59%。截至2018年民族地区牧业产值增长到67.13亿元，已经占到全省牧业产值的21.05%，是2008年的2.97倍。

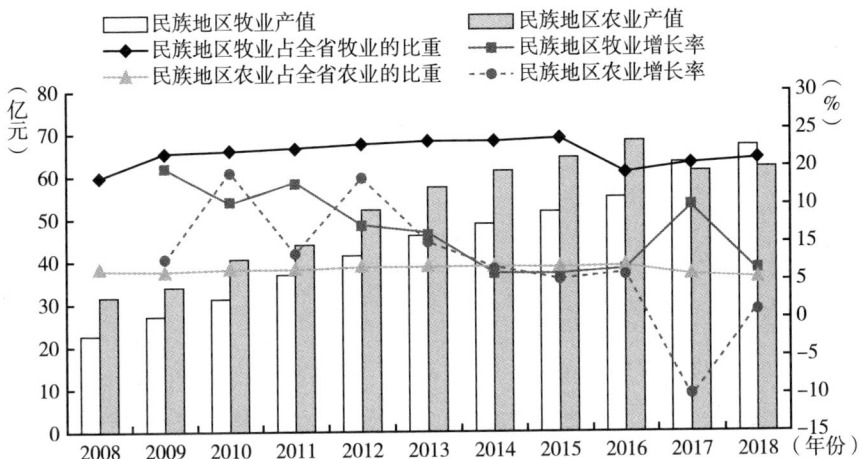

图3　2008～2018年民族地区农业产值和牧业产值比较

资料来源:《甘肃发展年鉴》(2009～2019)、《中国统计年鉴》(2009～2019)、甘肃民族地区各州(县)统计公报。

2018年,甘肃民族地区肉牛存栏量194.14万头、出栏量83.36万头,分别占全省肉牛存栏、出栏的44.09%、41.30%;肉羊存栏量500.66万只、出栏量395.86万只,分别占全省肉羊存栏、出栏的26.55%、27.06%。可见民族地区在肉牛养殖上占有绝对优势,肉羊养殖也具有明显优势(见图4)。

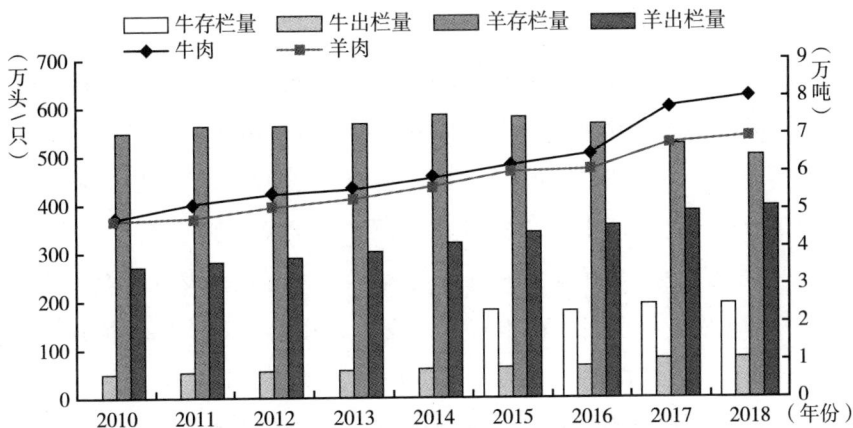

图4　2010～2018年民族地区牛羊存出栏量及牛羊肉产量

资料来源:《甘肃发展年鉴》(2009～2019)、甘肃民族地区各州(县)统计公报,其中2010～2014年牛存栏量统计年鉴中数据缺失。

211

二 不同民族地区特色农业发展现状

（一）河西走廊民族区

河西走廊位于甘肃西北部祁连山以北、乌鞘岭以西、新疆边界以东，东西长近1000公里，南北宽数公里至近200公里不等，是全国重要的制种基地和甘肃重要的粮食生产基地。河西走廊西端是阿克塞哈萨克族自治县和肃北蒙古族自治县，东端是武威市的天祝藏族自治县，中部是张掖市肃南裕固族自治县，毗邻青海省，与河西走廊非民族地区相比，民族地区所在区域地理位置和自然气候都相对恶劣。

1. 特色种植产业初具规模

长期以来，受自然、气候以及民族传统的影响，河西走廊的肃南裕固族自治县、肃北蒙古族自治县和阿克塞哈萨克族自治县的种植业以粮食作物为主，发展缓慢且毫无优势可言。随着《甘肃"十二五"民族地区经济和社会发展规划》中关于"大力发展绿色农牧业，确保农业基础地位，着力发展特色优势产业，推动产业转型升级"要求的提出，河西走廊民族地区开始大力调整内部产业结构，发展特色种植业。

肃南裕固族自治县逐年发展高原夏菜、中药材、脱毒马铃薯、油料作物等特色种植，截至2018年，全县高原夏菜种植面积达到553.33公顷、中药材186.67公顷、油料作物86.67公顷，耕地种草3933.33公顷。阿克塞哈萨克族自治县农业生产由"以农补牧"逐步向高效、特色现代农业转变。2009年，阿克塞蔬菜种植面积仅有10公顷。近几年通过戈壁高效农业的不断发展，特色农业种植面积稳步扩大，截至2018年，阿克塞种植各类农作物面积640公顷，实施的农田牧草业提质工程使粮经草比例达24：34：42，种植高原夏菜6类23种，改造日光温室25座，彻底改变了本地长期以来蔬菜靠外调的历史，填补了农业生产空白。肃北蒙古族自治县按照"生态、高效、特色、现代"的农牧业发展定位，引导农民调整种植业结构，扩大经济作物种植规模，大力发展精品特色优质果蔬、油料作物，逐渐形成"以养带种、以种带养"的种植特色，到 2018 年全县农作物播种面积 1340 公顷，其中马铃薯 60 公顷、玉米 50 公顷，其他作物如油料 200 公顷，高原夏菜 20 公顷，初步形成了具有高原特色的区域优势特色农产品生产结构。

在河西四个民族地区中，天祝县是一个农业大县，2017 年天祝县农业产值占河西民族地区农业产值的比重最高，达 80% 以上（见图 5）。2018 年天祝县一产产值 16.28 亿元，其中农业产值 8.37 亿元，人均农业产值 4673.37 元，远高于河西走廊其他三个民族地区。20 世纪 80 年代，天祝县以种植油菜籽、青稞、马铃薯等传统作物为主，21 世纪初着力推广种植当归、党参等中药材。"十二五""十三五"以来，天祝县通过调整产业结构，构建"设施农牧业 + 特色林果业"主体生产模式，同时培育壮大"牛、羊、鸡、马、菜、菌、藜、药"八大产业，全县特色农作物种植面积达到 4.14 万公顷。其中，藜麦种植面积 7733.3 公顷，占全国藜麦种植面积的 1/3，种植户 1.1 万户，获得"中国高原藜麦之都"的称号；栽培各类食用菌 2500 万袋，畦栽 30 万平方米，年产量达 1 万吨，产值 1.2 亿元，获得"中国高原食用菌之乡""中国高原夏菜之乡"誉名。目前，天祝县通过创新现代特色农业发展模式，走出了一条具有天祝特色的现代丝路寒旱农业发展道路。

2. 特色畜牧业逐渐展露优势

河西走廊是甘肃省草地畜牧业的主产区之一，肃南、肃北和阿克塞是传统的牧业县，天祝虽是农业县，但养殖传统一直保持至今，目前养殖的特色畜种有天祝白牦牛、高山细毛羊、肃南牦牛、张掖肉牛和山丹马。天祝白牦牛是甘肃省唯一进入国际市场的地理标志畜产品，属于牦牛品种中十分珍稀的地方类种群，被农业农村部确定为重点保护禽畜资源品种，2018 年养殖数量达到 6.8 万头。肃南牦牛是青藏牦牛的一个地方类群，通过多年改良培育成为适应高寒山区、抗逆性较强的具有地方特色的高原畜种，是肃南县第二主导畜种，多为裕固族、藏族牧民的主要驮力和肉源，2018 年养殖数量 5.9 万头。2018 年阿克塞天然草场 9.86 万公顷，全县面积 310 万公顷，天

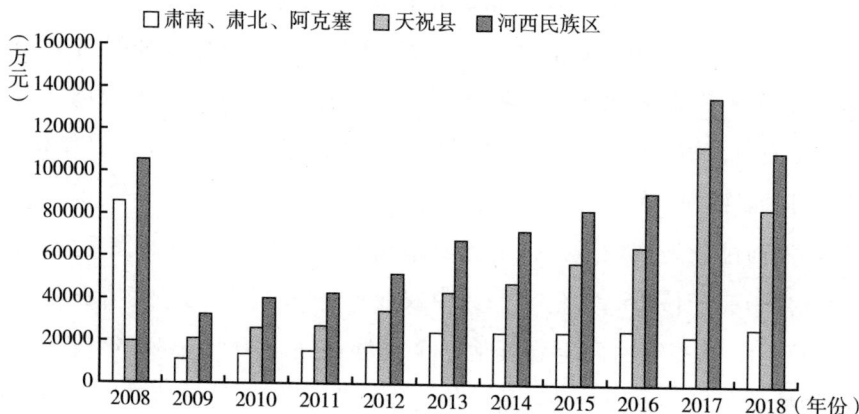

图5 2008～2018 年河西民族地区内部农业产值比较

资料来源:《甘肃发展年鉴》(2009～2019)、甘肃民族地区各州(县)统计公报。

然草场占比为3.2%,人均大型牲畜饲养量为26头,农牧民人均纯收入的82%来自畜牧业。张掖肉牛是河西民族地区肉牛养殖的主导品种,主要种群是西门达尔牛和本地黄牛杂交后形成的具有稳定特性的肉牛品种。山丹马是山丹县大马营草原自主培育的混血军马品种,适应性强,抗病力和风土驯化能力都较为突出,2018 年养殖量在 8200 匹左右。

河西民族地区肉羊养殖品种较为多样,其中高山细毛羊为地方类群,是肃南县第一主导畜种,也是全国地理标志产品,年养殖数量81.2 万只。其他肉羊养殖品种与非少数民族地区相似,有国外引入品种无角陶赛特、波德代、萨福克、特克塞尔、杜泊羊,地方品种有蒙古羊、小尾寒羊以及杂交改良羊等。2018 年肉羊存栏、出栏量分别为 159.28 万只、135.55 万只(见表1),民族地区肉羊养殖从单纯数量型转变为数量质量并举,饲养方式由传统散养向设施精养转变,已基本形成肉羊产业区"一乡一业"的产业布局,良种羊覆盖率达85%以上,高于全省平均水平。2018 年河西走廊民族聚居区所在的酒泉市、武威市、张掖市,在肉羊养殖量上位列全省前三名(见图6)。

表 1　2018 年河西民族地区牲畜饲养量

单位：万只，万头

地区	大牲畜存栏数	牛存栏数	羊存栏数	猪存栏数	大牲畜出栏数	牛出栏数	羊出栏数	猪出栏数
天祝	11.81	10.90	69.06	4.26	5.90	5.76	44.56	3.62
肃南	6.33	5.90	55.36	0.08	2.46	2.32	69.59	0.29
肃北	2.51	1.22	23.31	0.14	0.93	0.54	11.02	0.21
阿克塞	0.54	0.07	11.55	0	0.16	0.02	10.38	0
合计	21.19	18.09	159.28	4.48	9.45	8.64	135.55	4.12

图 6　2018 年甘肃 14 个市（州）肉羊出栏量

资料来源：《甘肃发展年鉴》（2019）。

（二）黄土高原回族聚居区

甘肃的回族人口为 125.86 万人，仅次于宁夏，居全国第二，占全国回族总人口的 13.26%，占甘肃少数民族总人口的 47.8%，主要聚居在甘肃中部黄土高原，重点集中在临夏州、天水市张家川县、平凉市崆峒区等地。

临夏回族自治州地处甘肃中部西南，是全国两个回族自治州和甘肃省两个少数民族自治州之一，北邻兰州市，南靠甘南藏族自治州，东连定西市，西接青海省。2018 年末常住人口 205.88 万人，少数民族人口 124.15 万人，包括回族、撒拉族、东乡族等 15 个少数民族，占总人口的 60.3%。境内总体自然条件恶劣，干旱少雨，年平均降雨量 488.8 毫米，属温带大陆性气候。张家川回族自治县是陇东南唯一的少数民族自治县，位于天水市东北部，张家川总面积 1311.8 平方公里，占天水市总面积的 9.14%，2018 年末总人口 29.66 万人，其中回族人口 23.72 万人，占总人口的 80%，是全国回族人口比例最高的民族自治县。

1. 特色农业发展初具规模

多年来，甘肃回族地区传统的商贸业主要围绕农牧产业开展，因此第三产业的发达也是基于第一产业的不断发展而逐渐强大。从 2010 年开始，临夏州委州政府先后出台了《关于加快农业现代化建设的决定》《培育壮大特色农业产业助推脱贫攻坚实施意见》《现代畜牧业全产业链建设规划》等与农业发展相关的政策，重点发展种植业，通过积极调整种植业结构，集中发展马铃薯、油料作物、中药材、蔬菜、玉米等特色种植业（见表 2）。在这些特色产业中，以临夏的啤特果、唐汪大接杏最具地方特色。2018 年临夏州啤特果种植面积 1.13 万公顷，挂果面积 0.43 万公顷，产量 6.5 万吨，鲜果产值 1.8 亿元。在此基础上，以八八啤特果公司为龙头企业的果品公司通过对啤特果的精深加工，培育出以"松鸣岩"为品牌的啤特果汁、高原酸梨汁等系列饮料，提升了啤特果附加值，提高了种植户积极性，有效地帮助农民发家致富。唐汪大接杏是东乡县地方品种，属于甘肃三大名杏之一，已有 400 多年栽培历史，是深受消费者欢迎的鲜食和加工品种，目前种植面积 400 多公顷，年产量 2600 吨，产值 7000 多万元，并且已成功举办多届"唐汪杏子采摘节"，使唐汪大接杏逐渐形成"杏产业 + 休闲旅游观光业"的富民产业，推动了临夏特色农业经济的发展。

为保证临夏州畜牧业的发展需求，临夏州通过近几年的"粮改饲"，玉米种植面积占作物播种面积的比例逐年增加，2018 年临夏州引导土地流转 4.07 万公顷，粮食总产量 65.7 万吨，农作物良种化率 100%。其中玉米播种面积占粮食播种面积的 46.70%，年黄贮玉米 5.58 万公顷，加工饲料 221.1 万吨，秸秆饲料化利用率达到 80%，深化了旱作农业的"第二次革命"，保证畜牧业健康稳定发展。

表2 2018年临夏州特色作物种植面积和占比

特色作物	面积(千公顷)	产量(万吨)	占农作物播种面(%)
马铃薯	24.72	10.13	16.76
油料作物	13.16	5.12	8.91
中药材	3.95	2.81	2.67
蔬 菜	13.16	34.81	8.32
玉 米	69.01	46.74	46.70

张家川县多年来在农业产业上依然以传统粮食种植为主，但由于自然条件的制约和基础设施的滞后，种植业发展一直比较缓慢。因此县政府围绕发展农业现代目标，主攻粮食生产和特色产业，2018年全县播种面积4.22万公顷，其中粮食播种面积3.25万公顷，占农作物播种面积的77.04%，粮食产量11.47万吨，特色种植业中蔬菜产量10.29万吨，油料产量6157吨，中药材产量832.28吨。

2. 牛羊产业与特色渔业优势愈加明显

回族聚居区群众的宗教信仰决定了牛羊肉是他们日常肉食品的主要来源，特别是羊肉所占比例更大。以临夏州为例，2008～2018年，牛羊饲养量除初期末有所回落外，其他年份均持续增长。2018年临夏州牛饲养量37.74万头、羊饲养量294.44万只，羊出栏量达132.94万只，羊肉产量2.24万吨，按全州常住人口205.88万人计算，人均羊肉消费量10.86公斤，临夏州东乡县人均羊肉消费量在2018年已经达到46.56公斤（见图7），是甘肃省人均羊肉消费量的5.2倍，比全国人均羊肉消费量高出13.15倍。2018年仅临夏市就有150多个规模化养殖场，规模养殖户4.18万户，牛羊良种率分别达到74%、83%，有各类活畜交易市场57个，年交易肉牛37万多头、肉羊250多万只，每年有3000多人专门从事牛羊肉的贩运交易，清河源、康泰、佳源牧业等几家龙头企业在全国建有30多个清真肉制品销售点，年均销售牛羊肉约9000吨。

临夏州境内有黄河、洮河、湟水河等河流经过，拥有三座大中型水库，水域占甘肃水产养殖水面面积的70%以上，因此渔业养殖也具有一定优势。

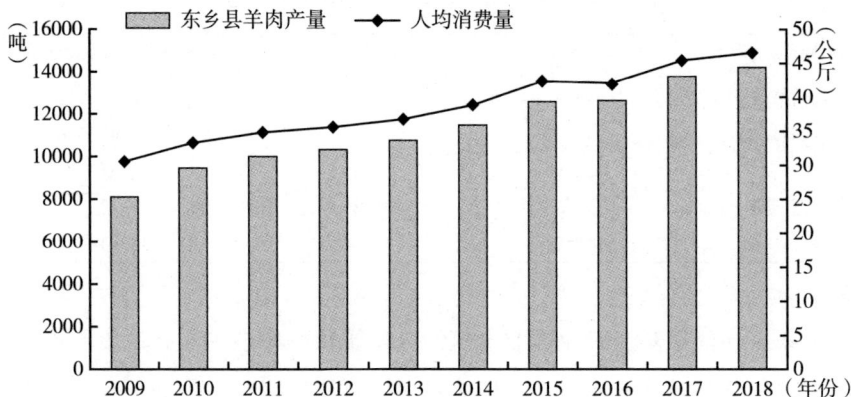

图7 2009～2018年东乡县羊肉产量与人均消费量

资料来源：《东乡县统计公报》（2009～2019）。

渔业养殖主要集中在永靖县，养殖品种不仅有常规鱼生产，还有建鲤、锦鲤、中华绒螯蟹、虹鳟、金鳟、斑点叉尾鮰、高白鲑等名优特新鱼。2018年水产品养殖面积达385.18公顷，水产品总产量达1689吨，实现渔业总产值1100多万元。近几年临夏州将旅游产业与水产渔业结合起来，通过新建旅游渔业设施，美化旅游渔业环境，大力发展旅游渔业，年接待游客近60万人次，创休闲渔业收入3000多万元，占全县水产养殖业总收入的63%，不仅促进了农业产品的销售，而且丰富了旅游业资源，带动了相关产业的进一步发展。

3. 特色农业与商业传统有机结合

在回族经济形成的初期，当地的产业结构表现为单纯的商贸业，后期在回族迁徙的过程中才开始了农牧业生产，再加上回族聚居地区处于黄土高原向青藏高原过渡地带，地势复杂，气候干旱多灾，农业生态环境不佳，在甘肃民族地区经济发展中农业是较为薄弱的一个环节。以临夏州为例，2018年全州农村人口182.54万人，人均耕地面积仅1.23亩，第一产业发展局限性较大，三次产业结构比为12.8∶19.3∶67.9，与2016年三次产业结构比16.7∶20.1∶63.2相比，第三产业的比重还在继续增加，这说明在临夏州的经济结构中以商贸为主的第三产业占有很大比重。

近几年，临夏州委提出"三民"发展思路，即"打民族牌、走民营路、谋富民策"的发展策略，把农业特色、民族特色和传统商业的优势结合起来，从特色产品的基地种植、养殖到产品加工、包装，最后以商贸流通的方式输出到甘肃其他市州乃至全国各地，打响了临夏品牌。2018年，全州地区生产总值255.35亿元，比上年增长6.7%，比2010年增长2.4倍；其中，第一产业增加值32.76亿元，第三产业增加值173.35亿元，分别比2010年增长1.36倍、3.41倍。

张家川县第三产业的优势也远高于第一、二产业，2018年，全县生产总值28.93亿元，第三产业产值19.86亿元，占全县生产总值的68.65%。张家川皮毛加工业历史悠久，曾经是该地区的主要产业，有闻名全国的龙山镇皮毛集散市场，虽然近年产业逐渐向南方地区转移，但作为全国皮毛主要原料生产地，皮毛产业仍然是张家川的地方特色产业，并带动其他相关产业联动发展，对张家川地方经济具有极其重要的影响。

（三）甘南藏族自治州

甘南藏族自治州是全国十个藏族自治州之一，位于甘肃省西南部，地处青藏高原东北边缘与黄土高原西部过渡地段，海拔1100~4000米，总面积4.5万平方公里，是黄河、长江的水源涵养区和补给区，被国家确定为生态主体功能区和生态文明先行示范区。境内以草、林天然植被为主的草地农业资源十分丰富，草地面积269.87万公顷，占全州面积的70.3%，可利用草地面积256.53万公顷，占全州草地面积的94.22%。甘南州分为三个自然类型区，南部为岷迭山区，气候比较温热，是甘肃省重要林区之一；东部为丘陵山地，高寒阴湿，农林牧兼营；西北部拥有广阔的草甸草原，是全省主要牧区。甘南州辖夏河、碌曲、玛曲、迭部、舟曲、临潭、卓尼七县及合作市，2018年末总人口74.86万人，其中藏族人口42.13万人，占总人口的56.3%。

1. 特色种植业得到快速发展

甘南州地处高原地区，气候变化大，生态环境脆弱，平均海拔在3000米左右，近40%的耕地分布在海拔2800米以上地区，高寒阴湿，积温不足，各种自然灾害频繁发生，十年九灾，粮食产量低而不稳，发展一般种植业困难重重，在新中国成立初期，甘南州粮食平均单产只有 681 千克/公顷。

近年来，甘南州因地制宜，根据优势农作物向优势区域集中的原则，重点发展青稞、藏药、油料、高原夏菜四大特色农作物，其中以青稞种植面积最大。青稞以早熟、耐寒、抗逆性强的特点，成为适宜甘南高海拔地区种植的优势作物，是藏民不可替代的主要粮食，主要分布在除玛曲以外的合作、夏河、卓尼、临潭、迭部、舟曲、碌曲等县市，常年播种面积 1.53 万公顷，占作物播种面积的 28%，是甘南第一大粮食作物。藏中药材种植作为甘南州的一大特色种植业，是甘肃藏药的重要产区，植物类藏药材资源已经考证整理出 88 科 625 种，占全国野生藏中药材种质资源的 30%。2018 年藏药材种植面积 1.77 万公顷，占全省中药材种植面积的 5.51%，占甘南州农作物播种面积的 18.78%。根据 2017 年甘南州人民政府制定出台的《甘南州藏中药发展实施方案》，到 2020 年末藏中药材种植面积将达到 2.33 万公顷。

油料作物和高原夏菜同时作为甘南州的高原特色种植业在近些年被大力推广，2010 年杂交油菜种植面积就达到 1.44 万公顷，2018 年，油料作物在甘南州种植比重仅低于藏中药材，占全州农作物比重的 15.17%，高于全省其他地区。虽然 2009～2018 年油料作物种植面积有一定数量的减少，但波动不大，面积始终没有低于 1 万公顷，并且种植更趋于集中化、规范化。截至 2018 年，甘南州农作物播种面积 6.901 万公顷，其中粮食播种面积 3.86 万公顷，产量 9.41 万吨，平均单产达到 2438 千克/公顷，人均粮食占有量 125.7 千克，创历史新高。目前甘南州基本形成了以临潭、卓尼和舟曲为主的藏中药材和杂交油菜优势主产区，并成为当归、党参、黄芪等优质大宗药材的主产区，以合作、夏河、碌曲为主的传统青稞优势主产区；在舟曲、卓尼、迭部以经济林果、林下种植养殖和山野珍品开发利用为主的林下经济特色经济林果优势生产区，以一江两河流域为主的设施蔬菜生产点，高原特色种植业得到长足发展。

2. 高原设施农业成为新亮点

设施农业是现代农业的重要标志之一，甘南州太阳辐射强，光温配合好，雨量丰富、水源充足，采用设施农业能充分利用光能，不受区域差异、季节、气候的影响，能最大限度弥补甘南种植业先天不足的劣势。随着甘南州牧民定居工程的实施，少数民族群众饮食结构朝合理与健康的方向发展，对新鲜蔬菜的需求逐年增加，设施农业向蔬菜育苗和种植、菌类等方面发展，种植结构不断优化，生产时间由传统的一季种植向多季生产转变，蔬菜产业成为甘南州重点扶持的八大产业之一。2018 年全州蔬菜种植面积达到 990 公顷，产量 1.86 万吨，比上一年增加 0.09 万吨，但距离蔬菜年消费量 5.40 万吨还有相当大差距，因此，未来甘南州高原设施农业发展空间依然很大。

3. 畜牧业保持传统优势，占全省领先地位

甘南州畜牧业历史悠久、优势相对明显。甘南州拥有高山草甸草场 272.27 万公顷，占甘南总面积的 70.28%；草地可利用面积 256.53 万公顷，占草场面积的 94.22%，是全国五大牧区之一，也是全国十大林区之一，林地面积占全省林地面积的 30%。甘南州天然草地中载畜能力较强、耐牧性较强的草场，理论载畜量 621 万个羊单位，草质鲜嫩，富有营养，适口性好，各类草地平均产鲜草 505.05 千克/公顷。玛曲县是一个纯畜牧县，境内拥有"亚洲第一优质牧场"，可利用草场面积 85.87 万公顷，占玛曲全县面积的 84.3%。甘南州的特色畜种资源为牦牛、甘南藏羊、蕨麻猪和河曲马，并被纳入农业部《全国地域特色农产品普查备案名录》，品种特色突出，其中甘南藏羊被认定为国家地理标志保护产品。

甘南州委州政府一直高度重视畜牧产业发展，2008 年通过实施"农牧互补"战略，确定把牦牛、藏羊为主的高原特色生态畜牧产业培育成全州的战略性主导产业，畜牧业有了长足进步。2013 年提出了"168"现代农牧业发展行动计划，凭借甘南广阔的天然草场、优良的高原畜种和洁净的环境条件等特色和优势，打造一个国家级高原特色生态草原畜牧业可持续发展示范区。通过各类补贴方式，提高藏民的养殖积极性，同时积极培育壮大龙头企业，发挥龙头企业辐射带动作用，推动科学养畜水平的提高和生产方式的转变，增强养殖、加工、冷藏保鲜和营销能力，达到良好的经济和社会效益。2008～2018 年，甘南州牧业产值一直占全州农、林、牧、渔业总产值

的 60% 左右，2017 年甚至超过 70%（见图 8）。2008 年，牧业产值是农业产值的 1.87 倍，随后一直处于增长状态，到 2018 年，牧业产值已经是农业产值的 3.55 倍，由此可见甘南州牧业产值对甘南州农业的重要性。

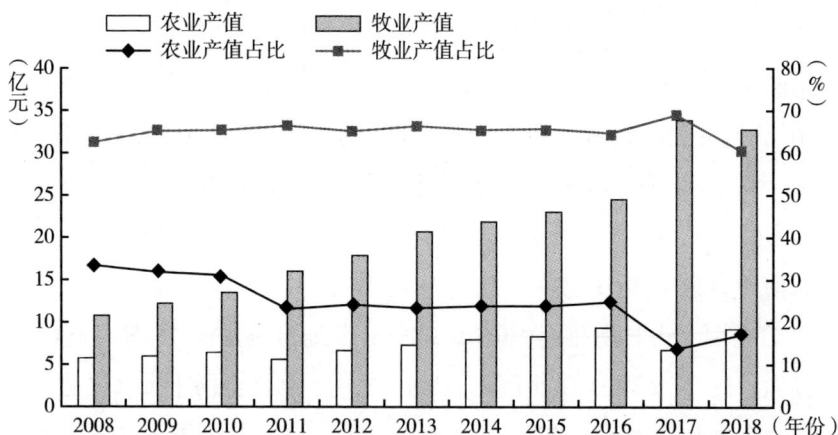

图 8 2008～2018 年甘南州农、牧业产值及其占农林牧渔业总产值的比重

资料来源：《甘南州统计年鉴》（2009～2019）。

2018 年甘南州牛存栏量 140.02 万头，甘肃民族地区牛合计存栏量 194.14 万头，甘南州占甘肃民族地区牛存栏总量的 72.12%；肉羊养殖量 340.12 万只，占民族地区肉羊养殖量 37.94%（见表 3）。无论是从民族地区还是从全省整体来看，甘南州在肉牛、肉羊养殖上都占有绝对优势，现代化畜牧业产业化格局已经逐步形成。

表 3 2018 年甘肃各民族地区牛羊养殖量及其比重

地区	牛存栏		牛出栏		羊存栏		羊出栏	
	数量（万头）	比重（%）	数量（万头）	比重（%）	数量（万只）	比重（%）	数量（万只）	比重（%）
河西走廊民族地区	18.09	9.32	8.64	10.36	159.28	31.81	135.55	34.24
黄土高原回族地区	36.03	18.56	15.02	18.02	141.33	28.23	120.24	30.37
甘南州	140.02	72.12	59.70	71.62	200.05	39.96	140.07	35.38

三 甘肃民族地区特色农业发展存在的问题

（一）民族文化对特色产业现代化发展有一定影响

少数民族地区拥有悠久的民族文化和传统的风俗习惯，但在经济快速发展进程中，现代文化对少数民族传统文化的影响愈发明显，少数民族传统文化随之出现了一定的衰退和变异，民族地区特色产业发展的集中度给民族地区已有资源的重新配置带来很大程度的影响，对文化程度的一定要求与少数民族长期习俗和文化存在较大冲突。例如临夏州肉羊养殖业发达，但当地民族群众养羊首先是满足自己食用，其次才考虑将其商品化，并且在养殖过程中可持续发展观念淡薄，缺乏科学合理的长期规划，这些对临夏特色产业向规模化、产业化方向发展有一定阻碍。少数民族群众长期以来对子女教育重视不够，这与他们的文化传统和宗教信仰有相当大的关系，适龄受教育儿童失学率高、辍学率高、劝返难度大，使民族地区特色产业和特色经济向高层次发展受到限制。

（二）特色化未被重视，产业化发展受限

特色农业作为地区品牌，既是一种标识，也是无形资产，在带动地方经济发展的同时也能增加农户收入。但目前在甘肃民族地区，大多数的少数民族群众对本地的特色农业缺乏认识，不认为自己种植或者养殖的是特色的，而仅仅是出于传统或者是习惯，商品化意识有待增强，对效益农业接受程度有限，对特色产业重视程度不够，结果导致大多数特色农业长期处于一种"自生自灭"状态，产业化程度不高，加之生产方式比较粗放，生产能力和产品品质不稳定，商品市场竞争力优势不强，产业链条短，产业融合度低，致使生产效率还不能完全适应现代农业发展的要求。

（三）对政府过度依赖，"等、靠、要"思想严重

近年来，国家高度重视民族工作和民族地区扶贫攻坚，特别关注民族地区经济发展，各种优惠政策不断倾斜，但也有部分群众在脱贫中过度依赖政府帮扶政策，"等、靠、要"的想法滋生，进取心不强。有的少数民族群众自身完全具备劳动能力，依然希望政府包办式供养，自我脱贫的内生动力不足。加之少数民族地区在特色产业扶贫中普遍存在产业扶贫项目单一、项目同质化的现象，对特色产品的市场销路存在影响，严重影响种养户的积极性，对特色产业发展的促进作用不够理想。

（四）农业科技人才不足，缺乏农业技术力量

农业现代化的核心是科技，农业科技创新及成果推广应用需要农业人才。甘肃民族地区一直是全省农业技术较为落后的区域，高素质农业科技人才和高层次人才严重缺乏，且人才流失严重。有数据显示，我国目前每百亩耕地平均拥有科技人员 0.049 人，每百名农业劳动者中只有科技人员 0.023 人，与发达国家每百亩耕地平均拥有 1 名农业技术人员的差距非常显著。农业人才严重缺乏的现象在民族地区更为明显，在甘南州，平均每 4 万亩草场才有 1 名科技人员，平均 1 名科技人员要管理3500 头（只）牲畜；东乡县是临夏州肉羊、肉牛重点养殖县，但畜牧人员配备严重不足，每个乡镇畜牧站仅有 1~2 名技术人员，且平均年龄都在 45 岁以上，全县只有 5% 左右的技术人员具有高级职称。普及科技知识、养殖实用技术推广的任务与农牧业人才的数量严重脱节，致使养殖户肉羊良种繁育、防疫保健等新技术、新成果普及应用程度较低，科学技术普及率难以提高，特别是畜种品种退化、杂化，种群繁育不够稳定，成活率低、死亡率高等弊端对以畜牧业为主的民族地区产业发展影响较大。

四 甘肃民族地区特色农业发展路径探讨

（一）明确特色农业的突出特点，有效开拓产品市场需求

特色农业是农业的优势，也是亮点。甘肃民族地区分布区域不同，自然资源禀赋各异，特色农业发展各有亮点，发展空间较为广阔。因地制宜发展特色农业，既能让老百姓增收致富，活跃农村经济，又能合理布局现代农业规模与形式，更好地将地域优势、资源优势转化为经济优势。以甘南州为例，青稞作为甘南藏区特有的传统谷物资源，因其独特的营养成分和保健功能而获得广泛关注；藏药因其效果快、药力强、天然无污染的特色深受欢迎。再比如河西走廊民族地区的肉牛养殖，现已建立了以西门塔尔为主的高代杂种基础母牛群，形成了遗传性能稳定、环境适应性强、产肉性能好的具有地方特色的肉牛新类群。临夏州的"东乡贡羊"市场知名度高，已经走向全国，是民族地区特色畜牧业一张靓丽的名片。

市场需求量最终决定了特色农业生产的类型和规模，市场的变化对农业的影响最为突出，没有市场的特色农业就没有存在的意义。因此，甘肃民族地区要大力做好特色农业和农产品的市场开发工作。一是明确产品优势区，抓好特色产业培育，着力打造大宗特色农产品优势产业带，加快培育一批特色明显、类型多样、竞争力强的专业村镇。二是引导农户以市场为导向，发展市场紧缺、适销对路的优质特色农产品。龙头企业要以开发特色产品为起点，逐步形成具有区域特色的农业主导产品、支柱产业和特色品牌。三是使用不同类型的营销手段扩大特色产品市场，推进特色产品经营品牌化，培植营销群体，塑造特色农产品形象，创建特色农产品品牌。

（二）转变农业发展方式，着力推进农业提质增效

转变民族地区传统农业发展方式，推进特色农业提质增效，不能单纯依

靠大量资金、物质投入，更不能增加资源消耗，而是要依靠科技大力发展可持续农业，这才是民族地区未来农业的发展方向。

首先要高效合理利用现有农业资源，发展"节约友好型"农业，保障民族地区农业资源的永续利用。一是示范推广生态农业与循环农业模式，以"减量化、再利用、再循环"为核心，特别是在养殖业较为集中的民族地区，推行特色"种养结合、立体养殖、种养加一体化"等循环农业模式；二是开展农业清洁生产，鼓励养殖户对养殖废弃物进行资源化利用；三是在特色种植方面建立农作物病虫害绿色防控示范区，提高化肥、农药利用率，减少土地污染。其次，大力发展新型农业经营主体，积极鼓励指导少数民族地区群众采用转包、出租、互换、转让、入股等方式有序进行土地流转，积极培育有意愿、有想法、接受能力强的种养大户，推广适合民族地区特点的新型经营模式，探索各类型的利益联结机制，引导龙头企业到民族地区建设各类特色农业产业示范基地，培养致富带头人，发展"一村一品"富民特色产业，促进特色产业向规模经营集中，实现特色农业从分散经营向专业化、规模化、产业化转变，增加少数民族地区种养户收入。

（三）加强现代农业基础设施建设，提高农业综合生产能力

习近平总书记特别指出："要加强高标准农田、农田水利、农业机械化等现代农业基础设施建设，提升农业科技创新水平并加快推广使用，增强农业生产的防灾减灾能力。"甘肃民族地区自然环境脆弱，干旱是影响临夏州农业生产最严重的自然灾害，大部分区域生态环境恶劣、耕地稀少、植被稀疏；甘南州海拔高，常年低温，种植业发展受约束。因此，在甘肃民族地区必须因地制宜，有针对性地加强现代农业基础设施建设，这样才能有效地促进特色农业的持续健康发展。

一是加强水利设施建设，能有效解决临夏州农业灌溉问题、改善特色农业的基础条件，提高水资源利用率、增强减灾抗灾的能力。主要措施包括建设特色农业生产基地，整合发展特色现代农业资源力量，对耕地进行综合整

治，条件较好地区开展渠、沟、管道等田间作业工程设施建设，逐步促进种植基地的标准化、规模化、专业化水平提升，为民族地区特色农业发展奠定坚实基础。二是推进特色农产品种植基地"坡改梯"工程，制定农地休养生息计划，全面保护耕地质量；打造特色农业种植基地道路互联互通工程，完善产业发展配套设施，满足各类特色作物生长需要，在干旱区域，确保50亩以上的连片种植基地水、电、路三通。三是完善养殖基础配套设施，使农户养殖规模化水平、设施化装备水平和生产水平明显提高，优化畜牧业生产布局，推进标准化规模养殖，探索改进养殖工艺和粪污处理技术，使粪污处理化率达到75%以上。四是重视农业配套的仓储和物流设施建设，建设数量充足、设施齐全、管理到位、分布均衡的保鲜库，逐步配备先进的冷藏物流运输设备，避免损失，降低风险。

（四）加大科技投入，发展特色农产品精深加工

农产品精深加工可以最大限度地体现农业效益，延长农业产业链，提高产品附加值。2019年中央一号文件明确提出，大力发展现代农产品加工业，以"粮头食尾""农头工尾"为抓手，支持主产区依托县域形成农产品加工产业集群，支持县域发展农产品精深加工，建成一批农产品专业村镇和加工强县，创响一批"土字号""乡字号"特色产品品牌。

甘肃民族地区的特色农产品分布广，环境污染少，品质优良，特色鲜明且种类繁多，市场销路一直较好。但大多农产品处于初级产品阶段，有的甚至是原料，因此对于特色农产品需要建立从初级产品到中间产品甚至到最终产品的产业链体系，研发新型产品，扩大特色农产品的精深加工生产，解决相当一部分农产品只能以初级产品外销为主的问题，不断提升农特产品附加值。

例如在临夏州，在不断扩大特色养殖规模的同时，依托已有龙头企业，借助东乡县的"东乡贡羊"品牌，引进2~3条专业化的清真肉羊屠宰、肉类分割生产线，通过对不同部位的羊肉进行精细分割包装，提高羊肉的附加值。在甘南州，通过对青稞酒、青稞胶囊和青稞食品等系列产品的不断研

发，做大做强青稞食品加工业，提高市场知名度；依托燎原乳业，在牦牛产业上大做文章，不断提高牦牛产品加工转化率，推进精深加工，构建和延长产业链，提升价值链。河西走廊民族地区可以发挥现代丝路寒旱农业的引领优势，将戈壁果蔬、肉牛产业作为重点发展产业，形成拳头产品，建设一批标准化的高产示范基地，打造一批产业链条长、产品附加值高、市场竞争力强、拥有自主知识产权和知名品牌的精深加工型龙头企业，建立健全各类特色农产品的质量标准体系和追溯体系，强化民族地区农产品地理标志和商标保护意识。

（五）加强民族地区人才培养，创新农业科技服务体系

民族地区培养科技型人才首先要树立人才理念，进一步深化人才是第一资源的理念，形成尊重人才、重视人才发展的良好社会氛围。第一，多渠道引进农业优秀人才，增加农业人才总量，大力支持返乡技术型人才；尽可能培养和启用本地、本民族人才，打破地区界限和民族界限，充分发挥他们的聪明才智。第二，制订和完善农业科技人才继续教育规划，坚持"学用一致、按需施教"的原则，采用"请进来、走出去"的方式，扩展农业科技人员的视野，提高技术人员的学习积极性，加快专业知识的更新速度。第三，优化人才队伍结构，加快农业骨干人才培养，高度重视发挥高水平科技带头人和年轻优秀科技人力资源的作用；加强民族地区养殖业发达区域的动物防疫检疫体系和安全监理体系，以及农畜产品质量检测体系建设，健全州、县、乡三级农牧业技术推广体系。

参考文献

《啤特果：临夏州和政县群众增收致富的"金果果"》，https：//www.sohu.com/a/233869027_100029613，最后检索时间：2020 年 12 月 1 日。

甘南藏族自治州地方史志编纂委员会办公室：《甘南州年鉴 2019》，甘肃文化出版社，2019。

韩紫亮：《从人的现代化看少数民族现代化》，《中共伊犁州委党校学报》2007年第2期。

郭嘉：《明天我们靠什么种田》，https：//society.people.com.cn/GB/13816185.html，最后检索时间：2020年12月1日。

张旭、崔志宇、卢炳文：《支持农业优势产地发展促进农民增收》，《中国财政》2004年第1期。

G.15
甘肃休闲农业发展报告

马丽荣　乔德华＊

摘　要：　根据甘肃省不同地区资源禀赋，结合资源特色将旅游引入农业，共同构筑休闲农业，是甘肃实现农业现代化和乡村振兴的重要途径。甘肃省休闲农业发展态势强劲，规模效益不断增加，但与发达地区相比存在明显差距，发展演化过程中存在空间布局不合理、资源和市场间匹配度差、低层次同质化严重、服务质量欠佳、配套设施落后、模式创新不足等问题。针对以上问题，本报告提出科学合理规划，优化产业布局；加强基础设施建设，完善公共服务体系；明确市场定位，加强创意设计；培育地域公共品牌，提升服务管理水平；探索利益联结机制，稳定提升农民收入等加快甘肃省休闲农业可持续发展的对策建议。

关键词：　休闲农业　资源禀赋　空间分布　甘肃省

　　休闲农业是指以生态系统、地理环境、农业资源、农业生产和农村生活方式等为基础，把观光旅游与农业产业结合在一起的一种休闲旅游活动。休闲农业最早起源于意大利、德国、法国、西班牙、英国等欧洲国家，后来扩

　　＊　马丽荣，甘肃省农业科学院农业经济与信息研究所副研究员，咨询工程师（投资），主要研究方向为区域经济研究与工程咨询；乔德华，甘肃省农业科学院农业经济与信息研究所所长，研究员，咨询工程师（投资），主要研究方向为农业产业化和区域农业经济。

展到韩国、日本、新加坡等亚洲国家和中国台湾地区。我国休闲农业起源于20世纪80年代，进入21世纪后，对休闲观光和乡村旅游的消费需求快速增长，呈现多元化、体验化、融合化的特点和趋势。2018年中国国内休闲农业和乡村旅游接待人数超过30亿人次，总收入超过8000亿元。休闲农业作为一种新兴的旅游休闲方式，日益显现出强大的生命力和良好的发展前景。

甘肃境内地形地貌复杂、气候差异较大、文化遗存丰富，因而休闲农业资源类型多、分布广，特色明显，传统农业发展的劣势反而成了乡村旅游发展的优势。在国家政策和消费市场的双重推动下，甘肃省休闲农业和乡村旅游也呈现快速发展的强劲态势，有力地推动了农业发展。

供给侧结构性改革增强了农业农村发展的新动能，使休闲农业成为一种新业态。与此同时，甘肃省休闲农业和乡村旅游发展水平与发达地区存在明显的差距，发展演化过程中存在空间布局不合理、资源和市场间匹配度差、旅游产品品质较低等问题。在"一带一路"建设、甘肃省建设"旅游强省"，以及国家重视供给侧结构性改革的大背景下，甘肃省休闲农业与乡村旅游产业如何转型升级成为重要议题。

一 甘肃休闲农业发展现状

（一）发展态势强劲，规模效益不断增加

受地域、环境等因素限制，甘肃省休闲农业起步较晚，近几年发展势头较快。据统计，2019年甘肃省农家乐、休闲农庄、农业示范园区等各类休闲农业经营主体8087家、营业收入29.31亿元、接待人数9317万人次（见表1），分别较2018年增长8.2%、11.1%和19.4%；全省休闲农业从业人员26万人，较2018年增长20.9%，其中农民就业23.8万人、带动农户8.60万户，分别较2018年增长24.0%、5.3%。在"双循环"发展战略背景下，休闲农业逐步成为培育农业农村经济发展新动能、助推农业多元经营和农民增产增收的新业态。

表1 2013~2019年甘肃省休闲农业总体发展情况

年度	休闲农业经营主体(家)	从业人数(万人)	农民就业人数(万人)	带动农户数(户)	接待量(万人次)	年营业收入(亿元)
2013	7783	7.8	7.4	8.91	2489	19.60
2017	11640	13.5	11.6	14.70	3864	33.45
2018	7473	21.5	19.2	8.17	7800	26.39
2019	8087	26.0	23.8	8.60	9317	29.31

资料来源:甘肃省文化和旅游厅、甘肃省统计局网站。

(二)以示范为引领,带动作用突出

目前,甘肃省共创建全国休闲农业与乡村旅游示范县9个、示范点12个,示范县分别是麦积区、敦煌市、永靖县、两当县、和政县、康县、庄浪县、秦州区、凉州区;中国休闲农业与乡村旅游十佳精品线路1条;全国星级休闲农业示范企业3家;康县花桥村、敦煌市月牙泉村、临夏市折桥村等中国美丽休闲乡村27个(见表2);中国美丽田园7项;甘肃省休闲农业示范县10个、示范点85个。通过示范引领,全省一些具有资源和区位优势的地方,以合作社为纽带,发展农家乐、乡村民宿、采摘园等休闲农业项目,不仅推动了旅游业的发展,更是农民增收致富的重要途径,是农村经济发展的重要力量,切实把"风景"变成了"产业",让群众在家门口吃上"生态饭"。

表2 2019年甘肃省各市(州)获得认定的休闲农业类型及规模

单位:个

市(州)	全国休闲农业与乡村旅游示范县(区)	全国休闲农业与乡村旅游示范点	中国美丽休闲乡村	全国农业旅游示范点	全省乡村旅游示范村
兰州市		1	2	1	17
嘉峪关市			1		5
金昌市			1		8
白银市		2	4		15
天水市	2		3	2	15
武威市	1	1	2	2	13

续表

市（州）	全国休闲农业与乡村旅游示范县	全国休闲农业与乡村旅游示范点	中国美丽休闲乡村	全国农业旅游示范点	全省乡村旅游示范村
张掖市			5	1	18
平凉市	1	1	1		16
酒泉市	1	3	1		17
庆阳市		2			17
定西市		1	1	1	19
陇南市	2		3		20
临夏州	2	1	1		15
甘南州			2		17
合　计	9	12	27	7	212

资料来源：甘肃省文化和旅游厅、甘肃省统计局网站。

现代农业产业园和农业科技园区已成为我省农业领域创新创业的重要基地，在集聚科技创新资源、成果示范推广、培育新型经营主体、促进三产融合发展等方面发挥着重要作用。农业产业园大力发展日光温室果蔬种植，并适度发展农业观光、创意农业、采摘体验、教育培训、展示展览等业态，培育新的农业经济增长点。目前，甘肃省经认定的国家级现代农业产业园4个、省级现代农业产业园18个、国家农业科技园区9个、省级农业科技园区19个（见表3）。

表3　甘肃省现代农业产业园区和农业科技园区建设情况

单位：个

市（州）	国家级现代农业产业园	省级现代农业产业园	国家农业科技园区	省级农业科技园区	国家现代农业示范区	省级现代农业示范区	省级现代农业示范园
兰州市		2		1		2	8
嘉峪关市		1		0			1
金昌市		1		1		2	2
白银市		2	1	1		2	5
天水市		1	1	2		2	7
武威市		1	1	0	1	1	4
张掖市		2	1	2	1	2	4
平凉市		1		1		2	7

续表

市（州）	国家级现代农业产业园	省级现代农业产业园	国家农业科技园区	省级农业科技园区	国家现代农业示范区	省级现代农业示范区	省级现代农业示范园
酒泉市	1	1	1	3	2	1	6
庆阳市	1	1	1	1		2	8
定西市	2	2	1	1	1	2	6
陇南市		1		2		2	8
临夏州		1	1	3		2	4
甘南州		1	1	1			2
农 垦						2	3
合 计	4	18	9	19	5	24	75

资料来源：甘肃省农业农村厅、甘肃省科技厅、甘肃省统计局网站。

（三）以优势特色产业为抓手，打造新亮点

优势特色农业产业发展可有效带动休闲农业发展，传统农业是休闲农业发展的基石，以休闲观光农业为主题，传统农业与特色农业有机结合，形成了不同类型的休闲农业和乡村生态旅游品牌，极大地满足了不同阶层、不同人群的休闲旅游需要。典型案例如下：

"中国第一古梨园"。兰州市皋兰县什川镇具有连片梨园面积达800公顷，树龄大多在三百年以上，当地政府依托古梨树资源，已形成以梨园美景观赏、农家休闲娱乐等为主的休闲农业旅游区。

天水大樱桃产业园。天水市秦州区是全球大樱桃最佳生产地，中梁镇大樱桃栽培面积达800公顷，挂果面积533.3公顷，中梁镇抢抓中央和省、市、区政策机遇，策划形式多样的文化旅游活动，积极打造当地旅游品牌，促进休闲农业和乡村旅游快速健康发展。

全国第一个梯田县。从20世纪60年代起，庄浪县农民苦战37个春秋，建成了占总耕地面积90%以上的百万亩水平梯田，奠定了庄浪农业可持续发展战略的基础，为庄浪生态旅游业的发展创造了良好的机遇。美国、以色列、日本等十多个国家的专家考察庄浪梯田后，叹为"世界奇迹"。

（四）以项目为载体，加快产业融合发展

全省各市州以项目为依托，促进产业融合型休闲农业发展，推动休闲农业提档升级。典型案例如下。①依托兰榆40分钟经济圈地缘优势而兴建的省内一流、西北知名的李家庄田园综合体，集农业生产、科普教育、休闲度假为一体，为全省发展休闲农业和乡村旅游、推进绿色产业形成了可复制、能推广的做法。②酒泉市肃州区依托戈壁资源优势，打造银达、总寨等全国戈壁农业产业集群新高地，通过发展休闲农业，积极拓展农业的多种功能，有助于农业产业链的延伸，促进了农业产业融合和转型升级发展。

（五）以节会为平台，展示产业新活力

甘肃省组织的各种农业文化节庆活动，创意新颖、成效显著。2020年以"马铃薯产业与美丽乡村"为主题的中国马铃薯大会胜利召开，促使马铃薯产业在全省乡村振兴和美丽乡村建设中发挥重要作用。秦安县在刘坪何湾万亩蜜桃基地成功举办"相约桃乡秦安·感受美丽田园"旅游采风活动，庆阳市举办的中国（庆阳）农耕文化节，为展示庆阳农耕文化风采、彰显庆阳开放开发形象提供了难得机遇。全省各地为满足群众多样化的旅游休闲需求，培育"节庆+赛事+休闲农业+乡村旅游"的复合型旅游产品，延伸产业链，挖掘旅游消费潜力。其他活动如乞巧民俗文化活动、藏族香浪节、白驼农耕文化展演、郁金香节、少儿集训营等一系列活动的举办，不仅提升了节会的人气，还获得了良好的宣传效果。

二 甘肃休闲农业分布特征

（一）河西走廊绿洲农业区

充分发挥河西走廊地处丝绸之路经济带黄金段的优势，挖掘石窟文化、长城文化等人文历史旅游资源，使文化成为休闲农业和乡村旅游发展的灵

魂；打造乡村风貌与戈壁绿洲环境相协调的风貌景观。积极响应甘肃省建设河西走廊戈壁生态农业观光体验区的战略部署，大力推广生态农业示范园建设，开发绿洲生态庄园及丝路风情体验等休闲农业项目，开展特色农业科普教育研修活动，打造河西走廊农文旅一体化旅游品牌。

（二）黄土高原农耕文化区

以平凉、庆阳、定西市等黄土高原农耕文化区为主，重点开发窑洞农家乐、乡土民俗体验、梯田耕作展示、香包民俗文化节等休闲农业项目。以华夏农耕文化博览园、西峰窑洞农家乐、崆峒山农家乐集聚区、渭水情休闲娱乐中心等为重点，开发休闲农业项目。结合区域资源，深入挖掘当地民俗文化，开发剪纸、贴窗花、农民画、绣香包、黄土地土特产、农耕文化产品等，增加游客对地域文化差异的体验感，提升了游客的参与热情。

（三）民族风情体验区

甘南、临夏、天祝、肃南等民族风情体验区，民族风情浓郁，饮食文化、建筑风格等非物质文化遗产丰富，东乡、保安、裕固等甘肃独有民族，都是休闲农业开发利用潜力较大的地域特色民俗文化资源。要着力打造藏传佛教文化、回族文化、民俗风情、峡谷景观等，在休闲农业、田园农业等模式中，鼓励经营主体挖掘传承当地特色民间民俗文化、乡土风情和农耕文化等，通过旅游景观或项目对其加以保护和传承。

（四）陇南生态绿色度假区

天水、陇南等地重点开发田园观光、生态养生体验、休闲农业创意精品、特色农产品礼品等。天水、陇南气候温和、风光秀美、民风淳朴、人文旅游资源丰厚，是原生态、货真价实的绿水青山。按照"生态打基础、文化促提升"的发展思路，以众多知名旅游景区（点）为依托，充分利用古村古镇、美丽乡村和文明生态村，处理好开发与保护的关系，建设自然、朴素、生态、和谐的田园乡村，实施休闲农业低碳发展战略。

（五）黄河风情休闲区

重点开发兰州、白银黄河风情线。兰州市依托陇右第一名山兴隆山大景区资源禀赋，安宁区的"仁寿山"和万亩桃园，皋兰百年古梨园等环绕城区的景区资源，大力发展休闲农业。白银市逐步形成了以景泰黄河石林，四龙、大坝、大坪农业示范园，顾家善村、民乐村、龙湾村、西和村、响泉村等一批富有浓郁地方特色、产业特色的休闲农业旅游项目。

三　甘肃省休闲农业空间分布的影响因素

（一）资源禀赋条件

休闲农业是农业和旅游相互融合与延伸的产物，农业资源和旅游资源的数量、质量、独特性、知名度及美誉度等影响着休闲农业的空间布局。甘肃省休闲农业产业资源主要有"三品一标产品"、现代农业科技园区、现代农业产业园区、农业部星级景区及国家 A 级景区等。截至 2018 年，甘肃省"三品一标"企业（主体）总数达 1 021 家，产品总数 1 759 个；"三品一标"产品总数在全国处于中等偏上水平，无公害农产品数量排第 21 位，绿色食品排第 14 位，有机农产品排名第 9 位，地理标志产品排第 9 位。中国重要农业文化遗产 4 项，分别是皋兰什川古梨园、迭部扎尕那农林牧复合系统、岷县当归种植系统、永登苦水玫瑰农作系统，2017 年 11 月扎尕那农林牧复合系统入选全球重要农业文化遗产保护名录，成为我国仅有的 13 个入选遗产地之一。甘肃省文化旅游资源丰富，其中 5A 级旅游景区 5 处、4A 级 99 处、3A 级 143 处，丝路文化、红色文化、民俗文化等旅游资源成为旅游的热点，2019 年甘肃省旅游收入 2680 亿元，占甘肃省 GDP 总量的30.74%。天水、陇南、平凉、敦煌等地区旅游资源久负盛名。以景区为核心、发挥景区边缘效应和农业资源互补效应也成为休闲农业发展的有效依托。

（二）交通区位

休闲农业的发展与交通条件紧密相关，交通可达性差别直接影响其市场吸引力，良好的交通可在一定程度上节约时间和经济成本。居民休闲的出游市场具有距离衰减性，决定了休闲农业的数量在空间上呈现以人口集聚区为中心向周边的距离递减。休闲农业应选择离城市、景区较近且公路交通非常便利之处。一般一、二线大城市周边 2 小时以内，三、四线城镇 30 分钟车程。交通距离可以稍远，但距离国道、省道、县道较近，不提倡在离主干道较长的村道边上建休闲农庄等。一般景区周边线路或旅游目的地圈层，客流量大，可以借力发展。

（三）县域竞争力

经济是休闲农业发展的基础，通过构建宏观经济、产业发展、社会保障、公共服务、人居环境等指标，对甘肃省各市（州）县域竞争力进行评价的结果，兰州市排名第一，其次是庆阳市、酒泉市、张掖市、天水市，临夏州、甘南州相对较低，其他市（州）处于中等。县域竞争力和经济发展促进了农旅融合深入，经济发展水平较高的地区，居民收入水平也较高，休闲旅游需求动机较强；县域竞争力发达地区，更注重休闲农业和乡村旅游产品"提质增效"和旅游产品附加值的提升；经济发达地区可为农旅融合提供较为完善的基础设施和服务设施条件。

（四）客源市场

客源市场条件是推动休闲农业大力发展的根本动力，一般来说，休闲农业的客源市场以 2 小时交通半径范围内的城市居民为主。甘肃省休闲农业和乡村旅游客源市场主要以省内为主，占客源总量 90% 以上。省外主要是青海、陕西、宁夏等周边省份，客源量很少。受气候条件制约，旅游时间主要集中在 4~10 月，集中在"五一""十一"假期和周末、节假日等。由于旅游品牌尚未建立，省外宣传力度不足，市场开拓乏力，客源较少，市场单一。

四 甘肃省休闲农业可持续发展存在的主要问题

（一）设计不科学，规划引领作用不强

休闲农业发展应坚持以农业经营为主、以自然环境生态保护为重、以农民利益为根本、以满足消费者需求为导向的原则。目前，我省休闲农业缺乏科学的、全面的、高层次的规划设计，指导引领作用不强，导致项目定位不够科学、发展目标不够明确、区域布局不够合理、经营主题不够突出、功能设施不够完善。大多数休闲农业是企业或村民各自建设经营，对当地的景观资源、民俗文化、消费需求挖掘不够，没有形成产业联动和集群效应。

（二）缺乏行业标准，从业人员素质较低

甘肃省休闲农业和乡村旅游缺乏科学的管理制度和规范的服务标准，而且休闲农业从业者的薪资待遇普遍偏低，医疗和社会保障制度不够完善，因此大部分从业人员来源于本地农民，且从业人员培训力度不足，服务意识不强，无法有效满足游客个性化需求。餐饮多样化、特色化以及精细化不够，且缺乏统一物价标准。

（三）低层次同质化严重，发展动力不足

目前，甘肃省内休闲农业与乡村旅游产品区域空间布局不合理，区域特色及科技含量较低，低层次重复建设严重，乡愁文化、地域特色和生态资源未能实现深度融合。休闲农业主体各自为营，各要素相互脱节，休闲农业产业链附加值不高，发展动力不强。旅游项目开发设计缺乏乡愁文化的原本特征和文化传承，持续吸引力不足。

（四）配套设施落后，服务质量欠佳

公共配套服务设施不完善，综合公共服务不到位，难以适应游客需

求。水、路、电等基础设施建设不完备，游客服务中心、停车场、餐饮服务等建设用地明显不足。交通不便利，游客多以自驾游为主，对非自驾游客来说，由于缺乏高铁、动车及公交等交通方式，造成游客出行不便。卫生条件差，不能满足发展需求。农村休闲农业与乡村旅游从业人员受教育程度较低，大部分从业人员未接受过正规农业、旅游业、食品卫生、酒店管理、产品营销等基本知识和服务技能培训。甘肃省旅游由于受季节限制，经营时间一般是3月底到10月中旬，农家乐经营存在淡季没生意，旺季时接待能力差、秩序乱，配套设施严重跟不上，难以为旅游者提供全方位的优质服务。

（五）注重"硬件"投入，模式创新不够

甘肃省休闲农业和乡村旅游项目中存在大搞景观和基础设施建设，而轻视模式创新、产品研发、业务整合、品牌塑造及市场营销等核心业务。休闲农业应充分利用自然资源及农业资源，适度弱化"硬件"投入，注重本土自然元素及文化元素原生性的保护和利用。通过良好的活动体验和多维度的互动交流，做好体验式营销和社会化营销，打造项目"粉丝"群体，形成项目本体核心竞争力。

五　甘肃休闲农业高质量发展建议

（一）科学规划，优化产业布局

加强整体谋划、统筹规划、精心设计，合理利用与保护资源，增强对消费者的吸引力，提升经营的综合效益，促进资源合理配置。必须结合各地资源禀赋、地理区位、要素水平、文化风俗等特色优势，以地区为范围，重点布局休闲农业，发挥集聚带动效应。因地制宜，做好市场细分，宜大则大，宜小则小，构建差异化、特色化的产品体系，避免低层次雷同建设和重复开发。对全省休闲农业从发展定位、发展主题、空间布局、发展目标、开发时

序、品牌宣传设计等做出较详细的规划，并充分依托甘肃省多元化的旅游资源做好中长期产业规划。一定要把握好建设规模、建设节奏、建设顺次。在谋划休闲农业和乡村旅游时要充分考虑市场因素，避免乡村旅游成为无源之水。加强休闲农业和乡村旅游景点与我省各地旅游景区板块化、区域化整合，形成农旅结合的精品线路。

（二）加强基础设施建设，完善公共服务体系

抢抓国家实施乡村振兴战略机遇，争取政策、资金和项目上的支持。加强交通设施建设，缩短旅游者与旅游地的时间距离，提升旅游活动质量。逐步改善休闲农业经营场所的游客综合服务中心、餐饮、停车场、垃圾污水无害化处理等基础设施建设。坚持创新驱动，充分运用移动互联网、云计算、大数据、物联网等先进技术和理念，推动互联网产业与休闲农业和乡村旅游有机融合，满足多层次、个性化的服务需要，促进形成"互联网＋"背景下的休闲农业新业态和新模式，推进景区智慧化、网络化建设，改善游客的实际体验。

（三）明确市场定位，加强创意设计

基于对市场和自身资源的分析和了解，找准定位，打造主题，实现休闲农业与乡村旅游的文化升级。一是着力挖掘区域历史文化和农耕文化，提升休闲旅游的品质和市场竞争力。文化创意是休闲农业的灵魂，如陇东农耕文化区的剪纸、临夏的花儿等具有乡土气息的文化产品开发；东乡族、裕固族、保安族三个甘肃特有少数民族文化元素的挖掘，利用民俗文化旅游资源，打造民俗文化展览馆，集中展示少数民族传统的生产生活用品以及民族服饰、佛教刺绣等。同时，组织本土的民间艺人为游客表演当地的藏歌、藏舞、酒曲、花儿等充满地域特色的民族文艺节目，增进游客对少数民族民俗文化的了解。二是积极发展创意农业，提高农业的文化附加值和休闲农业吸引力。结合地方特色产业开发游客体验项目，不断提高知名度，促进休闲农业整体产业链的延伸。三是明确主题。依托市场定

位，明确主题，项目一定要为主题服务，否则就是一盘散沙。比如北京经营较好的休闲农庄番茄联合国、鹿世界、花仙子万花园等，名称就具有鲜明的主题，也体现出其目标定位。同时，应充分挖掘民间节庆节会文化，繁荣民俗文化。

（四）培育地域公共品牌，提升服务管理水平

甘肃省休闲农业大多没有品牌化，在优化经营资源、创造强势品牌上，与发达省份的休闲农业还有相当差距。没有品牌就没有特色，休闲农业一定要在研究特色、挖掘特色的基础上打造项目品牌，开拓市场。同时，要充分发挥政府的主导作用，建立甘肃省休闲农业政策支持体系和建设指标评价体系，并加强行业监管，逐步推进管理规范化和服务标准化。

（五）探索利益联结机制，稳定提升农民收入

实施乡村振兴战略，农民是最重要的主体，休闲农业在引进资本、发展产业时要把农民纳入产业链条，健全农民分享产业链收益的机制，稳定农民与各类投资主体之间的利益联结。发展休闲农业之前，要从情感上让城乡之间深度融合，激发农户的内生动力，让农户更积极地投身休闲农业建设，进而转变农户的思想，保障农户的利益，提高村民的幸福感和文化自信，让村民成为传承、发扬当地民俗文化的主力军，使城乡居民在休闲农业发展中实现共赢。

参考文献

刘红瑞、霍学喜：《城市居民休闲农业需求行为分析——基于北京市的微观调查数据》，《农业技术经济》2015 年第 4 期。

任开荣、董继刚：《我国休闲农业资源的空间分布及成因研究》，《现代经济探讨》2016 年第 11 期。

陈波、朱智文、王建兵：《甘肃县域和农村发展报告》，社会科学文献出版社，2020。

吴永斌：《旅游"火"了乡村"活"了，甘肃蹚出乡村旅游反哺"三农"新路子》，《甘肃日报》2020 年 10 月 29 日。

曾衍德、胡乐鸣：《中国休闲农业年鉴》，中国农业出版社，2018。

郭焕成：《中国农学会学术年会暨全国休闲农业论文集》，2007。

G.16
甘肃省草牧业发展报告

李 飞　阎奋民　李发弟　贺春贵*

摘　要： 甘肃省是我国传统草牧业的发祥地，是现代草牧业的先行实践区，发展草牧业对我国草畜产品质量安全和生态安全具有重要意义。"十三五"期间，甘肃省草牧业快速发展，产业布局更趋合理、产业链条不断完善、供应链逐渐健全、产业发展质量明显提升，有力地促进了农牧民增收，为甘肃省脱贫攻坚任务顺利完成提供了重要支撑。本文简述了甘肃省草牧业发展现状，对甘肃省草牧业发展优势、区域化布局、发展的新特点、存在的问题与挑战进行了系统分析，针对发展问题提出了对策和建议，旨在为甘肃省草牧业的高质量发展提供参考。

关键词： 草牧业　草食畜产业布局　饲料供应　甘肃省

一　导言

草牧业包括草业、草食畜牧业及相关延伸产业。2015年中央一号文件

---

* 李飞，博士，兰州大学草地农业科技学院教授，博士生导师，主要研究方向为反刍动物营养与饲料资源开发利用；阎奋民，甘肃省农业农村厅一级巡视员，主要研究方向为农业管理及畜牧业经济研究；李发弟，博士，兰州大学草地农业科技学院教授，反刍动物研究所所长，博士生导师，主要研究方向为反刍动物生产及动物遗传育种与繁殖研究；贺春贵，教授，博士生导师，甘肃省农业科学院副院长，主要研究方向为饲草资源开发利用。

明确提出"加快发展草牧业",发展草牧业是我国农业结构调整的重要内容,是农业现代化转型发展的重要组成部分,更是国家草畜产品质量安全和生态安全的重要保障。甘肃省是我国草牧业的传统发祥地,其中东部地区苜蓿种植历史悠久,也是我国草牧业实践的前沿及相关政策制订的重要经验区。经过"十三五"期间的资源整合和规划布局,甘肃省草牧业快速发展,形成了以饲草料生产加工、肉羊、肉牛、奶牛养殖为主导的产业格局,在产业发展布局方面结构逐渐明晰、特色鲜明,牛羊饲养量不断增加,饲草资源种类更加丰富,成为促进农牧民增收、精准扶贫的重要支柱性产业。甘肃省草牧业发展过程中也出现了产业链附加值较低、生产环节费用高、科技支撑作用较弱、牛羊整体繁育水平不高等问题。

二　甘肃省草牧业发展现状

甘肃省是全国六大牧区之一,草牧业是甘肃省战略性主导产业之一,也是衔接饲草与农作物种植、饲草料产品加工、草食畜饲养与畜产品加工的基础产业。目前,甘肃省草牧业区域结构布局已经基本形成,草牧业快速发展。

(一)饲草产业快速发展、区域布局结构明晰

饲草产业是现代草牧业发展的基础和重要组成部分,"十三五"期间,甘肃省积极推进天然草地改良、人工草地种植、草田轮作和粮草轮作及青贮玉米种植,人工种草面积和饲草良种化程度不断提升,区域布局逐步明确。2020年全省人工种草留床面积达到206.67万公顷、紫花苜蓿留床面积87.27万公顷,分别位居全国第三位和第一位,较2016年分别增加46万公顷和18.27万公顷。2020年全省饲草产量达到2850万吨,其中干草生产1360万吨、青贮饲草生产1490万吨、作物秸秆生产896万吨;草种子田面积3.93万公顷,草种产量3.46万吨,饲草的良种化达到85%以上(见表1)。

表1   2016 年、2020 年甘肃省饲草种植情况统计

单位：万公顷，万吨

生产指标	2016 年	2020 年
人工种草留床面积	160.67	206.67
苜蓿种植留床面积	69.00	87.27
草种田面积	3.88	4.13
草种产量	4.40	3.46

资料来源：甘肃省统计局、《甘肃发展年鉴2020》、中国统计出版社。

随着全省牛羊养殖产业的发展，饲草生产基本形成了河西走廊优质饲草生产加工区（以种植生产苜蓿干草和燕麦草为主）、陇中黄土高原草畜转化及草产品生产区（以紫花苜蓿、玉米青贮为主）、陇东陇南草畜转化及草产品生产区（以苜蓿草、燕麦草为主）、甘南高寒草畜转化及草畜平衡区（以燕麦草为主）（见图1）。

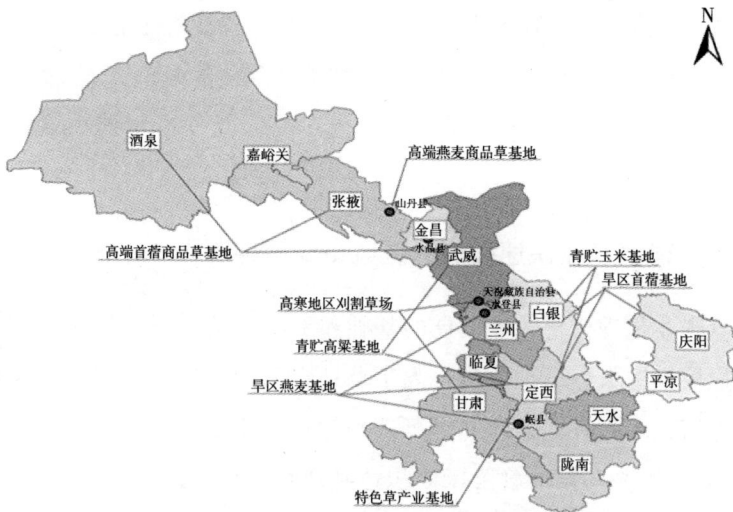

图1   甘肃省主要草生产及加工基地

"十三五"期间，甘肃省实施国家"粮改饲"试点、高产优质苜蓿基地示范建设等项目，扶持了一大批饲草种植、加工及销售企业，发展饲草生产加工企业及合作社260家，较2016年增加了145家，形成了饲草良种繁育、

种植基地、收获加工、产品加工和销售服务等全产业链发展模式，甘肃省已成为我国重要的优质饲草重要生产基地。

（二）草食畜饲养量增加，发展质量不断提升

甘肃省草食家畜主要以肉牛、肉羊和奶牛为主，草食畜饲养也是甘肃省传统优势产业。近年来在国家扶持政策尤其是产业扶贫政策支持下，草食畜饲养规模及生产水平迅速提升。在肉牛产业方面，2019 年，全省肉牛存栏量 458 万头、出栏量 214 万头、牛肉产量 23 万吨，分别位居全国第 9 位、第 11 位和第 11 位，全产业链产值 380 亿元，肉牛存栏量和出栏量较 2016 年分别提高了 11.2% 和 13.0%（见表 2、表 3）。通过重点引进西门塔尔、利木赞及安格斯等肉牛品种与本地品种进行杂交改良示范，全省已建成肉牛核心育种场 2 个，良种肉牛繁育场 28 个，肉牛良种化率达到 90%。肉牛产业布局方面，形成了张掖、武威、酒泉为主的河西走廊肉牛优势区，以白银、定西、天水、临夏为主的中部肉牛优势区，以平凉、庆阳为主的陇东肉牛优势区，以甘南天祝为主的牦牛优势区。全省肉牛规模养殖场 1509 个，规模化养殖比例达到 49%。

表 2 甘肃省牛羊存栏量、出栏量

单位：万头，万只

年份	牛		羊	
	存栏	出栏	存栏	出栏
2016	411.83	189.45	1936.90	1351.59
2017	424.31	198.33	1839.89	1414.71
2018	440.36	201.89	1885.94	1462.85
2019	458	214	2187	1710

表 3 草食畜产品产量

单位：吨

年份	牛肉	羊肉	牛奶
2016	200200	217167	403000
2017	209610	227580	404000
2018	214000	236000	405000
2019	230000	270000	441000

资料来源：甘肃省统计局、《甘肃发展年鉴 2020》、中国统计出版社。

肉羊产业是甘肃省重要的特色优势产业，在促进农民就业、脱贫致富方面发挥了重要作用。2019 年，全省肉羊存栏、出栏、羊肉产量分别为 2187 万只、1710 万只、27 万吨，分别较 2016 年增长了 12.9%、26.5%、24.32%，分别位居全国第 3 位、第 7 位和第 7 位，全产业链产值为 244.3 亿元。在产业布局方面，形成了以张掖、武威、酒泉、金昌市为主的河西走廊肉羊产业优势区，以甘南、临夏州为主的甘南临夏肉羊产业优势区，以定西、白银市为主的中部肉羊产业优势区，以庆阳市为主的陇东肉羊产业优势区。全省肉羊屠宰企业 72 家，肉羊年屠宰能力 900 万只，2019 年屠宰肉羊 446 万只。

近年来，甘肃省奶牛及奶山（绵）羊存栏量及奶产量不断增加。2019年全省奶牛存栏 31.1 万头、奶山（绵）羊存栏 10.1 万只，年产奶量 44.7万吨，其中牛奶 44.1 万吨，羊奶 0.6 万吨，奶业产值 24 亿元。目前，全省有 100 头以上的荷斯坦奶牛规模化养殖场 86 个，占全省荷斯坦奶牛存栏的75%。规模化养殖区域结构不断调整，奶牛养殖主要集中在张掖、武威、兰州、白银、临夏等市州。奶牛存栏超过万头的县区有 5 个，包括甘州区、凉州区、金川区、临夏县和临泽县。初步形成了以张掖、武威为主的河西走廊黄金奶业优势区，以兰州、临夏为主的中东部种养循环奶业优势区，以甘南为核心的草原牧区牦牛奶优势区，以永昌、环县为核心的绵（山）羊奶特色奶业优势区，各区域发展特色优势明显。

（三）饲料供应稳定，产能充足

配合饲料是牛羊等草食畜集约化高效生产的重要物质保证，应用配合饲料已经成为甘肃省草食畜生产的主要营养供应方式。2019 年甘肃省有各类饲料生产企业 86 家，生产许可证 103 个。按生产产品类别划分，配合饲料、浓缩饲料、精料补充料生产企业 69 家，添加剂预混合饲料生产企业 18 家，饲料添加剂企业 7 家，单一饲料生产企业 9 家，企业从业人数 3600 余人，生产能力达到 430 万吨，比 2015 年增加 130 万吨，已基本形成了以配合饲料、浓缩饲料和精料补充料生产为主，添加剂预混料和原料生产相补充的工业生产格局。近年来，国内多个规模化畜禽养殖企业及饲料加工企业在甘肃设厂，甘肃省畜禽及牛羊存栏量不断增加，未来将成为我国畜禽养殖、产品加工及销售的重要基地，饲料工业的发展为养殖业的发展提供了重要支撑。

（四）甘肃省草牧业发展的新特点

1. 现代草牧业生产体系基本建成，草牧业生产效率和效益明显提升

甘肃省立足地区自然资源禀赋和产业基础，肉牛、肉羊及奶牛良种繁育体系逐步健全，以苜蓿、燕麦为代表的优质饲草产量逐年增长，质量稳步提升，效益逐年增加，苜蓿草种植面积，牛肉、羊肉和牛奶产量较"十三五"初分别增加26.5%、14.9%、24.3%和9.4%。全省青贮玉米、燕麦草等优质饲草种植面积在30万亩以上，饲草生产加工企业（合作社）260家，反刍饲料生产线45条，饲草和饲料供应能力大幅提升，生产效率逐步提高。

2. 草牧业经营模式多样化发展，产业链不断延伸

甘肃省草牧业发展形成了以农业化龙头企业为代表的经营模式、以合作社为代表的适度规模经营模式及以公司＋农户为代表的联合经营模式，三种经营模式并存。近年来，田园牧歌、杨柳青、民祥草业等本土饲草种植、草产品加工与销售龙头企业迅速成长，带动500余家饲草生产合作社迅速发展，大量先进设备和技术得到推广和应用，促进了饲草生产效率的提升。此外，为解决优质饲草料本地转化应用，在庆阳环县形成了以"政府＋龙头企业＋饲草种植合作社＋肉羊养殖合作社"的经营模式，政府指导饲草种植并提供种植技术服务、龙头企业种植饲草并收购合作社饲草，进行草产品加工，政府及龙头企业根据肉羊养殖合作社饲草需求情况，协调物流统一配送饲草到养殖场，实现饲草资源的精准分配和利用，促进草产品的本地化使用，延伸产业链及价值链，带动本地牧草种植、草产品加工、牛羊养殖及物流产业的发展。

3. 草牧业产业链体系建设趋于完善

甘肃省草牧业已经发展成为以饲草制种、饲草种植、草产品加工与销售、草食畜养殖及畜产品加工、品牌与市场开发为主体的全产业链发展模式。服务甘肃省草牧业相关供应链产业的蓬勃发展，包括种子加工机械、牧

草收储设备供应、草食畜良种繁育、饲料产品加工、疫病防控及技术防控等领域形成专业化队伍开展相关服务，促进草牧业的高质量发展。

4.饲草供应更加多元化

甘肃省饲草种植的饲草更加多元化，除紫花苜蓿、青贮玉米和燕麦草等饲草种类外，其他饲草种类包括甜高粱、高丹草、猫尾草及箭筈豌豆等饲草种植面积不断增大。饲用甜高粱于2016年引入甘肃省种植，甘肃省农业科学院培育出的饲用甜高粱杂交种陇甜1号鲜草产量达到102.078吨/公顷。由于甜高粱可溶性糖含量较高，是制作青贮的良好原料，目前已经在河西和陇东地区大面积示范推广。甘肃省作物秸秆生产量1347万吨，作物秸秆饲用量853万吨，由于奶牛和肉牛饲养对优质饲草需求量大、价格高，秸秆是肉羊生产主要的粗饲料来源。目前以秸秆、副产物、玉米加工而成的全混合颗粒饲料已在甘肃省肉羊生产中推广应用，甘肃省于2017年建成了全国第一条全混合颗粒饲料加工系统。利用作物秸秆作为主要的粗饲料来源加工全混合颗粒饲料，极大地促进秸秆的饲用化利用。

三　甘肃省草牧业发展存在的问题与挑战

（一）草畜结合不够紧密、产业竞争力不强

经过"十三五"期间发展，甘肃省草牧业产业体系和产业链基本健全，但草牧业中各产业发展水平不平衡，导致产业链延伸不足，尤其是草产业发展水平与畜牧业发展水平不匹配，甘肃省奶牛存栏量较小，消耗优质饲草总量有限，每年全省优质饲草外销130万吨以上，没有实现优质饲草的本地转化、支撑本地草食畜产业做大做强；肉牛和肉羊屠宰与精深加工企业及乳品加工企业不足，产业主要处于原料生产者地位，产品附加值较低。在经营管理方面，饲草料加工企业、草食畜养殖企业整体经营水平不够，产业的组织化和集约化程度不高，部分产业生产方式仍然比较粗放，产业化水平较低，部分饲草生产与草食畜养殖等基础性设施薄弱。

（二）科技支撑不足、整体生产水平不高

科技支撑持续投入不足、缺少技术型管理与应用人才是制约甘肃省草牧业高质量发展的重要因素，新技术、新产品、新理念在草牧业中的推广应用滞后，导致草牧业总体生产效率和盈利水平较低，资源浪费较大。此外，高校及科研院所研发成果与企业需求不匹配、行业对技术价值的重视程度不足是影响先进技术和理念在产业发展中推广应用的主要因素，部分研究人员脱离生产一线工作，难以了解行业技术痛点，研发成果不能精准对接企业需求。

甘肃省牛羊生产水平与高水平省份相比，部分指标生产水平较低。在奶牛饲养方面，奶牛良种繁育体系较差，泌乳牛占比约40%，后备牛培育的死亡率较高，导致奶牛数量增长较慢。据行业监测，全省2000头以上的大型牧场泌乳牛个体产奶量达到9吨以上的约30%，100～1000头规模奶牛场，泌乳牛个体产奶量达到8吨以上的约50%，全省泌乳牛平均单产6吨，低于全国7.4吨的平均水平。在肉牛养殖方面，缺少规模化的繁殖牛场，肉牛核心种群规模小，牦牛提纯复壮进程缓慢，肉牛的繁殖以小农牧为主，规模化企业多以集中育肥及肉品加工为主，肉牛出栏率较全国平均水平低8%。肉羊生产方面，能繁母羊总体数量不足，羔羊繁殖成活率较低，各个羊场从江苏、山东采购繁殖母羊，导致繁殖母羊成本较高，制约了甘肃省牛羊养殖产业的高质量发展。

（三）草牧业发展各环节利益联结机制不优，联结方式比较松散

牧草种植、饲草料加工企业、牛羊饲养企业、畜产品加工企业在市场化运营过程中，缺少土地流转价格、饲料饲草价格和畜产品价格的统一协调机制，饲草生产大省没有转化为优质草食畜产品生产大省。此外，依据市场机制，企业一次性买断式支付农民要素或产品价格的利益分配方式往往是最优的，在没有相应的激励作用下，企业较难有动力让利于农民，即使企业愿意与农民建立紧密的股份合作关系，也需要建立在收益共享、风险共担的基础上，而当前农民与企业共担风险的意愿不强，这导致利益联结机制较为松散。

（四）草食畜产业融资能力较弱，财政投入乏力

牛羊养殖是资金密集型产业，基础设施、饲草料储备资金占用大，牛羊生产周期长，收益率较低，疫病风险高，导致全省针对肉牛、奶牛养殖的融资信贷扶持政策较少，融资门槛高、抵押担保难、放贷周期长等问题比较突出。在奶牛生产方面省级财政每年仅有 1000 万元左右的奶牛标准化养殖场扶持资金，投入不足，造成草企、牧场、乳企贷款难、贷款利息高的局面长期存在。

四　促进甘肃省草牧业发展的对策建议

（一）完善饲草与草食畜良种繁育体系，加大地方良种保护力度

"种"是草牧业高效、快速发展的基础，加快本地饲草及牛羊品种选育与升级，结合引进种评价和利用是提升甘肃省草食畜发展的重要途径。以政府扶持为引导，结合市场需求，激励制种企业、科研院所积极参与草种及畜种培育和改良。在肉羊产业方面，制定肉羊遗传改良计划，打造产学研推联合育种平台，加快肉羊新品种（系）的培育力度。建设以国外引进品种萨福克、澳洲白、杜泊等种羊场，生产杂交用父本；以湖羊、小尾寒羊等品种的良种扩繁场，生产杂交用母本，开展萨寒、澳湖、杜湖等商品肉羊生产，构建肉羊良种繁育体系。在肉牛生产方面，加快"河西肉牛"和"平凉红牛"新品种（系）培育进度，改造提升省级家畜繁育中心种公牛站，提升河西乃至全省肉牛高效生产优质冻精的供应能力，推广西杂、安杂等肉牛生产模式，提高肉牛生产水平。在奶牛生产方面，推动优质性控冻精和胚胎的应用，逐步健全种公牛后裔测定体系和种牛质量评价制度，激励牧场利用已有的 2 个奶牛生产性能测定中心，开展奶牛性能测定，利用市场化运行方式增加有偿服务项目，提升奶牛场饲养和管理水平。在饲草种业提升方面，着力改善企业育种创新设施和种植生产加工等条件，提升饲草育种创新

能力、品种测试能力、草种检测能力及良种繁育能力，扶持建设饲草良种繁育基地建设，开展青贮玉米品种、甜高粱、高丹草、猫尾草及箭筈豌豆等优质特色牧草的选育及示范推广应用。加大地方品种的保护开发力度，开展甘南牦牛、天祝白牦牛、早胜牛、兰州大尾羊、岷县黑裘皮羊、河西绒山羊、藏羊等地方品种遗传资源保护与合理开发利用。

（二）加快规模化养殖基地建设，推进优质饲草的本地转化

为提高优质饲草的本地转化比例，按照"畜禽良种化、养殖设施化、生产规范化"等标准要求，引导鼓励龙头企业向饲草优势产区集聚，建设标准化养殖场；扶持农民专业合作社、养殖大户建设标准化养殖牛舍、羊舍，改造设施设备，提升养殖效率。对引进及自繁的良种母牛、母羊予以补贴，扩大能繁母畜存栏量；鼓励乳制品加工企业自建牧场，扶持已有牧场扩大存栏并建设示范牧场，通过发展草食畜饲养推进本地优质饲草的就地转化。

（三）加强饲草料体系建设，保证草料供应

以草食一体化为发展方向，充分利用国家"粮改饲"项目，推广播种、收割、揉丝、打捆、粉碎、打包全程机械化作业技术，全面提升饲草生产全程机械化水平，推广窖贮、袋贮等青贮技术和"饲草收贮银行"等经营模式，健全完善饲草"种、管、收、贮、运"社会化服务体系，加强人工饲草基地建设，大力推广苜蓿、燕麦草、红豆草等优质饲草料种植，通过优质饲草料生产体系建设，推动形成粮草兼顾、种养结合、草畜配套的绿色循环农业发展格局。

（四）健全动物疫病防控和风险防范体系建设

以基层畜牧兽医站能力提升为重点，强化肉牛、奶牛及肉羊普通病防治及传染病的免疫。针对肉牛，强化口蹄疫、巴氏杆菌病等传染性疫病监测和流行性病学调查及控制。对于肉羊，重点防控小反刍兽疫、布鲁氏菌病及寄生虫病的防治，加强良种繁育场的疫病净化。

（五）完善饲草料及畜产品标准体系，加强产品生产质量控制

由政府主管部门、企业及高校牵头，制定和修订产品技术标准，推动饲草料及畜产品标准体系建设。提升饲草料和畜产品检测及安全追溯能力，通过整合甘肃高校、科研院所、饲草生产企业及第三方检测机构等资源，开展以苜蓿干草、玉米青贮、燕麦干草、红豆草为主的近红外定标模型构建工作，提升本身饲草检测能力，加强草产品质量控制，服务饲草生产和加工企业，提高企业产品议价能力。增加省农产品质量检验检测中心、奶牛生产性能测定中心设备，培训检测人员，加强饲料、兽药、乳肉产品质量安全检测，强化产品生产质量源头控制。

（六）强化畜禽粪污资源化利用与无害化处理

坚持"源头减量、过程控制、末端利用"的基本思路，开展规模化养殖场粪污资源化利用，争取畜禽粪污资源化整县推进项目立项和实施。优先支持规模化奶牛养殖场配套固液分离等粪污处理设施，对肉羊、肉牛养殖场重点支持清粪、环境控制及堆肥设施设备建设，建立区域性有机肥加工中心，实现粪污就近还田，鼓励企业购置粪肥运输和施用设施设备并给予补贴，提高粪污资源化利用水平。

（七）加强科技支撑，提升产业效率与效益

充分发挥甘肃省畜牧推广总站、现代农业产业技术体系、高校及科研院所等科研力量优势集体，整合内部与外部技术资源，指导草食畜高质量发展。健全省级饲草料、肉牛、肉羊、奶牛产业技术体系，组建专家团队，系统梳理草牧业关键技术需求，利用甘肃省现代农业产业技术体系与省畜牧总站技术力量，对一线生产人员及农牧民开展饲草料种植与加工生产、牛羊养殖、畜产品加工等技术培训；利用高校、科研院所结合龙头企业技术需求，在草畜良种繁育与种质创新、饲草加工与调制、疫病防控、牛羊营养调控等领域开展联合科研攻关，提升产业技术水平；鼓励通过成果转化、技术入

股、科技特派员等方式推进高级技术人员参与企业决策和产业发展，提升草牧业发展效率和效益。

甘肃省处于我国农牧交错带，在发展草牧业方面具有天然优势，这为草牧业发展提供了良好的条件，饲草产业的发展为牛羊养殖产业的发展提供了基础，甘肃省的草牧业进入了快速发展的新阶段。未来，甘肃省草牧业发展将推进优质饲草的本地转化，促进草食畜产业链增值，在发展草牧业方面具有草畜龙头企业带动和社会化服务的潜力挖掘和产业富民政策，具有"丝绸之路经济带"和"一带一路"向西开放区位优势，具有系统耦合和草地农业发展潜力及草牧业、粮改饲等机遇，这些政策叠加和要素耦合优势将有力促进甘肃草牧业逐步走上可持续、高质量发展之路。

参考文献

侯向阳：《我国草牧业发展理论及科技支撑重点》，《草业科学》2015 年第 9 期。

葛玉彬、张国琴、张正英等：《饲用甜高粱杂交种陇甜 1 号选育报告》，《甘肃农业科技》2020 年第10 期。

王国栋、贺春贵、何振富等：《6 个高丹草新品系在甘肃半干旱区筛选试验研究》，《中国草食动物科学》2020 年第 1 期。

王建连、张邦林、贺春贵：《甘肃省草食畜牧业发展现状及生态循环发展措施》，《中国农业资源与区划》2019 年第 10 期。

任继周、李发弟、曹建民等：《我国牛羊肉产业的发展现状、挑战与出路》，《中国工程科学》2019 年第 5 期。

杨言勇主编《甘肃农村年鉴 2019》，中国统计出版社，2019。

钟真：《完善利益联结机制，构建企农双赢共同体》，《农民日报》2020 年 1 月 11 日。

G.17
甘肃中药材发展报告*

刘锦晖　王建连　刘海波**

摘　要：　本文以文献资料调研和实地调研为基础，从甘肃省中药材资源特征、中药材生产、中药材加工营销和仓储物流、中药材出口和品牌建设、中药材支撑体系以及中药材产业在甘肃脱贫攻坚中的突出作用等方面，深入分析了甘肃中药材的发展现状和存在的问题。就改变生产理念、改进生产方式及技术、保障中药材种子种苗质量、推进中药材产业供给侧结构性改革、壮大经营主体和加强品牌建设等方面提出了建议。

关键词：　中药材　产业发展　甘肃省

中药材是我国传统中医药的重要物质基础和现实载体，在新时期社会经济高质量发展、人民生活水平不断提高、社会医疗保障体系不断完善的大背景下，全社会对中医药的重视程度不断增加，对中药材及相关产品的需求量与日俱增。我国中药材种植历史悠久、资源丰富，品种达12807种，已形成东北、华北、华东、华中、华南、西南、西北七大道地药材产区。甘肃拥有丰富的中药材资源，是我国重要的中药材道地产区和中药材资源大省，已连

＊　本文系甘肃省农业科学院青年基金项目（2020GAAS42）研究成果。

＊＊　刘锦晖，甘肃省农业科学院农业经济与信息研究所研究实习员，主要研究方向为区域农业经济；王建连，甘肃省农业科学院农业经济与信息研究所经济师，主要研究方向为区域农业经济；刘海波，博士，甘肃省农业科学院农业经济与信息研究所副研究员，主要研究方向为草地生产模型。

续数年在中药材种植面积和产量上位居全国前列，中药材产业也是甘肃省重点发展的十大绿色生态产业之一，截至 2020 年，甘肃省已在主要中药材道地产区建立了中药材原材料生产基地，并以此为依托发展了一批企业，走上了中药材产业集聚化和规模化发展的道路。

一　甘肃中药材发展现状

（一）甘肃省中药材资源特征

复杂的地貌特征和多样的气候类型为甘肃省孕育出丰富的中药材资源提供了客观条件。据普查，甘肃省中药材资源达 1527 种（其中药用植物 1270 种、大宗道地药材 300 余种），是我国重要的植物药源基地和中药材道地产区。2019 年以来，中药材种植面积保持在 30.7 万公顷左右（标准化种植面积达 12 万公顷以上），中药材种植面积和产量连续多年居全国前列，被业内誉为"十大陇药"（党参、黄芪、当归、柴胡、甘草、大黄、枸杞、板蓝根、款冬花、黄芩）的特色优质中药材品种驰名中外。

1. 专业化种植区域特征明显

甘肃省人民政府于 2020 年 2 月发布的《关于促进乡村产业振兴的实施意见》指出，要建设以中药材、马铃薯等为主的中部旱作农业区，以牦牛、藏羊、藏药等为主的甘南及祁连山高寒草地农牧交错区，形成以"牛、羊、菜、果、薯、药"六大产业为重点，地方特色产品为补充的现代丝路寒旱农业产业体系。目前，甘肃省已形成了特色鲜明的四大中药材优势区域，分别是有"天然药库"之称的陇南山地亚热带暖温带秦药区（主要药材：纹党、黄芪、红芪、天麻、大黄、半夏、杜仲）、陇中陇东黄土高原温带半干旱西药区（主要药材：党参、枸杞、黄芩、柴胡、黄芪、红芪、防风、独活、款冬花）、青藏高原东部高寒阴湿中药藏药区（主要药材：黄芪、红芪、党参、当归、羌活、秦艽）和河西走廊温带荒漠干旱西药区（主要药材：板蓝根、枸杞、甘草、红花）。

2. 药材道地性鲜明，市场占有率高

在独特环境和气候等因素综合作用下形成的产地适宜、品种优良、产量高、炮制考究、功效突出、带有地域性特点的药材被称为"道地药材"，且多在药材名前冠以地名以示其道地产区。作为中药材资源大省，甘肃省的道地中药材在全国享有较高的知名度，以"十大陇药"为代表的特色优质中药材品种驰名中外，其中当归、党参、黄芪、大黄、甘草被誉为陇上"五朵金花"，常年种植面积保持在 1.67 万公顷以上，产量份额依次占全国的 90%、85%、80%、60% 和 40%，规模优势明显，在国内外市场上有着举足轻重的影响。

（二）甘肃省中药材生产现状

1. 种植面积保持较大规模

2018 年，甘肃省各类中药材种植面积达 30.67 万公顷、产量 124 万吨（党参 5 万公顷，产量 14.7 万吨；黄/红芪 4.8 万公顷，产量 19 万吨；当归 4 万公顷，产量 12 万吨；枸杞 3.87 万公顷，产量 14.5 万吨；柴胡 2.8 万公顷，7.4 万吨；甘草 2 万公顷，产量 19.6 万吨；板蓝根 1.47 万公顷，产量 6 万吨；大黄 8000 公顷，产量 4.8 万吨），实现产值约 120 亿元。此后全省中药材种植面积稳定在 30.7 万公顷左右，面积和产量均居全国前列。中药材种植在全省 20 多个县区中呈规模化发展态势，其中陇西县、岷县的中药材种植面积达 2 万公顷以上，渭源县、武都区中药材种植面积达 1.3 万公顷以上，宕昌县、漳县、民乐县、瓜州县、临洮县、临潭县中药材种植面积达 6700 公顷以上。

2. 建成一批优质中药材生产基地和种子种苗繁育基地

甘肃省在《甘肃省"十三五"陇药产业发展规划》（2016 年）中明确指出了中药材标准化生产、大宗优势品种标准化种植的重要性，要通过扩大规范化生产规模来提高中药材的质量品质和种植效益。经过多年发展，目前甘肃省已形成了一批优质中药材生产基地，其中 8 处获国家 GAP（中药材生产质量管理规范）基地认定、7 处获农业部无公害基地认定。

中药材种子种苗的质量决定了药材的品质，是药材安全性、稳定性及有效性的重要保障。甘肃省于 2018 年在陇西县、岷县、渭源县、武都区、文县等药材主产区的重点县区建成了良种繁育基地 400 公顷和优质中药材种苗繁育基地 800 公顷，提高了黄芪、当归、党参、红芪、纹党等药材种子种苗质量和集中繁供比例（见表 1）。

表 1　甘肃省中药材生产基地

药材品种		生产基地
当　归		岷县、漳县、渭源县、卓尼县、临潭县
党　参	白条党参	渭源县、陇西县、临洮县、漳县、宕昌、甘谷县
	优质纹党	文县、武都区、舟曲县
黄　芪		陇西县、渭源县、岷县、会宁县
红　芪		武都区
甘　草		瓜州县、景泰县、靖远县、榆中县
大　黄		宕昌县、礼县、华亭县
柴　胡		安定区、漳县、陇西县
板蓝根		民乐县、甘州区
枸　杞		靖远县、景泰县、凉州区、古浪县、瓜州县、玉门市

资料来源：甘肃省经济作物技术推广站。

3. 中药材生产方式和新型经营主体现状

甘肃省各道地产区中药材种植历史悠久，已经在当地形成了传统种植习惯，以户为生产单位的小农分散化生产方式仍普遍存在，呈现小规模、小地块、细碎化分散化经营，导致了药材种植的盲目性和粗放性。同时，受地理条件、小农户分散经营模式和传统"精耕细作"栽培理念的影响，区域内中药材生产整体机械化水平不高，虽在部分种类药材的采挖上实现了机械化，但中药材机播和机栽尚处在小规模应用阶段。

单纯的农户个体生产，既不利于种植技术推广和中药材质量的有效控制，也不能满足"有序、安全、有效"的要求，所以家庭农场、农民专业合作社、农业龙头企业正在成为中药材种植的重要力量。《甘肃省人民政府关于促进乡村产业振兴的实施意见》（2020 年）指出，要大力培育新型经营主体，鼓励发展龙头企业带动、农民专业合作社和家庭农场跟进、小农户参与的农业产业化联合体。目前，药材主产区各级政府均着力提升新型经营主体在中药材生产中的组织带动作用。

以地处甘肃省"陇中陇东黄土高原温带半干旱西药区"的定西市为例，该市针对传统生产模式的缺陷，大力推广新型经营主体带动农户发展模式（合作社和企业组织农户生产、政府机构提供指导监督和农业保险服务）。中药材生产重点县陇西县和渭源县采用了"五统一分"的模式，即以合作社为核心，在分户经营管理的基础上，以实现"统一规划、统一整地、统一标准、统一苗木、统一栽植"为标准，组织带动农户种植中药材，取得了良好效果。同时，近年来农户与企业合作的订单种植模式也不断发展，企业通过合作社或村委会与农户签订订单，做到了中药材质量可控，这种方式是今后中药材生产模式优化发展的必然趋势。

（三）甘肃省中药材加工营销和仓储物流现状

为切实推动甘肃省中医中药产业发展，甘肃省人民政府办公厅于2018年6月印发了《甘肃省中医中药产业发展专项行动计划》，指出要将中医药产业打造成为甘肃省战略性新兴产业、精准脱贫的主导产业和促进绿色发展的重要动力。目前甘肃省依托中药材生产基地，已形成了一批品牌企业，截至2019年，全省新增规模以上医药行业生产企业19家，建成中医药产业创新研发孵化园区6个，新建、改扩建中药材专业化交易市场6个，已初步形成了以岷县和陇西县为代表，集中药材规模化加工、交易、物流、仓储于一体的产业中心。

1. 中药材加工现状

甘肃省中药材初加工业发展较快，截至2019年，全省有生产经营中药材的省级以上农业产业化重点龙头企业30家，中药材初加工企业200多家，年中药材加工总量约20万吨，加工产值约30亿元。且随着产业支持政策和基础设施的不断完善、中药材产业的不断发展、企业对先进技术的应用和产业链的发展，中药材拣选、清洗、干制、切制、包装等传统加工方式已开始向精制饮片、挥发油萃取、浸膏提取等精深加工领域拓展，初步实现了由初级切片向全产业链的延伸。

以陇西县为例，该县制定了"培育产值过百亿元的园区，5户产值过十亿元和10户产值过亿元的企业"的发展目标和"园区承载、龙头带动"的工作思路，规划建设了中医药循环经济产业园，先后引进天津天士力集团、中国中医药集团、湖南千金药业、甘肃奇正藏药等27家知名企业。在产业园的辐射带动下，该县中药材加工业蓬勃发展，培育了52家千万元以上的中药材加工企业，有省级龙头企业10家，GMP（药品生产质量管理规范）认证企业24家，成药制造企业3家，其中"甘肃效灵生物开发有限责任公司""陇西一方制药有限公司""陇西中天药业有限责任公司""甘肃伊真堂药业有限责任公司"等企业已进入中药材精深加工领域。

除陇西县中药材循环经济产业园外，甘肃省重点扶持的渭源县中药材精制饮片加工园、兰州高新技术开发区中医药产业创新研发孵化园、兰州新区生物医药产业园、白银银西生物医药园、民乐生态工业园区中药材中小微企业创新创业孵化园等中药材产业园区均取得了良好成效。

2. 中药材营销现状

药材市场是中药材的集散中心，大部分药农会通过药材市场出售其种植的中药材，是传统中药材线下交易的重要平台。《甘肃省"十三五"陇药产业发展规划》要求中药材产业重点区域"高度集聚和相对集中"，并提出了"建设一批集仓储物流、市场交易和电商平台为一体的全国区域性中药材专业市场""在中药材重点产区配套建设产区产地市场"的发展目标。

截至2019年，甘肃省已在陇西县、渭源县、岷县和兰州市形成6个规模以上的中药材专业市场（包括渭源会川中药材综合市场、渭源渭水源中药材贸易中心、陇西首阳中药材市场、陇西文峰中药材展贸城、兰州安宁黄河药材市场和中国岷县当归城交易中心），已形成了以岷县、陇西县为核心的规模化交易市场，全省药材年交易额达230亿元以上，交易量约120多万吨。其中陇西药材交易量占全国交易总量的20%以上，当归、大黄、甘草、柴胡、板蓝根等药材交易量占全国的50%以上，是全国第二大中药材专业批发交易市场。随着电子商务的迅速发展，截至2019年，甘肃省依托甘肃中药材交易中心、西部中药材交易网等13家网站，发展线上中药材批发零售企业100多家。其中，康美西部中药城项目于2018年1月正式启动运营，实现了中药材交易区现货交易全天候经营模式；甘肃中药材交易中心自2018年1月正式上线运营以来，年交易量达到100万吨，被列为全国供应链创新与应用试点企业。

3. 甘肃中药材仓储物流现状

近年来，甘肃省中药材仓储物流设施不断完善、能力不断提升，在建设全国区域性中药材专业市场的同时，形成了以陇西县为中心的中药材仓储物流中心。得益于自身干旱冷凉的特殊自然气候条件，陇西县非常适宜各类中药材仓储，历来享有"旱码头"和"天然药仓"的美称，是闻名全国的中药材集散中心，随着基础设施和仓储管理的不断完善，仓储成本降低，现已成为南药北储、东药西储的天然仓库，被国家工信部命名为"全国中药材药源保障供应基地"。近年来，陇西县仓储规模不断扩大，仓储综合条件不断提升。对传统仓储库的改造扩容和对辐照灭菌、低温干燥、低温充氮技术、红外线干燥等储存技术的推广改善了原有的仓储条件，优化了仓储管理；通过政策鼓励，依托企业发展仓储业（依托中天物流公司建成甘肃陇西中药材物流园，新增仓储能力5万吨；依托江能医药集团投资建设的甘肃中药材交易中心现代仓储物流中心，静态仓储能力5万吨、动态仓储能力30万吨以上），进一步提升了仓储能力。截至2020年，陇西县依托35家千吨以上仓储物流企业，仓储中药材320余种，实现静态仓储能力100万吨，年周转量达200万吨，吸引了广药集团、千金药业、中国药材公司等众多知名企业建立中转仓储基地。同时，陇西县积极探索"互联网＋中药产业＋金融服务＋现代物流"的现代化商业服务模式，市场服务功能进一步拓展，除交易、仓储外，还配有清洗、装载、配送、信息、金融等专业公司。

（四）甘肃省中药材出口和品牌建设现状

1. 甘肃省中药材出口现状

随着"一带一路"建设的不断深入，中成药、中医药保健品、中药材提取物、中药材原药及饮片等中药类产品已伴随着中医药迈出国门，广泛传播到 183 个国家或地区。

甘肃省作为重要的道地中药材产区，在我国的中药材出口中占有一席之地。2017 年，甘肃省共出口 21 种中药材约 1.2 万吨，出口额约 2.5 亿元；自 2018 年起，甘肃省出口的中药材品种有所减少，主要出口品种为黄芩、党参、大黄、当归、枸杞、甘草、黄芪，年出口数量稳定在 500 吨左右，年出口额保持在 2000 万元以上，当归、黄芪等道地中药材出口量占全国总量的 90% 以上（见表 2）。

表 2　2017～2020 年甘肃省中药材出口情况

单位：吨，万元

品　　种	2017 年		2018 年		2019 年		2020 年	
	出口数量	出口额	出口数量	出口额	出口数量	出口额	出口数量	出口额
三七（田七）	0.14	0.38	—	—	—	—	—	—
川　芎	1014.77	2536.96	—	—	—	—	—	—
半　夏	615.20	1230.40	—	—	—	—	—	—
大海子	548.80	1097.60	—	—	—	—	—	—
杜　仲	747.67	1869.01	—	—	—	—	0.10	0.33
槐　米	587.40	1174.80	—	—	126.02	332.76	—	—
沙　参	0.94	2.20	—	—	0.37	1.66	—	—
地　黄	1591.52	2443.23	—	—	0.20	0.39	0.12	0.26
白　术	831.19	1662.23	—	—	0.40	1.61	0.37	1.66
白　芍	767.99	1535.82	—	—	0.31	9.10	0.35	1.61
茯　苓	967.22	2418.05	—	—	0.03	0.14	0.20	0.81
贝　母	0.35	0.98	—	—	8.01	23.94	0.05	0.04
黄　芩	756.52	1891.30	—	—	65.81	170.99	12.69	41.68
党　参	866.14	2199.47	17.91	104.85	40.16	188.65	13.07	63.24
大黄、籽黄	769.72	813.80	25.68	87.45	31.08	105.69	19.89	65.57
当　归	54.96	346.24	92.06	603.32	104.43	521.58	88.81	410.29
枸　杞	1.70	3.76	34.62	140.57	26.58	106.69	39.62	158.58
甘　草	61.13	183.87	103.09	258.63	0.40	1.79	59.77	203.56
菊　花	925.65	931.45	0.27	6.55	0.50	0.30	0.21	7.30
黄　芪	14.01	45.61	106.78	181.68	0.05	0.98	125.55	442.38
其他	1238.40	2454.17	196.41	1009.04	145.93	843.44	112.56	660.33
合　计	12361.42	24841.33	576.82	2392.09	550.28	2309.71	473.36	2057.64

资料来源：兰州海关（2020 年数据截至 2020 年 7 月）。

2. 甘肃中药材品牌建设现状

甘肃省多个中药材道地产区获国家级荣誉称号，岷县、陇西县、西和县、渭源县和民乐县分别被农业部授予"中国当归之乡"、"中国黄芪之乡"、"中国党参之乡"、"中国半夏之乡"和"中国板蓝根之乡"的称号。同时，包括被国家工商总局认定为中国驰名商标的岷县当归在内，有18个道地中药材品种（渭源白条党参、岷县当归、陇西黄芪、陇西白条党参、礼县铨水大黄、西和半夏、文县纹党、民勤甘草、武都红芪、瓜州枸杞、靖远枸杞、华亭独活、华亭大黄等）获得国家原产地标志认证。甘肃省级层面也非常重视中药材品牌建设，在《关于做好甘肃十个大宗道地药材商标品牌培育保护工作的指导意见》（2017年）中明确指出，要重点培育保护10个大宗道地药材商标品牌（当归、党参、黄芪、大黄、甘草、枸杞、板蓝根、柴胡、红芪、半夏）和甘南藏药系列商标品牌。这些软实力的增强，进一步提升了甘肃中药材的品牌溢价能力，为甘肃省中药材品牌建设打下了坚实的基础。

同时，借助"中国（甘肃）中医药产业博览会"等平台，甘肃省积极推广陇药品牌，取得良好成绩。自2018年起，连续三年在陇西县召开的"中国（甘肃）中医药产业博览会"是一个全方位、多层次、立体化展示甘肃省中医药产业基础优势与发展成果的新平台，也是继"兰洽会"和敦煌"文博会"之后又一条对外宣传的重要途径。2018年第一届中国（甘肃）中医药产业博览会以"传承创新、合作共赢"为主题，引进签约项目33个、签约金额33.8亿元，首阳中药材交易中心在大会期间签订中药材原药和饮切片采购协议22份，采购总金额达20亿元；2019年第二届中国（甘肃）中医药产业博览会以"绿色、道地、高质量"为主题，签约资金61.3亿元，200余家下游企业和上游供货的合作社及加工企业参会；2020年8月第三届中国（甘肃）中医药产业博览会以"弘扬中医国粹、呵护人类健康"为主题，以线上线下融合方式举行，博览会的线上招商大会共签约招商引资合同项目39个，签约额48.8亿元。

（五）甘肃省中药材支撑体系现状

1. 中药材产业相关扶持政策

（1）国家扶持政策

2017年7月1日起施行的《中华人民共和国中医药法》，首次以法律形式对中药材的生产进行了规范。农业农村部、国家中医药管理局和国家药品监督管理局于2018年联合印发的《全国道地药材生产基地建设规划（2018～2025年）》推动了道地药材栽培和生态种植，规划到2025年在全国建成7个道地药材产区（东北、华北、华东、华中、华南、西南和西北），并建成道地药材生产基地166.7万公顷以上。中共中央、国务院于2018年8月发布的《关于打赢脱贫攻坚战三年行动的指导意见》中明确提出，"实施中药材产业扶贫行动计划，鼓励中药企业到贫困地区建设中药材基地"，将发展中药材产业作为脱贫攻坚的重要抓手；中共中央、国务院于2019年10月发布实施的《关于促进中医药传承创新发展的意见》，将中医药的地位提升到前所未有的高度，为中医药质量提升和产业高质量发展明确了方向、目标和重点任务，成为指导新时代中医药工作的纲领性文件。

（2）甘肃省扶持政策

甘肃省陆续制定出台了《加快发展中药材产业扶持办法》（2009年）、《关于加快中药材产业发展的意见》（2014年）、《关于加快陇药产业发展的意见》（2018年）等产业发展政策，尤其是2009年"扶持办法"的提出全面促进了中药材产业发展，全省中药材种植面积、产量和产值提升显著，对药农增收致富的作用更加明显，特色富民产业的地位进一步确立。

《甘肃省"十三五"陇药产业发展规划》（2016年）中明确提出，要推动中药材标准化生产并扩大规范化生产规模，通过推进大宗优势中药材品种的标准化种植、建立大宗道地中药材质量标准体系、建设中药原料标准化生产示范基地和良种繁育基地等方法，提高中药材的质量品质和种植效益。

甘肃省政府在《甘肃省推进绿色生态产业发展规划》（2018年）中提

出，要从中药材标准化种植、提升中药材加工质量水平、完善中药材流通体系、发展中医药养生保健、优化中医药产业布局和加强中医药对外交流合作等六个方面发展壮大甘肃省中医中药产业。同年6月的《甘肃省中医中药产业发展专项行动计划》提出，要依托全省中医药资源分布及产业现状，构建布局合理、功能互补、相互依托、配套协作的中医药产业绿色发展新格局。

甘肃省政府在《甘肃省培育壮大特色农业产业助推脱贫攻坚实施意见》（2018年）中提出，以带动脱贫攻坚作用大的六大特色农业产业为重点，把提高脱贫攻坚质量放在首位；并在《关于促进乡村产业振兴的实施意见》（2020年）中指出，要构建以现代丝路寒旱农业为引领，以六大特色产业为支撑，以"五小"产业为补充的乡村产业体系。

甘肃省农业农村厅也先后印发了《甘肃省农牧厅关于推进中药材产业规范化发展的意见》（甘农牧发〔2015〕131号）、《甘肃省中药材标准化生产示范基地创建办法（试行）》（甘农牧发〔2015〕170号）、《甘肃省道地中药材质量安全追溯体系建设试点方案》（甘农牧发〔2015〕267号）、《甘肃省农牧厅、甘肃发展和改革委员会关于印发甘肃省中药材产业精准扶贫三年行动工作方案的通知》（甘农牧发〔2018〕32号）等文件，以上配套措施的实施，促进了省委省政府中药材产业政策的全面落实。

2. 甘肃省中药材科研支撑体系现状

甘肃省中药材领域研发力量雄厚，科技优势及潜力强劲。近年来，以甘肃省农科院、定西市农科院、甘肃农业大学、甘肃中医药大学为代表的科研单位，运用现代科技手段，先后选育出当归、党参、黄芪、甘草、秦艽等道地中药材新品种20多个，形成了一大批具有创新性的优秀科研成果。2017年，甘肃建立省级中药材产业技术体系，成立了区域试验站，组建了专业研究团队，有效增强和切实发挥了科技对现代中药材产业的引领和支撑作用。2018年，全省各级农业技术推广部门累计培训中药材生产经营专业技术人员500人（次），培训农民11000多人（次），发放各类图书、手册等技术资料2万多份（册）。

（六）中药材产业在脱贫攻坚中的突出作用

2017 年 9 月，国家中医药管理局、国务院扶贫办、工业和信息化部、农业农村部、中国农业发展银行等五部委联合发布的《中药材产业扶贫行动计划（2017～2020 年）》为全面开展中药材产业扶贫工作、促进贫困地区增收脱贫提供了行动指南，中药材产业成为甘肃农民脱贫致富的重要抓手。2017 年甘肃省《中药材产业扶贫行动计划（2017～2020 年）》的实施，为中药材产业扶贫、促进贫困地区增收脱贫起到了积极的助推作用，甘肃省的 75 个贫困县中，有 43 个贫困县把中药材产业作为当地的富民增收项目或支柱产业，农户的收益高、生产积极性高，药材收入甚至可占到中药材主产区的农民总体收入的 60% 以上，中药材产业促进农民增收作用突出。

以位于六盘山集中连片特困区的国家级贫困县陇西县和渭源县为例，两县属于甘肃省定西市，中药材种植历史悠久，当地政府高度重视中药材产业的脱贫带动作用。定西市构建了集政府推动、市场参与、风险化解为一体的产业发展格局，提出了"551"产业扶贫理念（即构建集"特色品种—品质标准—带动主体—营销体系—风险防控"为一体的全产业发展链条，使产业发展的 5 个关键环节相互联结、互为基础；构建集"扶持政策—'三变'改革—技术培训—责任体系—基层组织"为一体的全产业 5 级保障体系，是确保产业扶贫取得实效的关键举措；两个"5"互相作用致力打造具有定西特色的"陇原品牌"这个"1"），使全市中药材规模化集约化发展体系日趋完善，也为实现产业扶贫和产业兴旺奠定了基础。

陇西县围绕打造"中国药都"的目标定位，发挥自身区位、市场、仓储等方面的优势，让中医药产业成为助推精准脱贫的特色产业。截至 2018 年，全县有 70% 以上的农民从事中药材种植，每人每年从中药材产业中平均可获得 1684 元的纯收入，较 2012 年增长 98%；该县的贫困发生率已由 2013 年的 33.64% 降低至 2018 年底的 7.63%。渭源县通过确定"南归北参川芪"的种植格局、建立以奖代补机制鼓励群众扩大种植规模、整合财政涉农扶贫资金、建立"三位一体"的综合保障机制等方式，着力推动中药材产业扶贫。截至 2018 年，渭源县累计带动 7 万多户高质量发展中药材产业，中药材种植占农民人均可支配收入的 20.38%（其中贫困人口 2.2 万户 8.1 万人，中药材种植占可支配收入的 22.39%）。在着力发挥新型经营主体带动作用方面，渭源县通过"科技推广 + 扶贫""市场主体 + 新经济组织 + 农户""企业 + 劳务输转"等多种产业扶贫带贫模式，促进贫困户增收；陇西县积极推行"龙头企业/合作社 + 农户 + 生产基地"模式，采用流转建档立卡贫困户土地、雇佣建档立卡贫困户务工、贫困户多种形式入股（土地、劳动力）并参与年终分红的做法，使中药材种子种苗繁育在带动脱贫方面显示出巨大成效。2020 年 2 月，陇西县和渭源县已顺利通过评估整县脱贫摘帽。

二 甘肃中药材发展存在的问题

（一）中药材种植环节问题

1. 中药材生产技术提升难度大

甘肃省中药材栽培历史悠久，地方品种繁多，部分产区栽种的中药材品种混乱，同时栽培技术也较落后。一方面，除党参、当归等大宗中药材品种外，目前中药材规模化种植主要依赖大田作物的种植经验，大多数药材仍处在经验型栽培阶段，针对中药材种植和栽培技术不完善，相关研究不足，生态种植、野生抚育、间套作等优质中药材种植关键技术有待完善和推广。另一方面，从事中药材产业生产、加工、销售的青壮年劳动力缺乏，劳动力素质较低，对新技术的接受能力较差，加大了新技术推广普及和应用的难度，也导致了种植户高投入低产出、投资收益转化率不高的现象，影响了药农的收入水平。

2. 中药材生产标准化程度和机械化生产水平有待提高

甘肃省主要中药材多为根类药材，人工成本占总种植成本的 50% 以上，虽然目前在药材采挖上实现了部分机械化，但用工较多的机播和机栽尚处在小面积应用阶段，用工成本不断增高的问题日益突出。部分位于山区的道地产区种植区地块相对较小、分布零散、平整度不足，不适应大型农机作业，生产效率难以提高，客观自然条件限制了机械化生产。普遍存在的传统小农种植已成为中药材产业发展的制约因素，细碎、分散、代耕、撂荒甚至抛耕式的土地经营方式严重阻碍了中药材产业的标准化和规模化发展。

3. 产地环境破坏不容忽视

由于农户的商品意识较差，中药材种植不规范，管理比较粗放，只片面追求中药材的产量，而对中药材的质量重视不够，种植过程中过量使用化肥既改变了土壤的物理性状使土壤养分失调，也影响了药材品质；常年高强度种植和土地掠夺式经营产生了较为突出的连作障碍，道地产区土壤生态环境退化，土传病害增多；滥用、误用农药的现象时有发生，使中药材产生了抗药性，导致用药次数和用量增加。

4. 盲目扩大种植规模影响药材质量和药农收益

中药材是特殊的农产品，药材种植追求的是质量而非产量，很多指标性成分是药材在"逆境"中形成的，片面地追求高产量和抗病虫，不符合生产高质量中药材的初衷。药农道地产区意识较弱，为了追求经济利益，盲目扩大种植面积，加之地方政府出台利好政策鼓励，各地跟风种植价高的药材，非适宜区无序引种扩种道地药材，造成药材药效下降，道地性降低；同时，种植面积快速增加，部分药材供求失衡，产生了供大于需的无效供给现象，加之缺乏市场供需信息，导致药农抵御市场风险能力较弱，种植风险加大、收益下降。

5. 合作社带动农户大规模种植的模式需要进一步优化

虽然合作社组织带动农户生产的模式已初见成效，但合作社大面积种植存在以下问题：一是农民多以土地流转入股方式加入合作社，农户主要收入来源是土地流转费用、入股分红及合作社务工工资，农民生存生计存在隐患；二是合作社大面积、机械化的种植在山区推广难度大、成本高，这也限制了大型企业建立种植基地的面积；三是由于市场行情波动和本地普遍存在的"堆积囤货"现象，加之在带动农户方面过于偏重"福利性"而忽略"经济性",合作社或小型企业的经营风险大,资金流脆弱,严重影响了合作社或小型企业的扩大生产和正常运营,甚至面临遭受严重损失或破产的风险。

(二)优良品种短缺,种子种苗基地和市场规模较小

1. 品种选育及改良滞后,优质中药材种子种苗繁供体系不健全

中药材生长周期长,品种选育较其他农作物周期长,且科研起步较晚,从事中药材科研的人才相对较少、科研力量较为薄弱、产学研缺乏有效衔接,新品种选育严重滞后,药材品种混杂退化问题突出。由于药农对品种缺乏认识,"自繁自育"的育苗方式不能适应现代标准化、规模化种植的要求。同时,药农无计划地购买市场流通的药材种子和种苗的现象普遍存在,造成区域种质退化。

2. 中药材种子种苗供应和交易市场亟待规范

一方面,优质中药材种子种苗供应问题不足,种子种苗繁育仍以个体农户分散种植为主,中药材规范化生产基地(GAP)规模小、数量少,种子种苗繁育供应能力较差,加之农户缺乏及时准确的信息引导,加剧了种子种苗市场行情的波动。另一方面,中药材种子种苗市场混乱,市场销售主体为小商贩和农民自产自销,且多为流动摆摊销售,固定门店不多,管理部门难以监管;市场上销售的种子也没有统一包装标准,多为散装。

(三)加工技术有待提升,尚未形成完整的产业链

中药材是一、二、三产紧密相连的特殊产业,现有的中药材加工缺少龙头企业带动,加工过程缺乏标准和权威性评价机制。部分中药材主产区仍采用作坊式的加工模式对药材进行初加工,仍以出售原药材或初加工产品为主,包装简单,标识不详,产生标准化程度低,产品附加值低。

以陇西县为例,该县中药材种植面积与产量均居甘肃省前列,加工企业数量庞大,现有中药材专业合作社近千家,中药材运销企业1000余家,较大规模的中药材加工企业53家,其中省级龙头企业10家,通过新版GMP(药品生产质量管理规范)认证的企业24家,通过GSP(药品经营质量管

理规范）认证的企业78家，个体加工户3800多户。但由于区域内产业化程度不高，企业多以药材初加工为主，产业链较短，中药材加工率低，附加值低，年产值较低；缺乏能够引领和带动产业升级发展以及有利于县域经济的大型龙头制药企业，产品多为技术含量较低的中药材饮片，精深加工率仅为17.36%，"产—加—销"一体化的产业链尚未形成。

（四）品牌推广弱，叫好不叫响

1. 多因素对品牌建设产生负面影响

中药材讲究道地性，非道地药材的医用价值远低于道地产区的同类产品，但药材种植收益较高，近年来在中药材市场繁荣的形势下许多非道地产区乱引乱种现象严重，使中药材种植面积无序扩大。加之滥用化肥和农药，盲目追求产量而忽视质量，导致药材价格下跌，对道地产区和品牌产生了冲击。由于企业品牌意识较差，药材加工企业多出售初加工产品甚至原药，经济效益低；加之没有响亮的品牌，且政府对企业参加各类展会的补贴较其他省份低，企业对品牌建设和推广的积极性不高。

2. 未形成品牌体系

虽然甘肃省多种代表性中药材和生产基地已获得"国家地理标志保护产品""原产地标记认证""中国驰名商标""国家质检总局知名品牌示范区""国家工信委原料保障供应基地"等荣誉称号，但由于品牌建设相对滞后，宣传推介力度不足，加之产品以原药和初加工品为主，缺乏高附加值产品和系列产品，未形成品牌体系，市场知名度不高，好产品没有卖出好价格。

三 甘肃中药材发展的对策和建议

（一）推行绿色生产理念，改进生产方式，优化生产模式

目前，中药材乱引乱种现象和高水肥的生产方式已经严重影响了中药材

品质，长此以往必然降低药材整体质量，进而影响整个中医药行业的发展。在此情形下，推广绿色种植理念和仿照野生环境的中药材生态化栽培模式势在必行。同时，细碎、分散的小农生产已成为制约中药材产业发展的瓶颈，传统的生产方式既限制了标准化、机械化生产，也是药材质量环节最大的不确定性因素，因此必须进一步优化合作社带动农户规模种植的现代生产模式。

（二）多措并举，保障中药材种子种苗质量

要加强育种支持力度和知识产权保护，加快相关标准的制定。中药材标准化首先是种子种苗的标准化。一方面，中药材的特殊性决定了其在育种过程中追求道地性，不提倡诱变育种、杂交育种等手段，也就导致中药材的育种周期很长，是一项需要国家和地方政府大力支持的公益性工作。但目前该领域支持力度较小，新品种选育多依靠研究院所进行的小规模试验示范，距产业化的标准很远。同时，因为中药材育种追求道地性，故 GMP（药品生产质量管理规范）认证的育种方式追求集团选育，可以自主扩繁，造成难以保护育种者知识产权的现象。另一方面，目前中药材种子种苗质量标准的缺失是造成部分地区种子种苗市场无序发展的重要原因。应加快制定中药材种子的相关标准和法律法规，完善中药材育种的保障体制机制，尽早将中药材纳入国家《非主要农作物品种登记办法》登记目录中，加强知识产权保护；尽快出台《中药材种子种苗管理办法》，推广科学的育种方式，加强中药材种子种苗市场监管，从源头上保证中药材的质量。

建设覆盖甘肃省大宗中药材（大黄、枸杞、板蓝根、党参、黄芪、柴胡、甘草、当归、款冬花、黄芩）产地的标准化良种繁育基地，在全面提升优质药材生产良种覆盖率的基础上，从源头上加强对种子种苗的质量监管。同时，注重优良种质资源的引进，完善大田育苗技术体系。

（三）推进中药材产业供给侧改革

目前，在甘肃省乃至全国的中药材生产供给侧存在发展不平衡和不充分的问题。一方面，在产业扶贫的背景下，由于种植中药材的集聚效应大于粮

食等传统大田作物，中药材种植面积飞速增加；另一方面，中药材市场需求和中药材生产及库存量缺乏权威的信息和统计数据，供需信息的不对称也造成了跟风种植的现象。供过于求和供需错位的现象同时发生，既影响了中药材市场的正常秩序和中药材产业的健康发展，又伤害了药农和企业的经济利益，中药材产业的供给侧改革势在必行。

（四）壮大经营主体，加强系列化中药产品开发力度

坚持内扶外引，在引进大型制药企业的同时注重扶持本地药材加工龙头企业，充分发挥龙头企业对整条产业链的带动作用，借助龙头企业规范并决策农户种植行为。从资金、政策、技术等方面对农民专业合作社给予支持，加强合作社的基础建设、运行机制建设和服务能力建设，提升合作社带动能力。在目前中药材加工方式由初级加工向规范化、规模化精深加工方向转变的基础上，加大对企业的扶持力度，在继续开发中成药、中药提取物等主导产品的同时，积极向中药材保健品和美容用品、功能性日用品、餐饮等领域延伸。

参考文献

陇西县人民政府：《首次实现线上线下融合 第三届药博会将在甘肃陇西县举办》，http：//www. cnlongxi. gov. cn/art/2020/8/25/art_ 9213_ 1336451. html。

彭杰：《甘肃省区域中药材产业效率研究——基于三阶段 DEA 模型》，兰州财经大学硕士学位论文，2019。

甘肃省人民政府：《甘肃省人民政府关于促进乡村产业振兴的实施意见》，http：//www. gansu. gov. cn/art/2020/2/10/art_ 4785_ 445397. html。

陇西县人民政府：《何谓道地药材》，http：//www. cnlongxi. gov. cn/col/col10691/index. html。

甘肃省人民政府：《甘肃省人民政府办公厅关于印发甘肃省中医中药产业发展专项行动计划的通知》，http：//www. gansu. gov. cn/art/2018/6/7/art_ 4786_ 363991. html。

陇西县人民政府：《县情简介》，http：//www. cnlongxi. gov. cn/col/col9228/index. html。

王育琴、赵芳：《甘肃省中医药产业发展现状及问题分析》，《科技经济市场》2019年第11期。

《着力构建"551"产业扶贫模式助力全市产业脱贫攻坚和产业体系建设》，搜狐网，

https：//www. sohu. com/a/245155049_ 717854。

赵春飞等：《发展优势产业 助力脱贫攻坚——甘肃省陇西县、康县脱贫攻坚推进情况调研》，《中国经贸导刊》2019 年第 5 期。

陈娟：《渭源县中药材产业助推脱贫攻坚成效显著》，《中国农技推广》2019 年第 8 期。

聂玲霞：《陇西县中药材种子种苗产业扶贫调研分析》，《农家参谋》2019 年第 23 期。

《甘肃渭源等 31 个县区脱贫摘帽》，腾讯网，https：//new. qq. com/omn/20200301/20200301A0HOT800. html。

袁峥嵘、张鹏、王睿哲：《甘肃省陇西县中药材产业知识产权保护状况研究》，《甘肃科技》2019 年第 9 期。

张艳：《甘肃省中药材产业发展现状、存在问题与建议》，《农业科技与信息》2017 年第 22 期。

陇西县人民政府：《西北最大的中药材种植、仓储、加工基地和交易、信息、价格形成中心》，http：//www. cnlongxi. gov. cn/art/2020/5/19/art_ 9228_ 648176. html。

甘肃省人民政府：《甘肃省中药材种植面积居全国第一》，http：//www. gansu. gov. cn/art/2015/10/22/art_ 35_ 253256. html。

陇西县人民政府：《中国（甘肃）中医药产业博览会——历届药博会情况》，http：//www. cnlongxi. gov. cn/art/2020/8/29/art_ 9213_ 1337626. html。

《打造道地中药材重要生态种植基地》，每日甘肃网，http：//gansu. gansudaily. com. cn/system/2020/03/25/017389572. shtml。

《马忠明委员：建设甘肃道地中药材国家生态基地》，搜狐网，https：//www. sohu. com/a/398002538_ 100237836。

蔺海明：《甘肃省中药材产业现状与发展取向》，《中国现代中药》2011 年第 6 期。

G.18

甘肃农村电商发展报告

龚大鑫 *

摘　要： 在回顾总结甘肃农村电商发展历程的基础上，分析了甘肃省农村电商发展的现状及成功模式；通过对兰州、陇南、酒泉、庆阳、平凉等地的访谈调研，指出了甘肃农村电商发展中对电商企业的扶持力度不强、物流支撑不足、农村电商人才缺乏、融资贷款难、电商供应链体系不完善等主要问题；并从加大扶持政策支持力度、完善物流体系建设、加强电商人才培养、拓展电商企业融资渠道、完善电商供应链体系等方面提出了对策建议。

关键词： 农村电商　物流体系　甘肃省

甘肃省是我国有特色的农业大省，发展地域特色农业是其主要方向，利用互联网基础发展农村电子商务是创新甘肃特色农业信息化业态、提升市场营销竞争力、融入"一带一路"建设、促进甘肃省"三农"转型发展的必由之路，也是精准扶贫的重要载体。发展农村电子商务，使农业与互联网融合，拓宽了农产品和工业品销售渠道，同时降低了农民销售农产品和采购工业品的成本，对于推动农业升级、农村发展、农民增收有着积极意义。为满足这一需求并促进新业态发展，2014 年，"甘肃电商谷"落户兰州市安宁区，兰州被正式评为电子商务示范城市，淘宝网"特色中国—甘肃馆"正

---

*　龚大鑫，博士，甘肃农业大学财经学院讲师，主要研究方向为农业经济管理。

式上线，阿里巴巴集团与甘肃省政府签署了战略合作协议，掀起了甘肃电子商务的发展热潮。2016 年，为贯彻落实《国务院办公厅关于促进农村电子商务加快发展的指导意见》（国办发〔2015〕78 号）和《商务部等 19 部门关于加快发展农村电子商务的意见》（商建发〔2015〕306 号），加快全省农村电子商务发展，甘肃省政府办公厅出台《甘肃省人民政府办公厅关于促进农村电子商务加快发展的实施意见》，为全省农产品电子商务产业发展提供了有力的政策支持。2018 年，甘肃省农产品电子商务销售额达到 117 亿元，同比增长 35%，带动甘肃省农民人均增收近 300 元，甘肃农村电子商务得到了快速发展。

从发展趋势看，甘肃正处在经济结构转型、发展方式转变时期，结构性、体制性、周期性问题三层叠加，面对国际贸易保护主义抬头、世界经济增长放缓的外部环境，传统产业发展缓慢，如何培育新的经济增长点，促进产业转型升级，成为甘肃省经济社会发展的当务之急，而农村电子商务是未来具有潜力的大市场。2020 年甘肃脱贫攻坚取得了决定性成就，随着 75 个贫困县全部摘帽，7262 个贫困村全部退出，工作重点转向巩固拓展脱贫攻坚成果和乡村振兴有效衔接，再加上国家"大众创业、万众创新"政策的实施，这将是"十四五"期间新的经济增长点，同时这些因素也为农村青年通过电子商务进行创新和创业带来了新机遇。但农村青年在电商领域进行创新创业过程中，面临融资难、人才缺乏、理解有误等问题，成为甘肃省农村电商发展的主要制约因素，如何解决农村电商发展面临的瓶颈，成为甘肃农村电商持续发展应关注的核心问题。

一 甘肃省农村电商发展现状

（一）县、乡、村三级农村物流体系不断完善

甘肃省通过实施电子商务进农村工程，使农村电商产业链得到延伸，在供销合作社、物流企业、农村淘宝店等农村服务网点，为农村居民提供便民

缴费、农产品线上代销、生产生活物资代购等服务；同时，甘肃省整合物流资源，加快"四通一达"等快递企业在农村布点，逐步建立县、乡、村三级农村物流体系，基本实现了从县（区）级物流仓储中心到村级网点2天内完成配送。如永登县已建成县级物流仓储中心、冷链仓储中心、8家乡镇物流快递服务站和160家村级物流快递公共服务点；榆中县实施"万村千乡"工程，建设配送中心4个、乡镇农贸市场18个、"万村千乡"农家店300多个，便民服务已覆盖80%以上的行政村。

（二）农村电子商务公共服务平台功能不断健全

按照县有电商服务中心、乡有服务站、村有服务点的要求，下拨专项资金，甘肃省电商三级服务体系建设工作卓有成效。目前，县级电商服务中心在全省75个贫困县已经建成，实现了贫困县全覆盖，1032个乡镇建成了乡级电商服务中心，占建档立卡贫困人口乡镇的88%，2636个村建立了村级电商服务站，占深度贫困村的71%。随着县、乡、村三级农村电子商务公共服务平台功能的不断健全，农产品线上销售量、农民收入不断增加，其助推"三农"发展的作用明显，为贫困地区打通了农产品销售和生产生活用品购买的网上新渠道，成为农民增收的主阵地。如榆中县电子商务公共服务中心推行社会化运行，由甘肃乐村淘电子商务有限公司负责运营，已成为推进电商扶贫发展的重要阵地，乡级电商公共服务站在榆中县23个乡（镇）已经建成，实现了乡镇全覆盖，218个村建立了村级服务点，占全县行政村的81.3%，其中贫困村电子商务公共服务点82个，实现了贫困村电商服务全覆盖。环县通过三级电商服务体系培育电商企业48户，发展网上销售企业222家，2018年实现电子商务交易额7亿元，同比增长127%，实现农产品网络零售1.27亿元，同比增长60%，带动就业389人，农民户均增收1400元。西固区通过完善丝路电商产业园、一冰电商产业园、三维商城等平台的创业辅导、项目孵化、企业培训、融资对接、公共设施、工商卡位注册等一站式配套服务功能，为青年进行创新创业提供帮助，丝路电商产业园区已招商入驻各类企业268家，入驻率达到

95％以上，直接或间接带动创业就业人数达 2000 人以上，一冰电商产业园已孵化 126 家初创型企业。

（三）农村电商扶贫基础不断夯实

甘肃省通过积极争取，60 个国家电子商务进农村综合示范县项目在甘肃实施，覆盖甘肃省两州一县（临夏回族自治州、甘南藏族自治州、武威市天祝县）和 18 个深度贫困县，每个项目实施示范县得到中央财政 2000 万元的支持，共 12 亿元，在西部地区名列前茅。通过项目实施，全省电商公共服务体系和快递物流体系网络已基本构建，农产品品牌培育、销售渠道拓展、电商发展基础条件改善等取得明显成效，为深入推进电商扶贫奠定了良好基础。如静宁县是甘肃省苹果产业大县，苹果种植面积达百万亩，通过实施国家电子商务进农村综合示范项目，积极培育电商平台和电商龙头企业，构建了线上线下两个销售渠道，两个渠道相互促进、相辅相成，形成了农户与消费者直接对接的电商扶贫新格局，走出了一条依托电商平台、政府服务、电商龙头企业带动、贫困户参与、收入稳定增加的特色扶贫之路，2018 年累计销售苹果 3.67 亿元。同时，各示范县依托中央财政补贴资金，有效整合快递物流资源，农产品物流配送体系、供应链体系和冷链物流体系得到进一步发展，全省快递乡（镇）覆盖率已达到 90％以上，"最后一公里"问题得到有效解决。如秦安县出台政策措施，整合快递物流企业免费入驻县级物流配送中心，发往全国各地邮费每斤下降 7 元左右，总成本节省 30％；定西市安定区依托邮政公司建立农村物流配送体系，结合乡村电商服务站点进行统一配送，农村物流体系实现全覆盖。

（四）东西部电商扶贫协作机制不断创新

近二十多年来，甘肃农业立足省情实际，结合市场需求，充分利用资源优势，中药材、百合、玫瑰、枸杞、大枣、花椒、油橄榄等产业发展取得了长足进步，在地域特色农业规模发展上取得了显著成绩，初步奠定了甘肃作为西部地区特色农业大省的地位。甘肃省深入贯彻落实党中央加强东西部扶贫协作的决策部署，充分发挥对口帮扶机制作用，加快推进电商扶贫协作，通过线上线下销售渠道，发挥市场和企业的主体作用，通过政府搭台、企业唱戏，积极推动与对口帮扶城市开展以特色馆设立、农产品展示促销、电商人才培训、互动交流等为重点的电商扶贫协作措施，扩大贫困地区特色优势农产品销售规模，促进农民增收，助力脱贫攻坚。甘肃省商务厅通过落实东西部扶贫协作机制，4 个甘肃省特色产品电商体验馆先后在厦门、天津、青岛、福州建立，以电商形式对口帮扶临夏、甘南、陇南、定西的特色产业发展，4 个电商体验馆展出了在全省组织征集的 300 余种特色优质产品，2018年 3 月陆续开馆以来，累计销售 600 多万元特色产品，成为贫困地区特色产品销售的新渠道。2018 年 9 月，环县在天津市召开了"环乡人"农产品区域公共品牌发布会及重点项目推介会，大力宣传"环乡人"品牌和环县名优特农产品，与国内多家农产品网络零售平台、农产品代理渠道商达成合作协议，代理销售"环乡人"农产品。2018 年 12 月初，甘肃省商务厅与天津市商务局签订了《东西部协作电商扶贫战略合作框架协议》，12 月上旬和下旬，分别在厦门市和天津市举办了"迎新春陇原网货精品展"，组织厦门市、天津市对口帮扶的兰州、天水、白银、武威、庆阳、平凉、临夏、甘南等市州 100 多家企业，百合、玫瑰、苹果、枸杞、大枣、生态牛羊肉、有机葡萄酒等 500 多种特色产品集中"亮相"销售，线上线下实现销售 400 多万元，与中国石化天津分公司等 30 多家企业现场签订采购协议 7200 多万元。这些合作形式对于东西部电商扶贫协作机制的不断创新具有很好的借鉴意义。

二 甘肃农村电商发展的成功模式

（一）县域电商模式

县域电商模式是以当地特色产品为依托，政府推动、市场推进、社会参与的一种模式。成县模式是其中比较具有典型代表的案例。

1. 主要做法

成县依托当地丰富的土特产品，从县委书记到单位领导、乡镇干部、大学生村官，以及各行政部门、乡镇事业单位等，大量开通微博、微信公众号等自媒体，通过政府公信力，再加上资金、人力资源等的投入，在前期发展过程中，逐渐形成"原产地＋单品"的营销策略，获得了成功。2018年底，成县开办各类网店1127家，电子商务累计交易额22.9亿元。

2. 基本经验

成县在电商发展初期，面临比较大的困难，在县委主要领导带动下，运用自媒体，举全县政府公信力为成县农产品背书，起到了很好的推广作用。政府的整体布局和规划（一馆两园一中心：特色中国·陇南馆、陇南电商产业孵化园、成县顺通电子商务物流园、农产品核桃交易中心），更是起到了很好的引导作用，在当地涌现出了一大批电商创业者，使"成县"这一区域品牌走出了甘肃。该模式的经验可归纳为：政府引导、市场推进、社会参与，创新新颖独特的营销策略发展电商产业。

（二）农民合作社模式

农民合作社模式是一种以消费需求为导向的电商模式，是集精细农业、在线订单农业、定制农业、在线体验农业、在线和离线交易、传统网络销售为一体的新型农产品电子商务模式。环县小杂粮产业即属该模式。

1. 主要做法

环县按照"政府推动、企业主导、协会引领、社会参与、品牌带动、产业支撑"的发展思路，突出政策引领，搭建发展平台，通过建立的电商服务六大平台，为创业者提供办公环境和其他配套服务，通过三级电商服务体系培育电商企业48家，发展网上销售企业222家。在打造电商产业链的同时，积极培育品牌，首先由陇源农业发展公司以"企业＋合作社＋农户"的形式建立了小杂粮种植基地，保障小杂粮原料供应；然后由环县麦上客食品有限公司收购并进行初加工，保证产品质量；最后由环县慧聚联创电子商务公司负责产品的研发、包装设计、品牌培育和销售策划，在其电商平台进行销售。形成了"合作社统一订单种植、统一生产加工、统一品牌包装、统一网上销售、统一打包发货、统一仓储配送"的发展模式，使11842户贫困户和电商企业签订了订单种植合同，订单种植面积达2.1万公顷，实现农产品网络零售1.27亿元，同比增长60%，带动就业389人，农民户均增收1400元。

2. 基本经验

环县探索形成的"合作社统一订单、企业统一加工、'环乡人'统一品牌、网货中心统一包装、溯源体系统一监管、物流中心统一配送"为特色的"互联网 + 订单农业"模式，改变了小农户与大市场之间的信息不对称状况，稳定了产业链。

（三）企业电商模式

企业电商模式是电商龙头企业自建电子商务平台，联合分散农户，按照农产品标准化、品牌化要求进行生产、加工、包装、储存、销售、物流、售后的农村电商模式。比较具有代表性的是酒泉巨龙电子商务公司。

1. 主要做法

酒泉巨龙电子商务公司通过自己开发的"聚农网""沙地绿产网""乐家网"等电商平台，构建了酒泉农产品服务实体机构，在兰州、武威、张掖、酒泉等地的县市区和重点乡镇共设立农资配送中心22个，发展便利店、乡村级连锁店、加盟店将近500家。其发展模式也由早期的"B2B""B2C"模式，逐渐形成目前的"农产品销售者 + 自主开发的电商平台 + 物流服务体系 + 农业服务外包 + 农产品消费者"的线上、线下协同发展的"O2O"模式。

2. 基本经验

龙头企业和小农户进行合作，引导小农户按照龙头企业的产品标准进行生产管理，通过龙头企业自建的电商平台销售农产品，降低了农户的信息获取、运输等交易成本，增加了农民收入，同时转变了小农户传统的生产经营方式。该模式具有可操作性强、易于复制、可推广的价值。

三 甘肃省农村电商发展面临的问题

（一）对电商企业的扶持力度不强

2015 年，甘肃省出台了《甘肃省电子商务发展规划（2015～2017 年)》，2016 年又出台了《甘肃省人民政府办公厅关于促进农村电子商务加快发展的实施意见》，推动了全省农村电商的快速发展。但和其他电商发展较好的地区相比，扶持力度还不是很强。

以甘肃省农村电商发展较好的兰州市为例进行分析，具体表现如下：第一，政府扶持农村电商发展的相关政策扶持标准高，扶持群体广，使得每个扶持对象获得的扶持资金较少，扶持效果大打折扣。如兰州市扶持政策中对于电子商务产业园区的扶持标准是使用面积 1 万平方米以上、电商企业入驻率达 70% 以上才能享受奖补资金；对于电商企业也有一系列要求，如登记、纳税、电商平台注册、资金结算均需在兰州市，且正常运营一年以上的电子商务企业才能享受政策，对于刚刚建立的电商企业，最困难的时期是初创期，也是最需要帮助的时期，但却无法直接享受到奖补资金。第二，兰州市电商企业以小、微型为主，需要持续扶持，但限于地方财政资金不足、扶持奖励政策时有时无，使得扶持奖励政策不能连续发挥作用，效果大打折扣。第三，扶持奖励资金较少，如兰州市财政每年会有 1000 万元扶持电商产业发展，但平均到兰州市每个县（区）只有 125 万元，而收购、储存、分拣加工、分级包装等设施项目的建设，对于其建设主体的（如县、乡农村电子商务服务中心、龙头企业等）补助最高仅 15 万元，扶持额度偏低，使得电商企业投融资压力很大，发展较为缓慢。

（二）物流支撑不足

在调研过程中，有 80% 的电商企业或电商创业者认为甘肃境内物流费用高于其他地区，这增加了电子商务的运营成本，其主要原因如下：一是高效的物流渠道建设不足，邮政体系存在业务办理程序烦琐、国际邮线路少、物流配送效率不高而邮费较高的情况，甘肃物流管理相关的法规、政策等制定、执行分布在不同的部门，造成物流管理体制比较分散，难以有效、科学、统一地在物流规划、物流中心建设中配置资源，其管理、协调难度大，致使物流成本高于其他地区。据初步统计，全省90%的仓库、80%的铁路专用线、60%的运输车辆分散在商业、物资、粮食、供销、外贸五大系统的批发和零售企业，这种条块分割、各自为政、"大而全、小而全"的作坊式经营方式难以适应现代物流业务跨行业、多元化的需要，各种运输方式之间无合理分工关系，物流过程中包装、运输设施等标准不匹配，缺乏有效衔接，造成物流成本高，在一定程度上限制了本土电商企业的发展。二是农村电商产业链发展还不健全，各利益主体（网店经营商、农产品供应商、物流企业）之间的衔接不到位，造成它们之间的信息不对称，缺乏必要的支持和理解，农村电商产业链各利益主体多处在无序竞争的状态，在专业分工、产业链各环节有效衔接等方面相对欠缺，因此竞争力不强。三是物流产业园建设、快递费用补贴等奖补政策落实不到位，影响了物流分拣中心的建设，如课题组调研的20多家公司均反映了物流分拣中心建设滞后的问题，直接影响了电商企业的进一步发展壮大。

（三）农村电商人才缺乏

农村电商发展对各种人才的要求比较高，需要一个团队，包括线上经营、货源组织、物流配送等各方面的人才，而甘肃省没有相应人才体系满足政府和企业对电商人才的迫切需求。

一是生产环节人才缺乏，在整个农产品供应链体系中，农民作为主要参与者，由于其对网络、电脑等运用不够熟练，电商发展的基本知识缺乏，对线上销售更是不了解，迫切需要专业人才对其进行培训，而这方面的培训人才极度缺乏。另外，由于农村电商企业规模普遍较小，缺乏对农村人才的吸引力，农村人才流失，而相关懂电商技术、会经营管理电商的人才在农村基层更是稀缺，阻碍了农村电商的发展。

二是企业缺乏电商专业人才，企业需要具备货源组织、网页制作、摄影、修片、网站制作、服务保障等能力的电商人才，跨境电商企业更需要熟悉通关操作、退税结汇、包装运输操作等业务的人才，但相关专业人才缺失严重，课题组调研的 20 多家电商企业均反映，相关专业人才缺失成为影响电商企业发展的主要因素之一。

三是政府缺乏相关的电商管理人才，课题组在调研座谈中，榆中县、西固区、永登县商务局负责人均谈到政府相关部门缺乏具有统筹规划、具备电商专业技术的实操性管理人才，使得当地电商市场发展缺乏指导，其规范性程度较低，基本处于低层次发展状态。

（四）融资贷款难

随着电商的快速发展，电商企业对于资金的需求很大，但由于电商企业基本都是轻资产运营，资产规模较小，缺乏抵质押担保，大多数中小电商企业发展均面临融资难的问题。课题组经与 20 多家电商企业或创业者访谈得知，对于大多数的电商企业管理者与投资者来说，电子商务行业广阔的市场前景是他们最看重的，因此会将工作重心放在电商业务的拓展上；而对于金融机构来说，他们看中的则是短期利益与抄底的风险性，这两方面的因素进一步加大了中小电商企业的融资难度。

（五）电商供应链体系不完善

经对甘肃一冰电子商务发展有限公司、甘肃东方天润玫瑰科技发展有限公司、榆中众联电子商务有限公司等公司的现场调研，由于特色农产品种植基地规模小，产量不足，品牌培育不够，电商业务发展受到限制。其一，气候的多样性为甘肃农产品的多样性发展提供了有利条件，但由于地理条件特殊，大部分地区山高沟深、山多地少，可供特色农产品种植的土地面积受到限制，一些独特的农产品如兰州百合因其对气候、土壤等自然条件选择性强，宜种地域不能盲目扩大。其二，甘肃省农业生产主要以家庭经营为主，分散的生产给特色农产品品质的稳定性、产量的稳定性、食用安全的可控性、产品生产的标准化等带来诸多挑战，造成特色农产品生产组织管理难度大，对发展时间尚短的特色农产品经营电商企业来说，缺少对农产品生产过程的有效控制，特色农产品供给的不稳定、品质的不稳定、安全的不可溯、价格的大幅度波动导致消费者消费体验不佳。其三，现有的特色农产品电商企业很少与农业合作社、农产品生产企业进行有效对接，普遍存在没有充足的产品可卖的尴尬局面，甘肃魔栗香食品有限公司、乐浩电子商务科技有限公司等企业均存在此种困境；同时，"B2C"的特色农产品供应链渠道模式受到产量不足和物流支撑不足的影响，基本局限在当地市场，拓展空间受到很大限制，如一冰电商产业园的农产品配送到家基本只在兰州市西固区市场，榆中众联电子商务有限公司相关业务基本只在榆中县开展。其四，特色电商农产品品牌培育不够，宜网上销售的产品较少，供货商和供货渠道还不够成熟规范。

四 推进甘肃省农村电子商务产业发展的对策

（一）加大扶持政策支持力度

建议尽快出台扶持电商发展的相关配套政策，结合实际在政策中有针对性地加大对电商企业或个人在店铺运营、产品销售、物流运输等各个环节的扶持力度，制定符合实际的补贴标准，推动甘肃省电商行业快速发展。

（二）完善物流体系建设

第一，加快快递物流分拣中心项目建设，引导企业建设较高水平的物流业信息服务平台，提升农村电商物流服务水平和信息化水平。建议建设物流产业园，逐步建立完善县（区）、乡（镇）、村三级物流配送体系，为农村电商企业提供一站式服务，提高物流效率；同时可以考虑将政府的扶持资金用于电商企业物流费用的补贴，降低中小电商企业、创业者发展初期的物流成本，帮助其渡过起步阶段的困难期。第二，建议兰州国际陆港能够通过各种渠道及时公布相关信息，如中欧班列、南亚班列的时间、运输价格等，以便电商企业更好地开展业务。

（三）加强电商人才培养

一是有计划地对电商产品的生产者、电商企业的经营者、电商管理者等电商产业链上相关人员进行培训，强化他们的信息、产品品牌、现代商务等意识，提高他们的电脑操作水平，使他们具备利用网络收集信息、发布信息、在线交易、防范风险的能力。二是在大专院校、职业技术学校开设电商相关专业，采取政府、企业和大专院校、职业技术学校联合培养的模式，重点培养电子商务领域的复合型人才，满足政府、企业等对电商人才的迫切需求，为甘肃省农村电子商务发展提供人才支撑。如2015年兰州财经大学设立了中亚商学院，培养跨境电子商务人才，加大与中亚国家质检的交流与合作，这是一个很好的开端。三是邀请全国电商知名专家、本土电商企业家到甘肃省各地举办电子商务讲座、论坛等，培养电子商务高级人才。

（四）拓展电商企业融资渠道

第一，政府应扶持融资中介机构，加大银行信贷支持，扶持细分行业的电子商务交易平台发展，探索开发更多融资平台，鼓励政策性银行开发相关贷款业务，加大商业银行信贷支持，提高已有政策中设立的贷款贴息奖励资金额度。

第二，进行小微电商企业融资模式创新，打破原有的一些体制机制约束，创新设计融资模式，如订单融资模式以及应收账款融资模式。订单融资模式，即电商企业将自己网店的订单和其他卖家的订单数据经过整理，计算出交易额，然后向商业银行申请授信，电商平台对申请贷款电商企业的成交量和交易额等信息进行分析验证，验证通过后，银行根据其订单数量和成交量大小决定是否对电商企业进行贷款。这一模式可以为小微电子商务企业提供比较方便的融资渠道，在一定程度上解决其融资难的问题。

（五）完善电商供应链体系

1. 拓展特色农产品生产基地

因为各种因素的限制，甘肃部分地区特色优势农产品生产基地规模小，限制了电商企业的发展，所以，对于电商企业来说，货源组织、经营范围不能只局限于本地范围，而是面向全省范围解决货源不足问题。

2. 加强县域电商品牌培育，打造特色电商农产品品牌

要依托本地资源优势，对农产品进行分类筛选，确定具有网络营销特色、突出地方优势的农产品品种，积极推进农产品地理标志注册、使用、保护和管理，加快本地农产品原产地认证。如兰州百合、永登苦水玫瑰、靖远羊羔肉、静宁苹果等已经具有知名度，着重将这些农产品打造成特色电商农产品品牌，促进特色产业更好更快发展。同时，应由涉农及相关职能部门指导各类生产、经营主体，研发适合网络销售的农特产品，逐步实现"统一品牌、统一包装、统一发货"的目标，加快打造甘肃省县域电商公共品牌，有效突破县域产品网络销售瓶颈。电商企业应将产销信息的透明、产品信息的完整、产品质量的可溯源以及相应的物流配送等关键领域作为业务拓展的方向，打造不同于传统农产品供应链的优质农产品电商供应链，实现差异化市场定位和差别竞争。

3. 鼓励渠道模式创新

农产品消费的高频次和时鲜性特点决定了线上和线下购买渠道各有优势，因此线上线下融合的"O2O"模式是今后农产品电商供应链发展空间最大、创新最丰富的渠道模式。如甘肃一冰电子商务发展有限公司、榆中众联电子商务有限公司等已开始在当地开展"O2O"业务，并取得了可喜成绩。未来不同功能、不同特色、不同地域的农产品电商，可根据自身经营生鲜产品种类、地域消费文化特点和自身资源优势的不同，采取多种创新形式扩展"O2O"模式电商业务，如开设线下体验店，与线下品牌联合，对传统农产品零售企业进行股权投资和业务合作等。

参考文献

付冬玲等：《浅谈精准扶贫背景下甘肃农村电商的现状、问题及对策》，《甘肃广播电视大学学报》2019年第6期。

付红艳：《中小型电子商务企业融资存在的问题及对策研究》，《智富时代》2017年第9期。

甘肃省人民政府办公厅：《甘肃省人民政府办公厅关于促进农村电子商务加快发展的实施意见》，http：//www. gansu. gov. cn/art/2016/4/26/art_ 4786_ 271232. html，最后访问日期：2020年12月1日。

《贯彻部署〈关于促进工业设计发展的若干指导意见〉工信部主持召开"促进工业设计发展工作座谈会"》，《设计》2010年第11期。

郭卓龙等：《基于SWOT分析下兰州市农产品电子商务发展研究》，《生产力研究》2020年第6期。

雒翠萍等：《涉农企业自建农产品电商平台运营模式分析——以甘肃巨龙公司"聚农网"和"沙地绿产"为例》，《生产力研究》2019年第9期。

严存义等：《如期全面打赢脱贫攻坚战之电商篇》，《甘肃日报》2019年3月13日。

邵彪等：《甘肃省农村电子商务物流发展的问题及对策》，《甘肃高师学报》2020年第2期。

孙正丽：《甘肃省农产品电子商务模式的发展研究》，甘肃农业大学硕士学位论文，2018。

王龙涛：《甘肃省农产品电子商务发展现状分析即对策研究——以陇南特色农产品和兰州百合为例》，兰州大学硕士学位论文，2017。

王琦：《甘肃省农村电子商务发展现状及对策》，《农村经济与科技》2019年第12期。

赵秀娟：《面向县域经济发展的甘肃农村电商与物流融合发展策略》，《农村经济与科技》2020年第6期。

权威报告·一手数据·特色资源

皮书数据库
ANNUAL REPORT(YEARBOOK)
DATABASE

分析解读当下中国发展变迁的高端智库平台

所获荣誉

- 2019年，入围国家新闻出版署数字出版精品遴选推荐计划项目
- 2016年，入选"'十三五'国家重点电子出版物出版规划骨干工程"
- 2015年，荣获"搜索中国正能量 点赞2015""创新中国科技创新奖"
- 2013年，荣获"中国出版政府奖·网络出版物奖"提名奖
- 连续多年荣获中国数字出版博览会"数字出版·优秀品牌"奖

成为会员

通过网址www.pishu.com.cn访问皮书数据库网站或下载皮书数据库APP，进行手机号码验证或邮箱验证即可成为皮书数据库会员。

会员福利

- 已注册用户购书后可免费获赠100元皮书数据库充值卡。刮开充值卡涂层获取充值密码，登录并进入"会员中心"—"在线充值"—"充值卡充值"，充值成功即可购买和查看数据库内容。
- 会员福利最终解释权归社会科学文献出版社所有。

数据库服务热线：400-008-6695
数据库服务QQ：2475522410
数据库服务邮箱：database@ssap.cn
图书销售热线：010-59367070/7028
图书服务QQ：1265056568
图书服务邮箱：duzhe@ssap.cn

社会科学文献出版社 皮书系列
SOCIAL SCIENCES ACADEMIC PRESS (CHINA)

卡号：821274278421
密码：

S 基本子库
UB DATABASE

中国社会发展数据库（下设12个子库）

整合国内外中国社会发展研究成果，汇聚独家统计数据、深度分析报告，涉及社会、人口、政治、教育、法律等12个领域，为了解中国社会发展动态、跟踪社会核心热点、分析社会发展趋势提供一站式资源搜索和数据服务。

中国经济发展数据库（下设12个子库）

围绕国内外中国经济发展主题研究报告、学术资讯、基础数据等资料构建，内容涵盖宏观经济、农业经济、工业经济、产业经济等12个重点经济领域，为实时掌控经济运行态势、把握经济发展规律、洞察经济形势、进行经济决策提供参考和依据。

中国行业发展数据库（下设17个子库）

以中国国民经济行业分类为依据，覆盖金融业、旅游、医疗卫生、交通运输、能源矿产等100多个行业，跟踪分析国民经济相关行业市场运行状况和政策导向，汇集行业发展前沿资讯，为投资、从业及各种经济决策提供理论基础和实践指导。

中国区域发展数据库（下设6个子库）

对中国特定区域内的经济、社会、文化等领域现状与发展情况进行深度分析和预测，研究层级至县及县以下行政区，涉及省份、区域经济体、城市、农村等不同维度，为地方经济社会宏观态势研究、发展经验研究、案例分析提供数据服务。

中国文化传媒数据库（下设18个子库）

汇聚文化传媒领域专家观点、热点资讯，梳理国内外中国文化发展相关学术研究成果、一手统计数据，涵盖文化产业、新闻传播、电影娱乐、文学艺术、群众文化等18个重点研究领域。为文化传媒研究提供相关数据、研究报告和综合分析服务。

世界经济与国际关系数据库（下设6个子库）

立足"皮书系列"世界经济、国际关系相关学术资源，整合世界经济、国际政治、世界文化与科技、全球性问题、国际组织与国际法、区域研究6大领域研究成果，为世界经济与国际关系研究提供全方位数据分析，为决策和形势研判提供参考。

法律声明

　　"皮书系列"（含蓝皮书、绿皮书、黄皮书）之品牌由社会科学文献出版社最早使用并持续至今，现已被中国图书市场所熟知。"皮书系列"的相关商标已在中华人民共和国国家工商行政管理总局商标局注册，如 LOGO（🔖）、皮书、Pishu、经济蓝皮书、社会蓝皮书等。"皮书系列"图书的注册商标专用权及封面设计、版式设计的著作权均为社会科学文献出版社所有。未经社会科学文献出版社书面授权许可，任何使用与"皮书系列"图书注册商标、封面设计、版式设计相同或者近似的文字、图形或其组合的行为均系侵权行为。

　　经作者授权，本书的专有出版权及信息网络传播权等为社会科学文献出版社享有。未经社会科学文献出版社书面授权许可，任何就本书内容的复制、发行或以数字形式进行网络传播的行为均系侵权行为。

　　社会科学文献出版社将通过法律途径追究上述侵权行为的法律责任，维护自身合法权益。

　　欢迎社会各界人士对侵犯社会科学文献出版社上述权利的侵权行为进行举报。电话：010-59367121，电子邮箱：fawubu@ssap.cn。

社会科学文献出版社

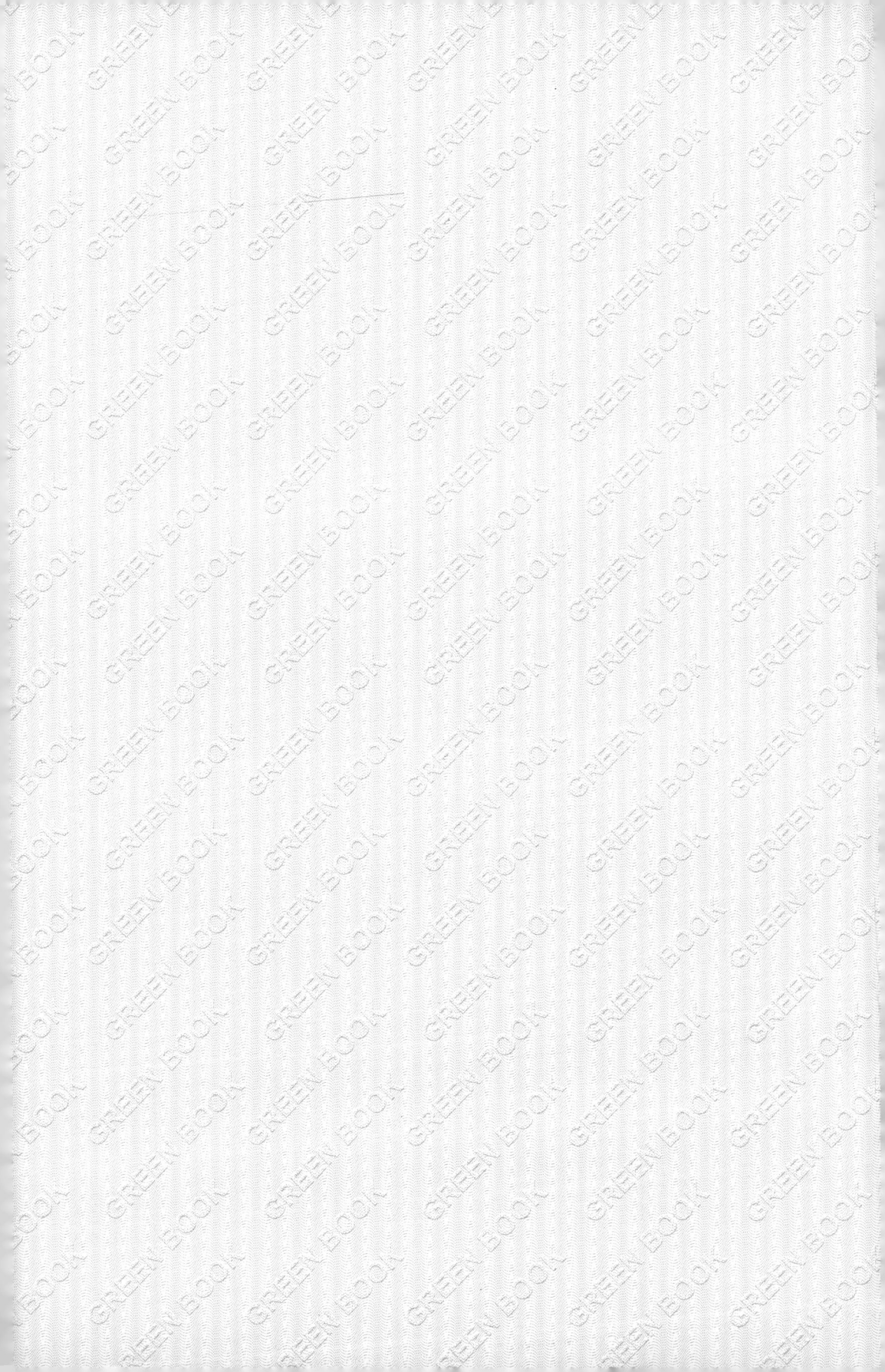